JN423024

PHP 프로그래밍 입문 3판

황재호 지음

지은이 황재호 goldmont@naver.com / http://codingschool.info

경희대학교 전자공학과를 졸업하고 동 대학원에서 석사박사 학위를 취득한 후 KT 연구개발본부의 연구원으로 MPEG-2 비디오 코덱 시스템의 소프트웨어와 하드웨어를 개발했다. 경희대학교 컴퓨터공학과 등에서 PHP, 자바스크립트, C++, 네트워크 프로그래밍, 자바, HTML5, UX/UI 디자인 등을 강의했다. 현재 수원여자대학교 교수로 재직 중이며, 최근에는 코딩 교육을 전문으로 하는 코딩스쿨 사이트를 운영하고 관련 서적을 집필하면서 초보자를 위한 소프트웨어 교육에 힘쓰고 있다. 저서로는 《PHP 프로그래밍 입문(개정판)》, 《HTML & CSS for Beginner》, 《Hello Coding HTML5+CSS3》, 《스타트 파이썬》 등이 있다.

PHP 프로그래밍 입문 3판

초판발행 2019년 5월 20일
3쇄발행 2021년 7월 20일

지은이 황재호 / **펴낸이** 전태호
펴낸곳 한빛아카데미(주) / **주소** 서울시 서대문구 연희로2길 62 한빛아카데미(주) 2층
전화 02-336-7112 / **팩스** 02-336-7199
등록 2013년 1월 14일 제2017-000063호 / **ISBN** 979-11-5664-444-6 93000

책임편집 김성무 / **기획** 김미정 / **편집** 박민정 / **진행** 김예원
디자인 표지 김연정, 내지 이아란 / **전산편집** 김정하 / **제작** 박성우, 김정우
영업 이윤형, 길진철, 김태진, 김성삼, 이정훈, 임현기, 이성훈, 김주성 / **영업기획** 김호철, 주희

이 책에 대한 의견이나 오탈자 및 잘못된 내용에 대한 수정 정보는 아래 이메일로 알려주십시오.
잘못된 책은 구입하신 서점에서 교환해 드립니다. 책값은 뒤표지에 표시되어 있습니다.
홈페이지 www.hanbit.co.kr / 이메일 question@hanbit.co.kr

PHP 프로그래밍 입문 3판

황재호 지음

한빛아카데미
Hanbit Academy, Inc.

다양하고 쉬운 실습 예제로 탄탄히 다지는 PHP 프로그래밍의 기초!

이 책은 2005년에 초판을 출간하고 2013년에 내용을 수정·보완하여 개정판을 펴낸 이래 몇 가지 부족한 점에도 불구하고 독자에게 과분한 사랑을 받아왔다. 또 시간이 흘러 빠르게 변화하는 시대의 흐름에 맞게 다시 정비해야 한다는 책임감과 부담감을 안고 3판을 집필했다. 이 책을 새로 가다듬으면서 중요한 목적으로 삼은 것은, 학습자가 예제를 따라 하면서 자연스럽게 PHP에 관한 지식을 습득하여 자신만의 웹 사이트를 구축할 수 있게 하는 것이었다.

3판의 특징

3판에서 가장 크게 달라진 부분은 PHP 설치 프로그램의 변화이다. 최근 각광받고 있는 XAMPP 프로그램으로 Apache, PHP, MySQL을 설치하여 간단하고 편리하게 실습 환경을 구축할 수 있다. 그리고 GUI 환경인 phpMyAdmin을 이용하여 데이터베이스 실습을 함으로써 좀 더 쉽고 재미있게 데이터베이스를 학습할 수 있도록 했다.

3판에서는 문법 위주가 아니라 다양하고 쉬운 실습 예제를 통해 PHP 프로그래밍의 원리를 깨닫게 하는 전작의 장점은 그대로 유지했다. 또한 PHP와 MySQL을 이용하여 개발하고 실제 운영 중인 '코딩스쿨' 사이트의 로그인, 게시판, 쪽지 등의 주요 기능을 구현하는 방법을 실습 사이트의 예제로 사용했다. 이를 통해 PHP 프로그래밍 지식을 단순히 습득하는 데에서 벗어나 자신만의 웹 사이트를 직접 구축하는 능력을 갖출 수 있을 것이다. 웹 사이트를 운영할 때 필요한, 세션을 이용한 로그인 처리와 포인트 관리 방법은 물론이고 관리자 모드에서 회원과 게시판을 관리하는 방법도 다루었다.

아무쪼록 이 책으로 즐겁고 재미있게 공부하여 PHP 프로그래밍의 기초를 탄탄하게 다지기를 바란다. 책의 완성도를 높이기 위해 기획 단계부터 마무리까지 옆에서 큰 도움을 주신 한빛아카데미의 김미정 차장님께 감사드린다. 끝으로 바쁜 와중에도 편안한 환경에서 집필에 전념할 수 있도록 도움을 준 사랑하는 아내와 딸 예린에게 감사와 사랑의 마음을 전한다.

지은이 **황재호**

강의 보조 자료

한빛아카데미 홈페이지에서 '교수회원'으로 가입하신 분은 인증 후 교수용 강의 보조 자료를 제공받을 수 있습니다. 한빛아카데미 홈페이지 상단의 〈교수전용공간〉 메뉴를 클릭하세요.
http://www.hanbit.co.kr/academy

학습 보조 자료

학습에 필요한 자료는 아래 주소에서 내려받을 수 있습니다.
한빛아카데미 홈페이지: http://www.hanbit.co.kr/src/4444
코딩스쿨 홈페이지(저자 운영): http://codingschool.info → 자료실

연습문제 해답

이 책은 대학 강의용 교재로 개발되었으므로 연습문제 해답을 제공하지 않습니다.

본문 구성

PHP의 개념과 관련 프로그램 간의 흐름을 파악하고 XAMPP 프로그램을 이용하여 실습 환경을 구축합니다. 실습 예제를 따라 하면서 PHP 프로그래밍에 필요한 문법과 MySQL 데이터베이스 명령을 자연스럽게 익히고 회원 가입, 로그인, 쪽지, 게시판 기능이 구현된 실습 사이트를 제작할 수 있습니다.

1부. PHP 프로그래밍(1~8장) PHP의 개요와 설치 방법을 비롯해 주석문, 상수, 변수, echo문, 데이터형, 연산자 등 프로그래밍에 필요한 기본 내용을 이해하고, 다양한 실습 예제를 통해 조건문, 반복문, 배열, 함수, 폼, 쿠키, 세션 등의 PHP 기본 문법을 익힐 수 있습니다.

2부. PHP와 MySQL 프로그래밍(9~10장) MySQL 데이터베이스의 기본 개념을 이해하고 명령을 익힐 수 있습니다.

3부. 실전 PHP 웹 프로그래밍(11~15장) 실습 사이트를 직접 만들어보면서 PHP 웹 프로그래밍을 배웁니다. 회원 가입, 로그인, 회원 정보 수정, 쪽지 기능, 게시판 제작 방법을 익힐 수 있습니다.

구성 요소

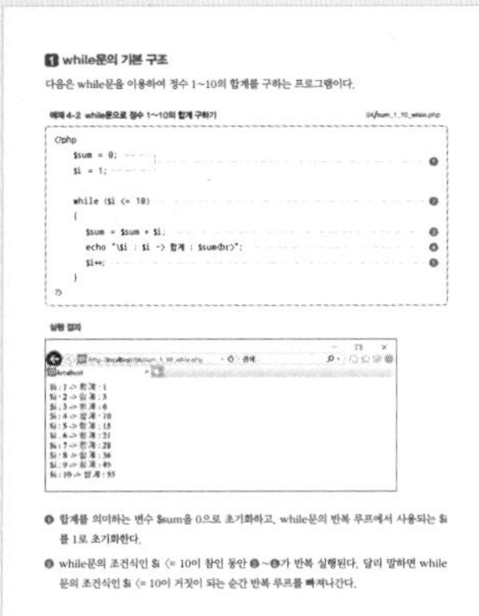

| 예제 |

다양한 예제를 통해 PHP 기본 문법과 MySQL 명령이 실제로 어떻게 쓰이는지 배울 수 있습니다.

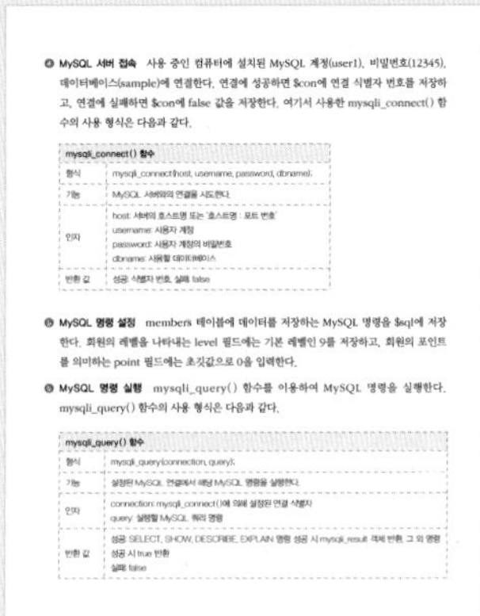

| 함수와 명령 원형 |

예제에 등장하는 함수와 MySQL 명령을 원형으로 정리했습니다.

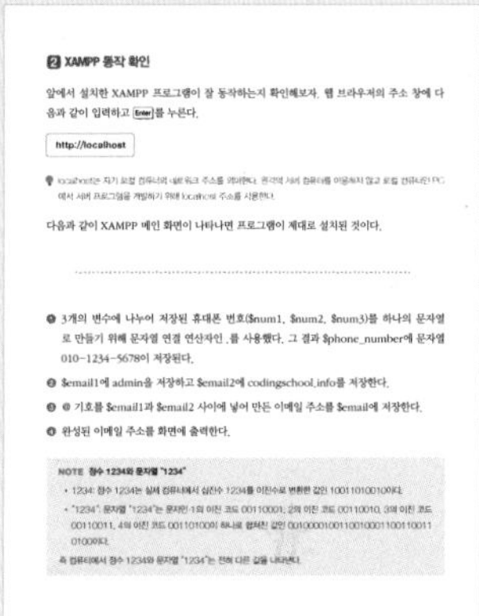

| TIP/NOTE |

TIP에서는 간단한 부연 설명을 하거나 참조 페이지를 안내하고, 좀 더 자세한 설명은 NOTE에 담았습니다.

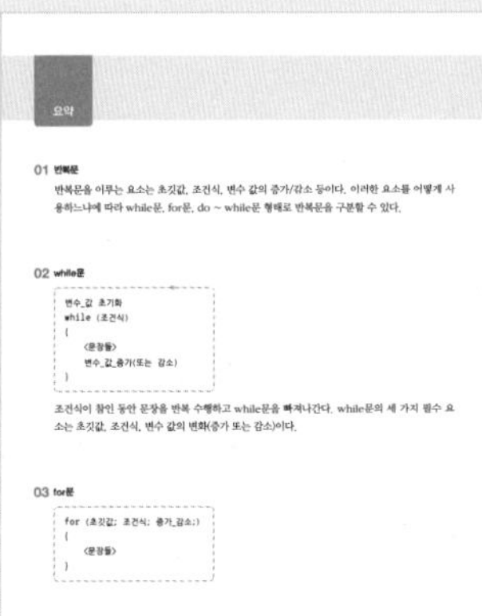

| 요약 |

그 장의 핵심적인 내용을 요약·정리했습니다.

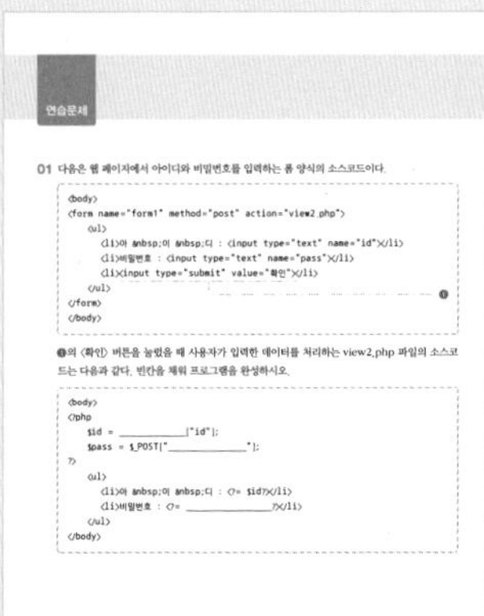

| 연습문제 |

그 장의 학습 내용을 문제 형식으로 제시하여 복습하는 데 유용합니다.

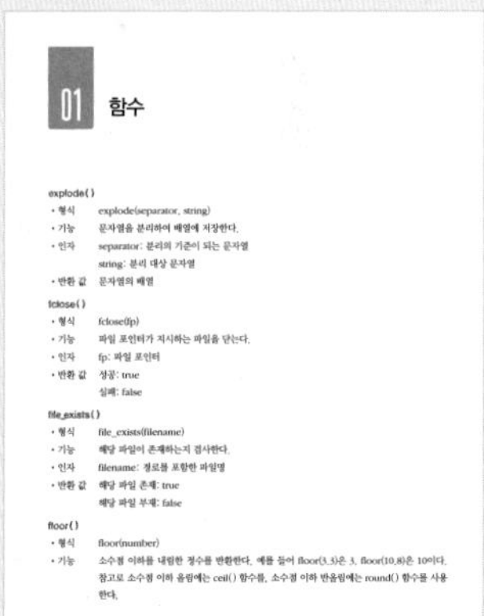

| 부록 |

본문에 나온 주요 함수와 HTML 태그를 요약·정리하여 필요할 때마다 사전처럼 활용할 수 있습니다.

PART 01 PHP 프로그래밍

Chapter 01 PHP의 개요와 설치

Chapter 02 PHP 기초 문법

Chapter 04 반복문

Chapter 06 함수

Chapter 07 폼과 PHP

PART 02 PHP와 MySQL 프로그래밍

Chapter 09 MySQL 데이터베이스

Chapter 10 MySQL 조작

PART 03 실전 PHP 웹 프로그래밍

Chapter 11 실습 사이트 소개와 회원 가입 페이지 제작

Chapter 12 로그인과 회원 정보 수정 페이지 제작

Chapter 13 쪽지 기능 구현

Chapter 14 게시판 제작

Chapter 15 사이트 완성

Appendix 알아두면 유용한 함수와 HTML 태그

PART 01

PHP 프로그래밍

PART 01 PHP 프로그래밍

CHAPTER 01

PHP의 개요와 설치

학습목표

- PHP의 동작 원리를 이해할 수 있다.
- PHP 기반 서버/클라이언트 환경을 이해할 수 있다.
- Apache와 PHP 프로그램의 인터페이스를 이해할 수 있다.
- 윈도우 환경에서 XAMPP 프로그램을 설치할 수 있다.
- 텍스트 에디터를 설치할 수 있다.
- PHP 프로그램을 작성하고 실행할 수 있다.

01 PHP의 개요

1 PHP의 개념

PHP는 Personal Home Page의 약어이며 정식 명칭은 PHP: Hypertext Preprocessor이다. PHP는 1994년 라스무스 레도르프Rasmus Lerdorf가 개발한 웹 프로그래밍 언어로 HTML/CSS, 자바스크립트와 함께 사용하여 다양한 형태의 웹 사이트를 제작할 수 있다. 2015년 12월에 PHP 7이 출시되었으며 2019년 2월 기준으로 발표된 최신 버전은 7.3.2이다.

HTML/CSS로만 작성된 웹 페이지는 웹 서버 컴퓨터를 통해 단방향의 일방적인 정보만 제공할 수 있다. 그러나 PHP를 사용하면 웹 사이트의 게시판, 인터넷 뱅킹, 온라인 예약, 장바구니, 배송 조회 등 다양한 양방향의 기능을 구현할 수 있다.

PHP의 특징은 다음과 같다.

■ **대부분의 운영체제에서 구현 가능**

PHP는 윈도우, 매킨토시, 유닉스, 리눅스 등 대부분의 운영체제에서 잘 동작한다. 그중에서도 리눅스 운영체제는 중소기업이나 기관에서 PHP를 구동하는 데 가장 많이 사용하고 있다.

■ **쉽고 편리한 데이터베이스 연동**

PHP는 MySQL(마이에스큐엘), mSQL, Oracle, Sybase 등의 데이터베이스와 쉽고 편리하게 연동해서 사용할 수 있다. 그중에서도 PHP와 함께 가장 많이 사용되는 것은 MySQL 데이터베이스이다.

■ **쉬운 코드 작성, 단순한 문법**

PHP의 문법은 C 언어와 많은 부분이 유사하지만 C 언어보다 훨씬 간단하여 익히기 쉽다. 문법이 단순하고 간결하여 프로그래밍하기 쉽기 때문에 다른 언어보다 프로그램 개발 시간을 단축할 수 있다는 것이 장점이다.

■ **빠른 처리 속도**

PHP는 일반적인 인터프리터 방식 언어인 ASP나 Peal보다 처리 속도가 훨씬 빠르다. 리눅스 운영체제에서 패키지 형태로 많이 사용하는 Apache(아파치)+PHP+MySQL은 처리 속도가 더 빠르다. 특히 최신 버전인 PHP 7은 이전 버전보다 두 배 이상 속도가 빨라졌다.

2 PHP 기반 서버/클라이언트 환경

웹 사이트 개발 언어로 PHP를 선택하는 경우의 서버/클라이언트 환경은 [그림 1-1]과 같다. [그림 1-1]은 웹 서비스를 제공하는 서버와 웹 서비스를 제공받는 클라이언트의 관계를 개념적으로 나타낸 것이다.

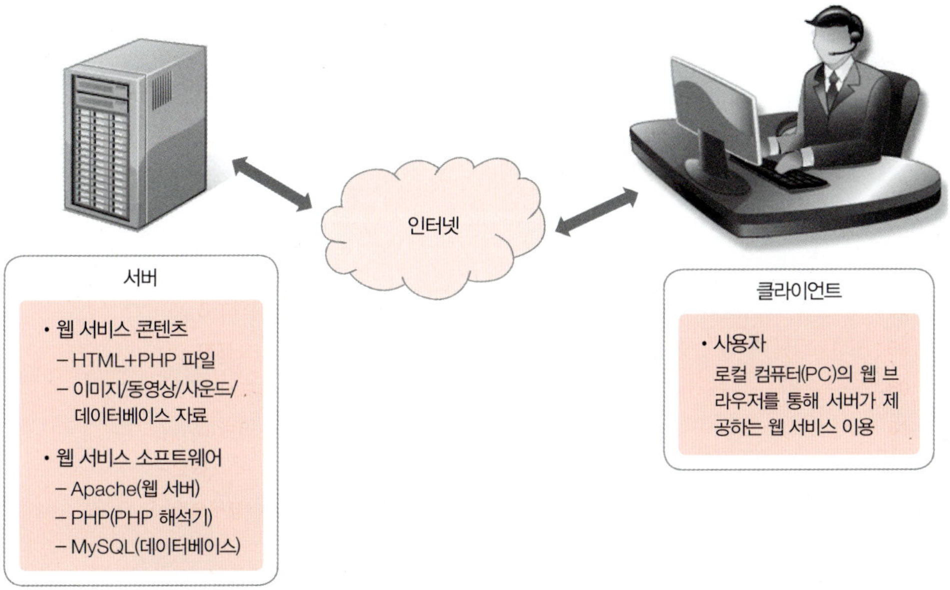

그림 1-1 PHP로 웹 사이트를 개발할 때의 서버/클라이언트 환경

HTML/PHP 파일, 이미지, 동영상, 사운드 등의 웹 콘텐츠를 저장하고 있는 원격의 서버 컴퓨터는 웹 서비스를 제공할 수 있도록 Apache, PHP, MySQL 소프트웨어가 탑재되어 있다. 클라이언트 측의 사용자는 웹 브라우저의 주소 창에 서버의 URL을 입력함으로써 서버에서 제공하는 웹 서비스를 이용할 수 있다.

③ Apache, PHP, MySQL의 역할

PHP로 웹 사이트를 개발할 때는 [그림 1-1]의 왼쪽에 나타낸 것과 같이 Apache, PHP, MySQL을 패키지 형태로 사용한다. 각각의 역할은 다음과 같다.

■ Apache

Apache 프로그램은 클라이언트 측의 웹 서비스 제공 요청을 받아들여 HTML 파일, 이미지, 동영상 등의 데이터를 HTTP 규약에 따라 클라이언트의 로컬 컴퓨터에 전송한다.

■ PHP

PHP 해석기는 PHP 언어로 작성된 프로그램을 문법에 맞게 해석하여 HTML로 변환하고 Apache는 이 HTML 파일을 클라이언트로 보낸다. 클라이언트 측의 사용자는 해석된 HTML 파일, 즉 웹 페이지를 웹 브라우저를 통해 볼 수 있다.

■ MySQL

DBMS DataBase Management System(데이터베이스 관리 시스템)의 하나인 MySQL 데이터베이스는 웹에서 사용되는 데이터를 저장, 검색, 수정, 삭제하는 역할 등을 수행한다. MySQL은 무료이지만 성능이 우수하여 전 세계적으로 널리 사용되고 있다.

02 PHP 설치

1 XAMPP 프로그램 설치

PHP 프로그래밍을 하려면 일반적으로 PHP 해석기, Apache 웹 서버, MySQL 데이터베이스가 필요하다. XAMPP(잼프) 프로그램을 설치하면 PHP 언어로 웹 사이트를 개발하는 데 필요한 PHP, Apache, MySQL 등의 프로그램이 패키지 형태로 설치된다.

자, 그럼 XAMPP 홈페이지에서 프로그램을 다운로드하여 설치해보자. 웹 브라우저의 주소창에 다음 주소를 입력한다.

https://www.apachefriends.org

XAMPP 홈페이지의 메인 화면이 나타나면 〈XAMPP for Windows 7.2.9 (PHP 7.2.9)〉를 클릭한다.

다운로드 시기에 따라 버전이 다를 수도 있다.

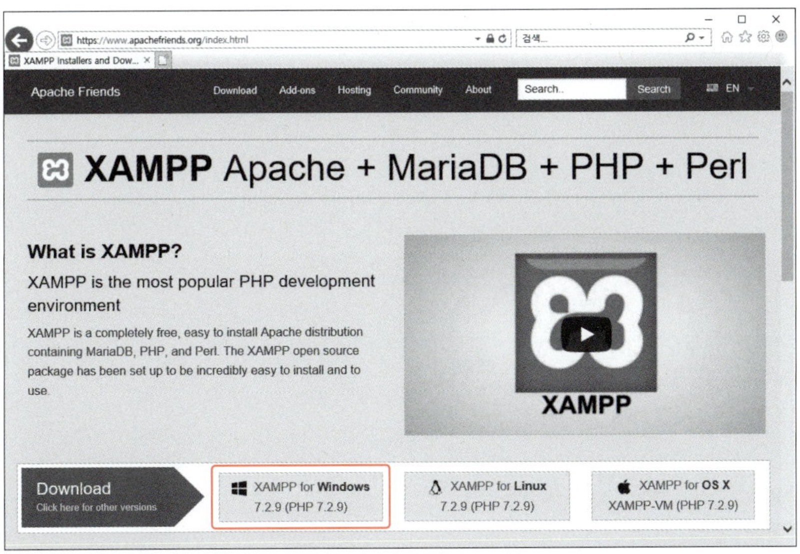

그림 1-2 XAMPP 홈페이지의 메인 화면

다음과 같은 화면이 나오면 〈실행〉을 클릭하여 XAMPP 프로그램 설치를 시작한다.

그림 1-3 XAMPP 프로그램 설치 파일 실행 화면

프로그램 설치 시작 화면이 나오면 〈Next〉를 클릭한다.

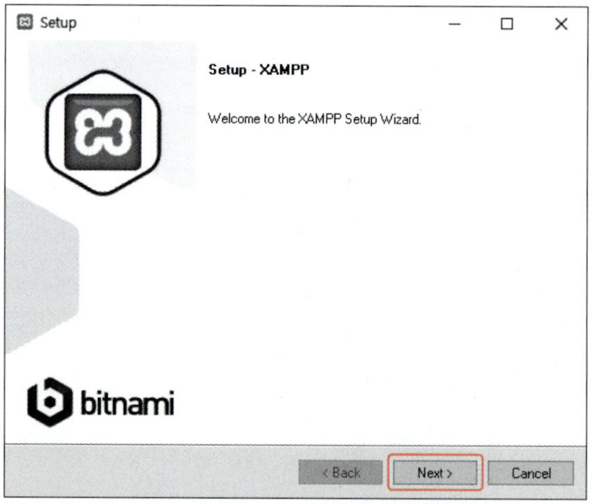

그림 1-4 XAMPP 프로그램 설치 시작 화면

설치할 프로그램을 선택하는 화면에서 Apache, MySQL, PHP, phpMyAdmin을 선택한 다음 〈Next〉를 클릭한다.

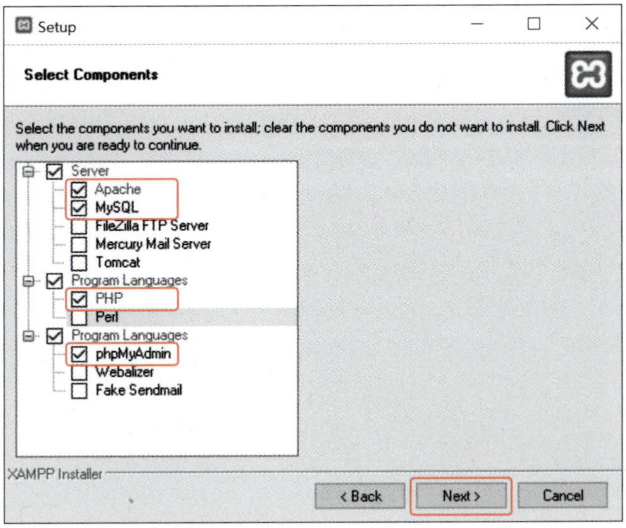

그림 1-5 설치할 프로그램 선택 화면

설치 폴더 설정 화면에서는 프로그램이 설치될 기본 폴더인 C:₩xampp를 그대로 둔 채 〈Next〉를 클릭한다.

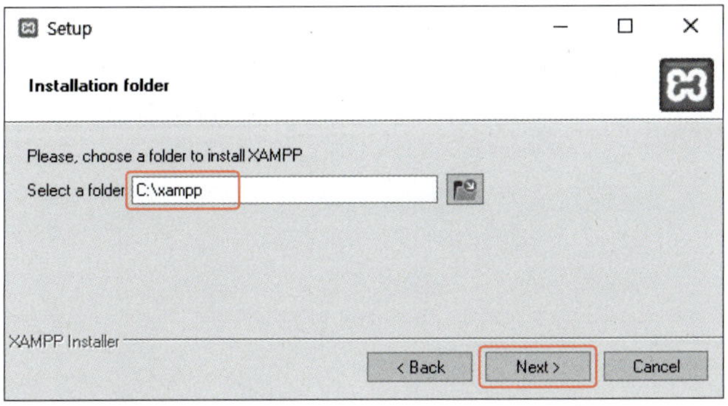

그림 1-6 설치 폴더 설정 화면

이후에 몇 차례 더 설정 화면이 나타나면 〈Next〉, 〈엑세스 허용〉 등의 버튼을 클릭한다. 다음과 같은 설치 완료 화면이 나타났을 때 〈Finish〉를 클릭하면 언어 선택 화면이 나타난다. 영어(미국 국기 모양)를 선택하고 〈Save〉를 클릭한다.

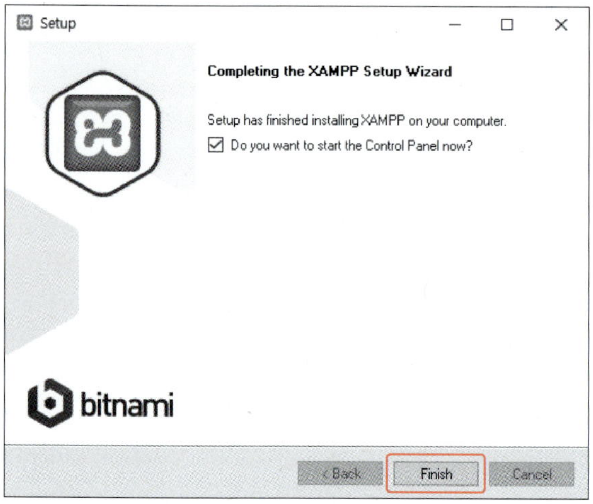

그림 1-7 XAMPP 프로그램 설치 완료 화면

XAMPP 컨트롤 패널 화면이 나타나면 Apache 항목의 〈Start〉를 클릭하여 Apache 프로그램을 구동한다.

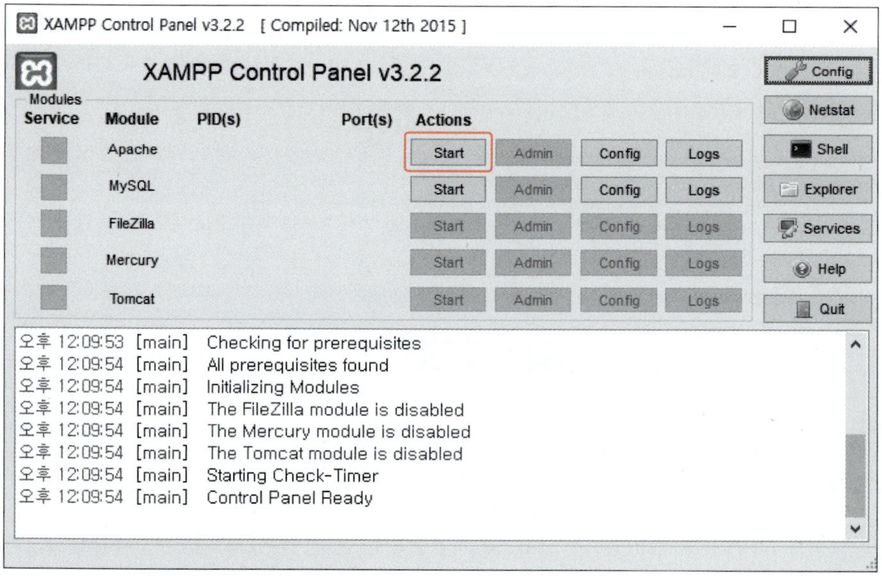

그림 1-8 XAMPP 컨트롤 패널

다음과 같이 Apache 웹 서버 프로그램이 동작 중이라는 메시지가 나오고 Apache 글자의 배경이 초록색으로 변한다.

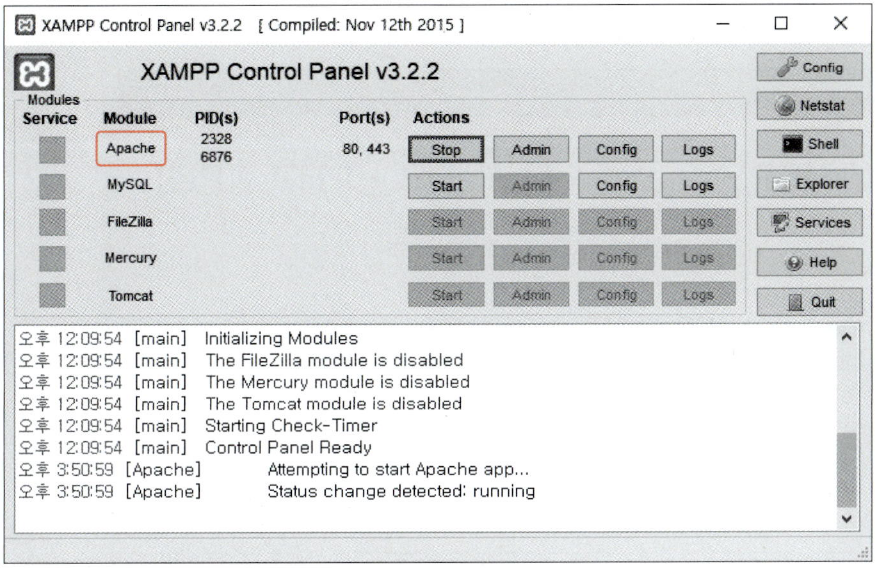

그림 1-9 XAMPP 컨트롤 패널(Apache 프로그램 동작 중)

이 책의 PHP 예제를 실습하려면 [그림 1-9]와 같이 Apache 웹 서버 프로그램이 항상 구동되고 있어야 한다.

2 XAMPP 동작 확인

앞에서 설치한 XAMPP 프로그램이 잘 동작하는지 확인해보자. 웹 브라우저의 주소 창에 다음과 같이 입력하고 Enter를 누른다.

```
http://localhost
```

localhost는 자기 로컬 컴퓨터의 네트워크 주소를 의미한다. 원격의 서버 컴퓨터를 이용하지 않고 로컬 컴퓨터인 PC에서 서버 프로그램을 개발하기 위해 localhost 주소를 사용한다.

다음과 같이 XAMPP 메인 화면이 나타나면 프로그램이 제대로 설치된 것이다. XAMPP 메인 화면을 살펴보면 XAMPP 버전이 7.2.9이고 Apache, MariaDB, PHP, Perl 등의 프로그램을 개발할 수 있다는 내용이 있다. PHP로 웹 프로그램을 개발하는 데에는 Apache, MariaDB, PHP를 사용한다.

MariaDB는 MySQL의 확장판으로 MySQL과 거의 완벽한 호환성을 유지하고 있기 때문에 MySQL과 동일하다고 간주해도 된다.

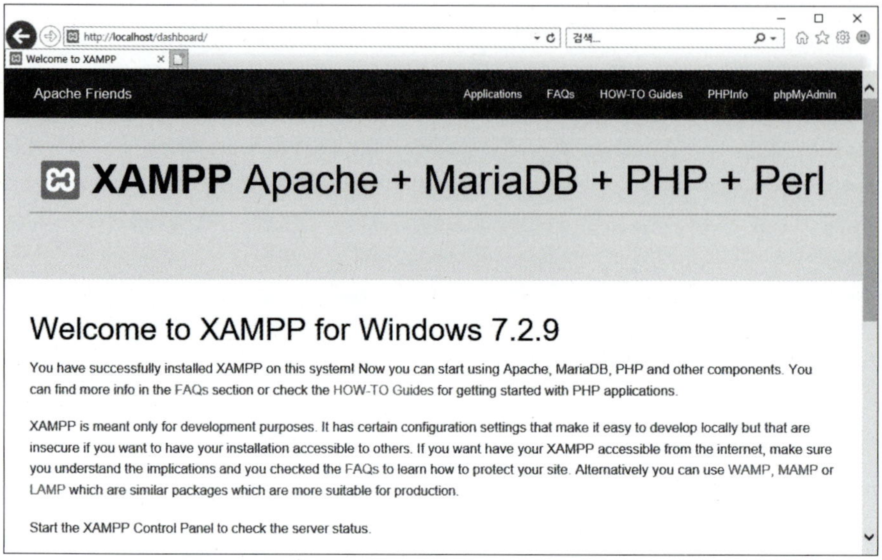

그림 1-10 XAMPP 메인 화면

상단 메뉴 중 [PHPinfo]를 클릭하면 설치된 PHP 프로그램의 버전과 정보를 알려주는 화면이 나타난다. 현재 설치된 PHP 프로그램의 버전이 7.2.9임을 알 수 있다.

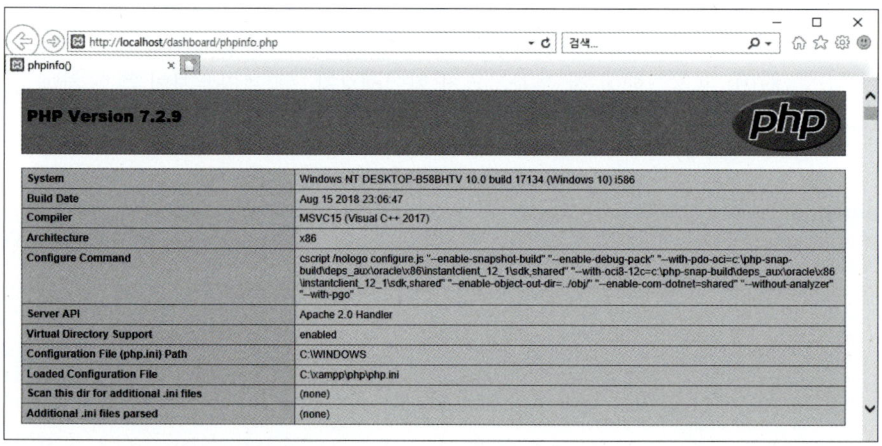

그림 1-11 설치된 PHP 프로그램의 버전과 정보

이 책의 모든 예제는 PHP 7 버전에서 잘 동작한다.

03 텍스트 에디터 설치

PHP 프로그램은 텍스트 에디터Text Editor를 사용하여 작성한다. 텍스트 에디터를 이용하면 키보드로 프로그램을 작성한 뒤 파일로 저장할 수 있다. 텍스트 에디터에는 메모장, 서브라임 텍스트Sublime Text, 에디트플러스Editplus, 비주얼 스튜디오Visual Studio, 애크로에디트Acroedit 등이 있다.

익숙한 텍스트 에디터가 있다면 그것을 사용하고 그렇지 않다면 서브라임 텍스트를 사용할 것을 추천한다. 서브라임 텍스트는 무료이면서도 프로그램 작성에 유용한 기능을 많이 제공한다. 이 책의 모든 예제는 서브라임 텍스트의 사용을 기준으로 한다.

서브라임 텍스트 설치 프로그램을 다운로드하기 위해 웹 브라우저의 주소 창에 다음 주소를 입력하고 Enter를 누른다.

www.sublimetext.com

서브라임 텍스트 홈페이지의 메인 화면이 나타나면 〈DOWNLOAD FOR WINDOWS〉를 클릭한다. 설치 파일을 다운로드한 후 더블클릭을 하면 간단히 설치할 수 있다. 설치 진행 과정에서 〈Next〉, 〈Install〉 등의 버튼이 나타나면 클릭한다.

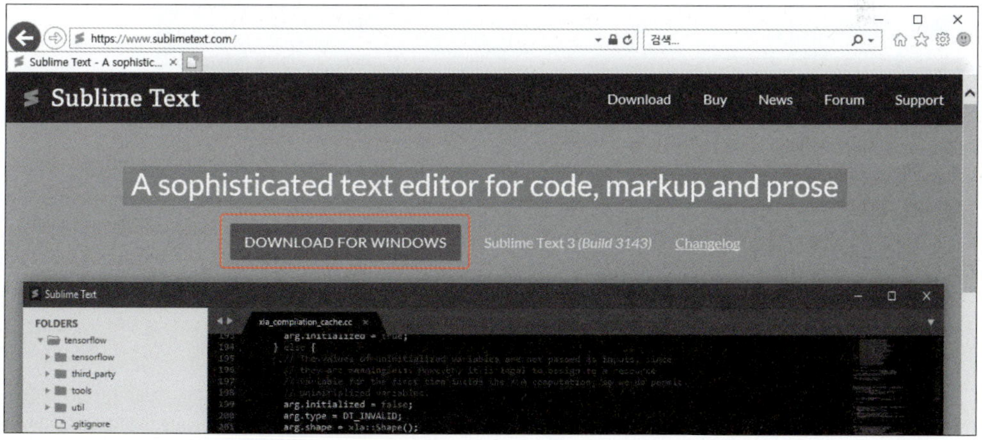

그림 1-12 서브라임 텍스트 홈페이지의 메인 화면

04 PHP 프로그램 작성과 실행

시험 삼아 간단한 PHP 프로그램을 작성해보자. 서브라임 텍스트를 실행하고 다음과 같이 입력한 후 파일 이름을 hello.php로 해서 C:₩xampp₩htdocs 폴더에 저장한다.

예제 1-1 **간단한 PHP 프로그램 작성하기** 01/hello.php

```
<?php
    echo'안녕하세요~~';
?>
```

앞에서 XAMPP 프로그램을 C:₩xampp 폴더에 설치했으므로 여기서 만드는 PHP 프로그램은 C:₩xampp₩htdocs 폴더 내에서 동작한다.

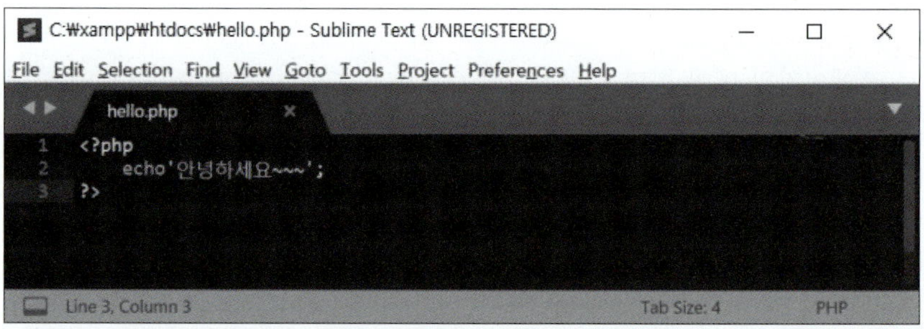

그림 1-13 **서브라임 텍스트로 작성한 hello.php 파일**

hello.php를 브라우저로 실행하기 위해 브라우저를 열고 주소 창에 다음과 같이 입력한다.

```
localhost/hello.php
```

브라우저의 화면에 hello.php 파일의 실행 결과가 나타난다.

실행 결과

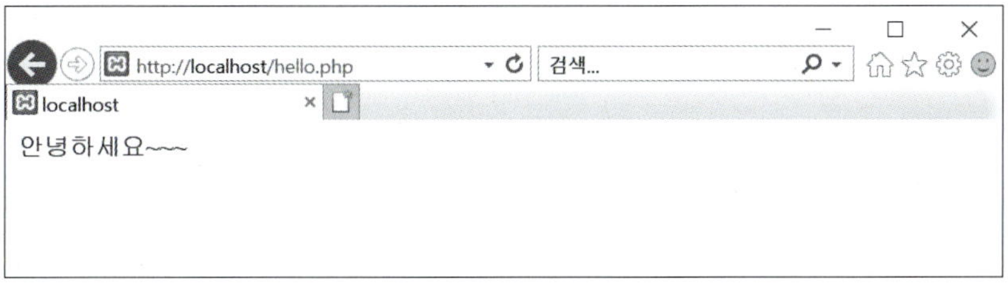

만약 작업 폴더인 C:₩xampp₩htdocs에 하위 폴더를 만들어 hello.php 파일을 저장했다면 브라우저의 주소 창에 입력할 URL은 localhost/하위 폴더명/hello.php이다.

브라우저에서 예제 프로그램을 실행했을 때 다음과 같이 페이지에 연결할 수 없다는 메시지가 나타나는 경우가 있다. 이럴 때는 [그림 1-8]의 XAMPP 컨트롤 패널을 열어 Apache 프로그램을 구동한 다음 브라우저에서 예제 프로그램을 실행하면 된다.

그림 1-14 Apache 프로그램을 구동하지 않아 발생하는 오류

NOTE 예제 소스 내려받기

이 책을 실습하는데 필요한 예제 소스는 다음 사이트에서 내려받을 수 있다.

- 한빛아카데미 홈페이지: http://www.hanbit.co.kr/src/4444
- 코딩스쿨 홈페이지: http://codingschool.info → 자료실

요약

01 PHP의 개요

PHP는 1994년 라스무스 레도르프가 개발한 웹 프로그래밍 언어로 HTML/CSS, 자바스크립트와 함께 사용하여 다양한 형태의 웹 사이트를 제작할 수 있다. 2015년 12월에 PHP 7이 출시되었으며 2019년 2월 기준으로 발표된 최신 버전은 7.3.2이다.

02 PHP의 특징

- 대부분의 운영체제에서 구현 가능
- 쉽고 편리한 데이터베이스 연동
- 쉬운 코드 작성, 단순한 문법
- 빠른 처리 속도

03 PHP 개발 환경

PHP 프로그래밍을 하려면 PHP 해석기, Apache 웹 서버, MySQL 데이터베이스가 필요하다. XAMPP 프로그램을 설치하면 PHP 언어로 웹 사이트를 개발하는 데 필요한 PHP, Apache, MySQL 등의 프로그램이 패키지 형태로 설치된다.

04 작업 폴더 및 프로그램 실행

XAMPP 프로그램은 C:₩xampp에 설치되며 실습에서 사용하는 작업 폴더는 C:₩xampp₩htdocs이다. 실습 파일이 hello.php라면 이 파일을 htdocs 폴더에 저장한 뒤 웹 브라우저의 주소 창에 다음과 같이 입력한다.

```
http://localhost/hello.php
```

연습문제

01 라스무스 레도르프가 웹 프로그래밍 언어인 PHP를 개발한 것은 언제인가?

① 1974년　　② 1984년

③ 1994년　　④ 2004년

02 다음 중 PHP의 특징으로 옳지 않은 것은?

① 윈도우, 매킨토시, 유닉스, 리눅스 등 대부분의 운영체제에서 잘 동작한다.

② MySQL, mSQL, Oracle, Sybase 등의 데이터베이스와 연동해서 사용할 수 있다.

③ C 언어와 유사하지만 C 언어보다 익히기 어려운 것이 단점이다.

④ 일반적인 인터프리터 방식 언어인 ASP나 Peal보다 처리 속도가 훨씬 더 빠르다.

03 다음 중 XAMPP 프로그램에 포함되지 않은 프로그램 모듈은 무엇인가?

① PHP　　② MySQL

③ Apache　　④ 크롬 브라우저

04 XAMPP 프로그램을 이용하여 프로그램을 개발할 때 PHP 파일을 저장하는 기본 폴더는 무엇인가?

① htdocs　　② www

③ phpMyAdmin　　④ sublimetext

05 XAMPP 프로그램을 로컬 컴퓨터인 C:₩xampp에 설치한 상태에서 PHP 실습 파일인 company.php의 실행 결과를 확인하기 위해 웹 브라우저 주소 창에 입력하는 URL 주소는 무엇인가?

① http://localhost

② http://localhost/htdocs/company.php

③ http://localhost/company.php

④ http://localhost/htdocs/company.php

CHAPTER 02

PHP 기초 문법

01 PHP의 시작과 끝

02 주석문

03 상수와 변수

04 echo문

05 기본 데이터형

06 연산자

요약

연습문제

학습목표

- PHP의 시작과 끝을 나타내는 기호를 사용할 수 있다.
- 주석문을 사용할 수 있다.
- 상수와 변수의 차이점을 알고 사용할 수 있다.
- echo문을 다양하게 활용할 수 있다.
- PHP의 기본 데이터형을 이해할 수 있다.
- PHP에서 연산자를 사용할 수 있다.

01 PHP의 시작과 끝

다음은 브라우저 화면에 '안녕하세요~~~'를 출력하는 프로그램이다. 이를 통해 PHP 프로그램의 시작과 끝, 내부 구성에 대해 알아보자.

예제 2-1 화면에 문장 출력하기 02/hello.php

```
<?php ❶
    echo "안녕하세요~~~"; ❷
?> ❸
```

실행 결과

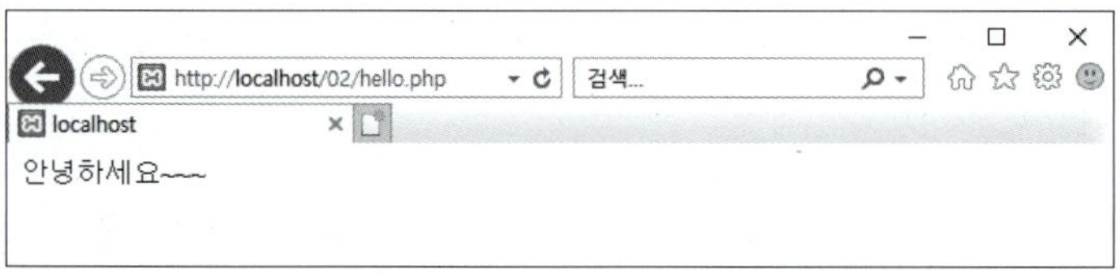

PHP 프로그램의 URL 주소가 http://localhost/02/hello.php라면 hello.php 파일이 있는 폴더는 C:₩xampp₩htdocs₩02이다.

❶ 〈?php는 PHP 프로그램의 시작을 나타낸다. 모든 PHP 프로그램의 앞에는 〈?php를 삽입해야 한다.

❷ 브라우저 화면에 '안녕하세요~~~'를 출력한다. echo문은 큰따옴표(" ") 안에 있는 내용을 브라우저 화면에 출력하는 기능을 수행한다.

echo문은 45~51쪽에서 자세히 다루었다.

PHP 프로그램의 각 문장 끝에는 반드시 **;(세미콜론)**을 넣어야 한다. PHP에서 ;은 우리가 글을 쓸 때 문장 끝에 넣는 .(마침표)와 같은 역할을 한다.

❸ ?〉는 PHP 프로그램의 끝을 나타낸다. 즉 PHP 코드의 앞에는 〈?php를 붙이고 뒤에는 ?〉를 붙인다.

02 주석문

주석문은 프로그램에 대해 설명할 때 사용하며 프로그램의 동작에는 전혀 영향을 주지 않는다. 주석문을 이용하여 [예제 2-1]의 hello.php에 설명을 삽입해보자.

예제 2-2 **주석문 사용하기** 02/comment.php

```
<?php // <?php는 PHP의 시작을 의미 ❶
    /*    echo문은 문자열을 브라우저
          화면에 출력합니다.    */ ❷
    echo "안녕하세요~~~";
?>
```

실행 결과

❶ **주석이 한 행인 경우** //는 한 행을 주석으로 처리할 때 사용한다. PHP 해석기는 그 행에서 // 다음의 내용을 무시한다.

❷ **주석이 여러 행인 경우** /*와 */는 여러 행을 주석으로 처리할 때 사용한다. PHP 해석기가 /*와 */ 사이에 있는 내용을 무시하기 때문에 실행 결과에 영향을 주지 않는다.

주석문은 프로그램에 대한 설명을 삽입할 때뿐 아니라 오류를 찾는 디버깅 과정에서도 유용하다. 오류의 원인으로 의심되는 행 앞에 //를 붙인 뒤 실행해보면 해당 행 때문에 오류가 발생했는지 여부를 확인할 수 있다.

03 상수와 변수

PHP에서 사용되는 상수와 변수는 다음과 같은 특징을 가지고 있다.

■ **상수**

상수는 주어진 값을 일정하게 가진 것으로 문자열, 정수, 실수 등이 상수에 속한다.

- 문자열: 큰따옴표로 감싼 하나 또는 여러 개의 문자([예제 2-1]의 ❷ 참고)
- 정수: 1000, 30, −203, −25, 0과 같이 양수, 0, 음수로 구성된 수
- 실수: 2.3, 3.3, −128.0, −3.141592와 같이 소수점 값을 가진 수

■ **변수**

변수는 입력하는 값에 따라 내용이 변하는 것으로 상수와 반대되는 개념이다. PHP에서 변수는 $로 시작하고, 변수명은 일반적으로 영문 소문자와 숫자, 밑줄(_)을 조합해서 만든다. $a, $b, $x, $var, $age, $month, $fee, $bus1, $taxi3 등은 모두 올바른 변수명이다.

예제 2-3 상수와 변수 사용하기 02/var.php

```
<?php
    $a = 10;          ❶
    $b = 20;
    $c = $a + $b;     ❷
    echo "$c <br>";   ❸

    $a = 18.5;        ❹
    $b = 37.3;
    $c = $a + $b;
    echo "$c <br>";   ❺

    $fruit = "사과";   ❻
    echo "$fruit <br>";
```

```
    $fruit = "오렌지";
    echo "$fruit <br>";    ⑦
?>
```

실행 결과

❶ $a = 10은 $a에 10을 저장하고 $b = 20은 $b에 20을 저장한다는 의미이다. $a와 $b는 변수이고 10과 20은 정수형 상수이다.

=는 우측의 값을 좌측의 변수에 저장하는 연산자이다.

❷ $a(10)와 $b(20)의 값을 더한 결과인 30을 변수 $c에 저장한다. 수학에서 사용하는 사칙 연산(+, −, *, /)을 PHP에서도 그대로 사용한다.

사칙연산은 산술 연산자라고 일컫는다.

❸ echo문은 큰따옴표 안의 내용을 출력하는데, 큰따옴표 안에 변수가 있으면 변수의 값을 출력한다. ❷에 의해 $c의 값이 30이므로 실행 결과의 첫 번째 줄에 30이 출력된다. 이때
은 줄 바꿈을 의미하는 HTML 태그이므로 30을 출력한 후 줄 바꿈을 한다.

❹ ❶에 의해 값이 10이던 변수 $a가 $a = 18.5에 의해 실수 값인 18.5가 된다. 이처럼 변수는 저장된 값에 따라 변한다. 또한 변수 $b에는 37.3이 저장되므로 변수 $c는 $a와 $b를 더한 값인 55.8이 된다.

❺ 실행 결과의 두 번째 줄과 같이 화면에 55.8을 출력하고 줄 바꿈을 한다.

❻ 변수 $fruit에 문자열 '사과'를 저장하고 실행 결과의 세 번째 줄과 같이 화면에 '사과'를 출력한다.

사과, 컴퓨터, 안녕하세요~~~, 나는 행복합니다!, test@naver.com 등을 문자열이라고 한다. 문자열은 하나 또는 여러 개의 문자로 구성되며, 해당 문자를 큰따옴표(" ")나 작은따옴표(' ')로 감싸야 한다. 문자열은 53~54쪽에서 자세히 설명했다.

❼ 변수 $fruit에 문자열 '오렌지'를 저장하고 실행 결과의 네 번째 줄과 같이 화면에 '오렌지'를 출력한다.

NOTE 변수명 만들기

일반적으로 변수명은 영문 소문자, 숫자, 밑줄(_)을 이용하여 만든다. 변수명에는 특수 문자(+, -, *, /, !, @, #, % 등), 한글, 공백 등을 사용하면 안 되고 숫자로 시작해도 안 된다. 다음은 잘못된 변수명의 예이다.

- $생일: 한글을 사용했다.
- $2day: 숫자로 시작했다.
- $email@: 특수 문자를 사용했다.
- $my-school: 연산자 중 -(빼기)와 같은 -(하이픈)을 사용했다. 두 단어를 연결하여 변수명을 만들 때는 $my_school과 같이 _을 사용하는 것이 좋다.

04 echo문

echo문은 문자열과 변수의 값을 화면에 출력하는 데 사용한다. 이때 문자열에 HTML 태그를 포함할 수 있다.

1 echo문의 기본 문법

다음 예제에서는 echo문의 기본 사용법을 살펴보자.

예제 2-4 echo문에서 문자열과 HTML 태그 출력하기 02/echo.php

```
<!DOCTYPE html>
<html>
<head>
<meta charset = 'utf-8'>  ❶
</head>
<body>
<h3>
<?php
    echo "고양이와 토끼";  ❷
?>
</h3>
<?php
    $filename = "cat.jpg";  ❸
    echo "<img src = '$filename'>";  ❹
    echo "<br>";  ❺

    $filename = "rabit.jpg";
    echo "<img src = '$filename'>";  ❻
?>
</body>
</html>
```

실행 결과

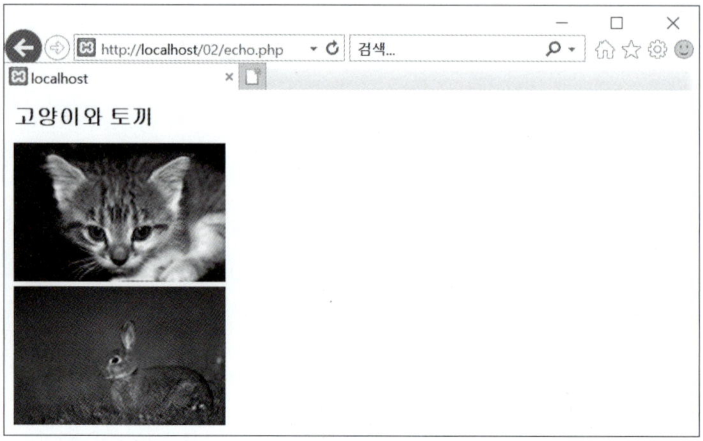

❶ 웹 페이지에서 한글을 제대로 표현하기 위해 한글 문자셋을 설정하는 부분이다. UTF-8은 현재 세계 표준으로 지정된 문자셋으로 웹에서도 가장 많이 사용되는 문자셋 중 하나이다. 〈meta〉 태그의 charset 속성을 utf-8로 설정하여 UTF-8 문자셋을 사용할 수 있다. 웹 사이트에서 한글이나 글자가 깨져 보일 때는 문자셋 설정이 잘못된 경우가 많다.

❷ 실행 결과의 첫 번째 줄에서 보듯이 echo문으로 문자열 '고양이와 토끼'를 출력한다.

❸ 변수 $filename에 문자열 cat.jpg를 저장한다.

❹ echo문의 큰따옴표 안에 있는 변수 $filename의 값을 cat.jpg로 대체한다. echo문은 다음과 같은 HTML 태그를 화면에 출력한다. 실행 결과를 보면 첫 번째 이미지로 고양이가 출력되었다.

```
"<img src = 'cat.jpg'>";
```

❺ HTML 태그인 〈br〉은 줄 바꿈을 의미하므로 고양이 이미지 다음에 줄 바꿈이 된다.

❻ ❷, ❸과 같은 방식으로 두 번째 이미지인 rabit.jpg, 즉 토끼를 출력한다.

2 따옴표(큰따옴표와 작은따옴표) 사용

문자열이나 echo문에서 사용하는 큰따옴표와 작은따옴표에 대해 알아보자. 다음 예제에서는 문자열과 echo문에 사용한 큰따옴표와 작은따옴표의 실행 결과가 동일하다.

예제 2-5 큰따옴표와 작은따옴표의 실행 결과가 같은 경우 02/quot1.php

```
<?php
    $name = "홍지수";
    echo $name;
    echo "님 반갑습니다!"; ❶
    echo "<br>";

    $name = '홍지수';
    echo $name;
    echo '님 반갑습니다!'; ❷
?>
```

실행 결과

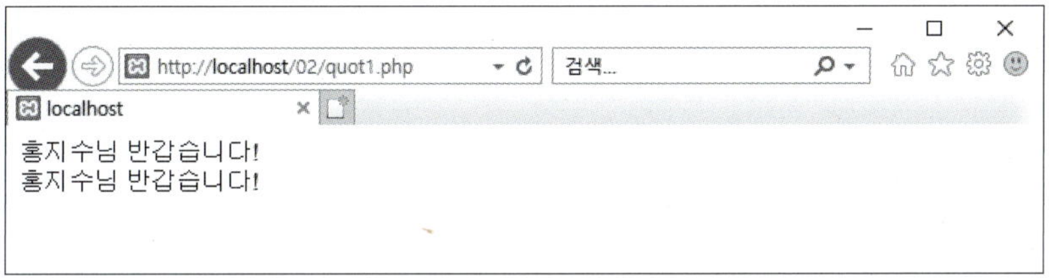

실행 결과를 보면 두 줄의 내용이 동일하다. 일반적으로 문자열과 echo문의 큰따옴표와 작은따옴표는 차이가 없다.

이번에는 큰따옴표와 작은따옴표가 다른 실행 결과를 보여주는 예외 상황을 살펴보자.

예제 2-6 큰따옴표와 작은따옴표의 실행 결과가 다른 경우 02/quot2.php

```
<?php
    $name = "홍지수";
    echo "$name 님 반갑습니다!"; ❶
    echo "<br>";

    $name = '홍지수';
    echo '$name 님 반갑습니다!'; ❷
?>
```

실행 결과

❶ echo문의 큰따옴표 안에 있는 변수 $name의 값이 출력된다.

❷ echo문에서 작은따옴표 안에 변수 $name을 사용하면 문자열 $name이 출력된다.

그러므로 echo문 안의 변수에 해당하는 값을 출력하려면 작은따옴표 대신 큰따옴표를 사용해야 한다.

다음으로 echo문에서 변수명과 문자열이 붙어 있는 경우 어떻게 처리되는지 살펴보자.

예제 2-7 **echo문에서 변수명과 문자열이 붙어 있는 경우** 02/quot3.php

```
<?php
    $name = "안지영";
    echo "$name님 반갑습니다!";
?>
```

실행 결과

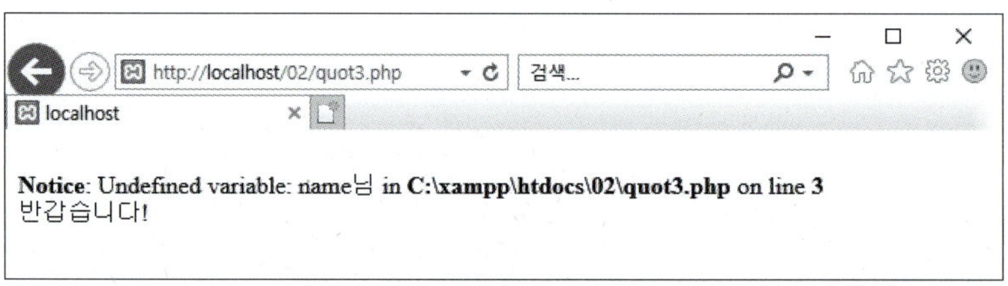

echo문의 큰따옴표 안에 있는 변수 '$name님'이 변수명으로 인식되어 'Undefined variable(정의되지 않은 변수)'이라는 오류가 발생한다. 당연히 '$name님'이라는 변수가 존재하지 않기 때문에 오류가 발생한 것이다. 이러한 오류를 방지하려면 다음과 같이 처리해야 한다.

예제 2-8 echo문 안의 변수명에 중괄호 사용하기 02/quot4.php

```
<?php
    $name = "안지영";
    echo "{$name}님 반갑습니다!";
?>
```

실행 결과

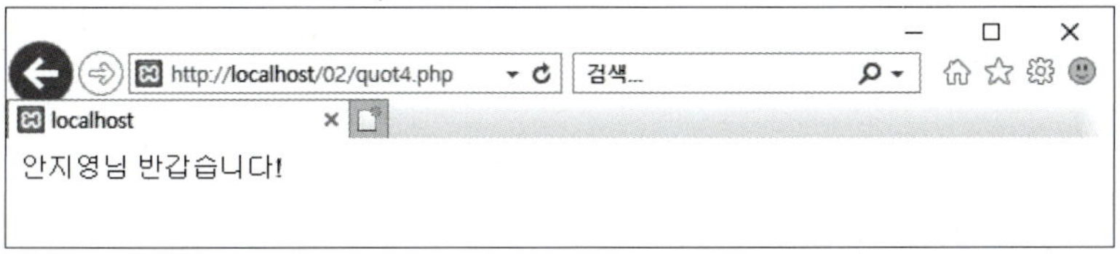

이처럼 echo문에서 변수명과 문자열을 붙여서 출력하고 싶을 때는 변수명을 중괄호({ })로 감싸야 한다.

다음으로 echo문에서 따옴표 안에 또 따옴표를 사용하는 경우를 살펴보자.

예제 2-9 큰따옴표 안에 큰따옴표 사용하기 02/echo_error.php

```
<?php
    echo "<img src = "cat.jpg">"; ··· ❶
?>
```

실행 결과

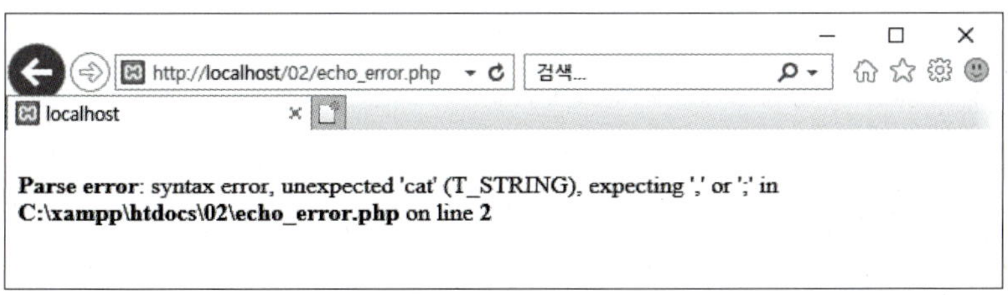

❶ echo문 안에서 문자열을 나타내는 큰따옴표 안에 또 큰따옴표를 사용하면 문제가 발생한다. PHP 해석기는 echo문 안의 <img src =를 하나의 문자열로 처리하므로 실행 결과에서 보듯이 오류가 발생한다. 따라서 다음과 같이 수정해야 한다.

```
echo "<img src = 'cat.jpg'>";
```

또는

```
echo "<img src = \"cat.jpg\">";
```

이때 사용된 ₩"를 이스케이프escape 문자라고 한다. PHP 문자열에서 많이 사용하는 이스케이프 문자는 다음 표와 같다.

표 2-1 PHP의 이스케이프 문자

이스케이프 문자	의미
₩"	"(큰따옴표 기호)
₩n	줄 바꿈
₩t	탭
₩₩	\(역슬래시 기호)
₩$	$(달러 기호)

\와 ₩는 동일한 기호이다.

3 echo문의 약식 표기

다음 예제에서와 같이 echo문은 줄여서 사용할 수 있다.

예제 2-10 약식으로 echo문 표기하기 02/echo_abb.php

```
<?php
    $id = "rubato";      ❶
    $name = '루바토';
?>
<h3>회원정보</h3>
<p>- 아이디 : <?=$id?></p>      ❷
<p>- 이름 : <?=$name?></p>
```

실행 결과

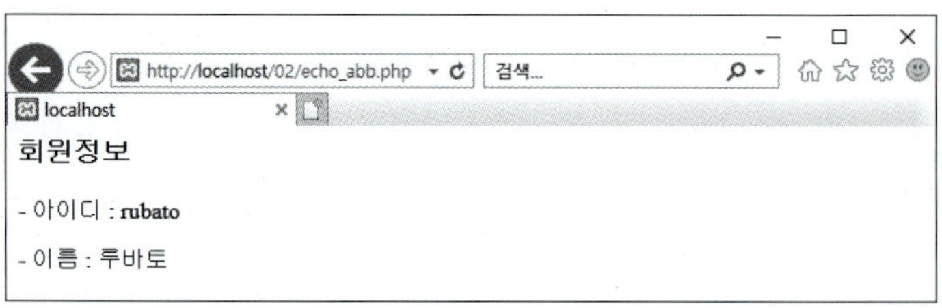

❶ $id에 문자열 rubato를 입력하고 $name에는 '루바토'를 입력한다.

❷ 〈?=$id?〉는 〈?php echo $id?〉를 줄여서 표기한 것이고, 〈?=$name?〉는 〈?php echo $name?〉를 줄여서 표기한 것이다.

05 기본 데이터형

PHP의 데이터형에는 정수integer, 실수floating-point, 문자열string, 불boolean, 배열array 등이 있다. 여기서는 정수, 실수, 문자열, 불 등의 기본 데이터형을 살펴보고 배열은 5장에서 살펴볼 것이다.

1 정수와 실수

자연수, 0, 자연수의 음수를 통틀어 정수라 하고, 실수는 소수점 이하 자릿수가 포함된 수를 말한다.

예제 2-11 정수와 실수 사용하기 02/number.php

```
<?php
    $a = 3769;              ①
    echo "\$a : $a";
    echo "<br>";

    $a = 126.7;             ②
    echo "\$a : $a";
?>
```

실행 결과

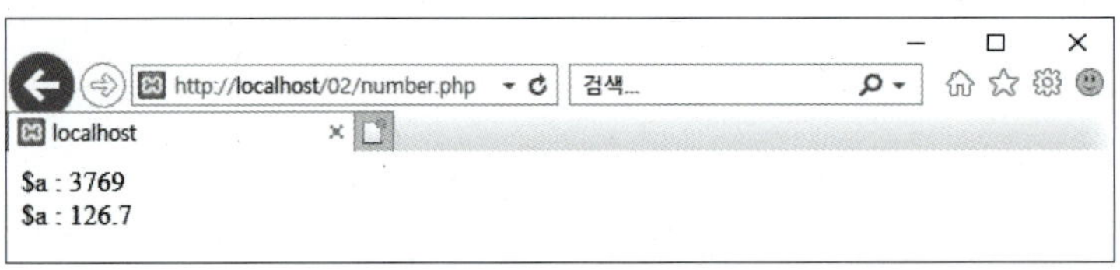

① 변수 $a에 정수 3769가 저장되어 $a는 정수형 변수가 된다. echo문에서 ₩$의 ₩는 $ 기호를 화면에 출력하기 위해 사용하는 이스케이프 문자이다. ₩$a는 변수 $a의 값이 아니라 문자열 $a를 출력하라는 의미이다.

❷ 변수 $a에 실수 126.7이 저장되어 $a는 실수형 변수가 된다.

PHP에서 변수의 데이터형은 변수 값의 데이터형에 따라 결정된다.

2 문자열

문자열은 하나 또는 여러 개의 문자로 구성된 데이터형을 의미한다. 다음 예제에서 문자열 사용법을 익혀보자.

예제 2-12 문자열 사용하기 02/string.php

```
<?php
    $title = "<h3>연락처</h3>";                       ❶
    $name = "홍길동";
    $address = "경기도 성남시 분당구";
    $phone = "010-1234-5678";                         ❷
    $email = "user@codingschool.biz";

    echo $title;
    echo "이름 : $name<br>";
    echo "주소 : $address<br>";                      ❸
    echo "전화번호 : $phone<br>";
    echo "이메일 : $email<br>";
?>
```

실행 결과

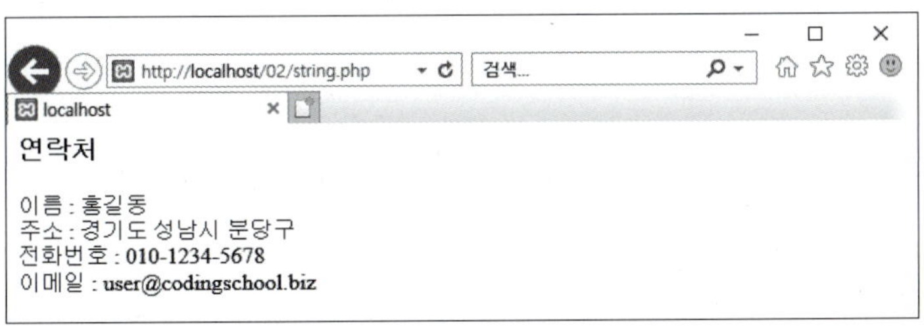

❶ 문자를 글 제목 형태로 출력하는 HTML 태그 〈h3〉과 내용을 문자열에 함께 넣어 변수 $title에 저장한다.

❷ $name, $address, $phone, $email에 각각 해당하는 문자열을 저장한다.

❸ echo문을 이용하여 각 변수에 저장된 제목, 이름, 주소, 전화번호, 이메일을 출력한다.

위와 같이 문자열을 사용할 때는 큰따옴표와 작은따옴표 중 하나로 통일하는 것이 좋다. 그러면 프로그램의 가독성을 높일 수 있고 유지·보수를 하기도 편리하다. 이 책의 예제에서는 문자열에 큰따옴표를 주로 사용할 것이다.

3 불

불은 참true과 거짓false 값을 표현하는 아주 간단한 데이터형이다.

예제 2-13 불 데이터형 사용하기 02/bool.php

```
<?php
    $a = true;
    $b = false;

    echo $a;
    echo "<br>";
    echo $b;
?>
```

실행 결과

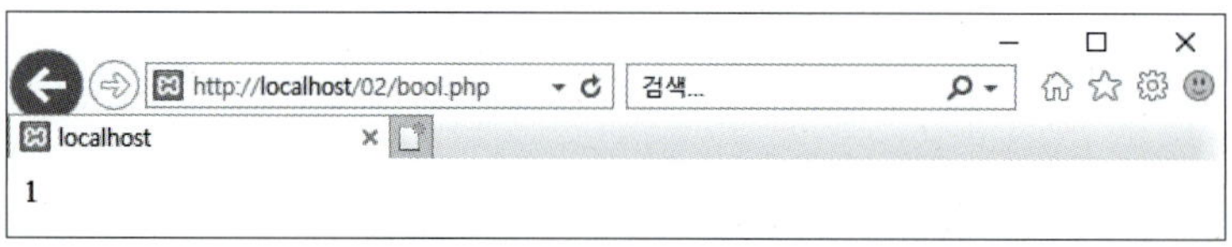

❶ $a에는 참 값인 true를 저장하고 $b에는 거짓 값인 false를 저장한다.

❷ echo문으로 $a와 $b를 화면에 출력한다. 실행 결과를 보면 $a(true)는 1을 출력하지만 $b(false)는 아무것도 출력하지 않는다. $b와 같이 아무 값도 가지지 않은 경우를 null(널)이라고 한다.

컴퓨터에서 null은 값이 없음을 의미하며, 큰따옴표 사이에 아무것도 없는 ""나 null로 표현한다. 0은 정수 값 0을 의미하므로 null과 다르고, " "처럼 큰따옴표 사이에 공백이 있는 것은 공백 문자를 나타내기 때문에 null과 다르다.

06 연산자

PHP에서는 +(더하기), −(빼기), *(곱하기), /(나누기), %(나머지), ++(증가), −−(감소) 등의 산술 연산자와 대입 연산자, 문자열 연결 연산자, 비교 연산자, 논리 연산자 등을 사용할 수 있다.

1 산술 연산자

숫자 계산에 사용하는 산술 연산자를 다음 표에 정리했다.

표 2-2 산술 연산자의 종류

산술 연산자	기능	예	결과 값
+	더하기	10 + 20	30
−	빼기	20 − 10	10
*	곱하기	10 + 20 * 30	610
/	나누기	10 / 2	5
%	나머지	7 % 3	1 (7을 3으로 나눈 몫은 2, 나머지는 1)
++	1 증가	$a++	현재 $a 값에서 1 증가
−−	1 감소	$a−−	현재 $a 값에서 1 감소
**	승수	2**5	2^5

일반 사칙연산과 마찬가지로 PHP에서도 더하기, 곱하기, 나누기 연산을 함께 사용하는 경우 곱하기와 나누기를 먼저 계산한다. 나머지 연산자 %는 어떤 수를 나눈 나머지를 구할 때 사용한다. 예를 들어 2 % 5의 계산 결과는 2이다. 2를 5로 나누면 몫이 0, 나머지는 2이기 때문이다.

예제 2-14 산술 연산자 사용하기 02/arith.php

```
<?php
    $a = 3;    // $a에 3 저장
    $b = 5;    // $b에 5 저장

    $c = $a + $b; ························ ❶
    $c++; ································ ❷

    $c = $c + $a; ························ ❸
    $d = $a + $c * $b; ··················· ❹

    echo "\$d : $d" ;    // \$는 이스케이프 문자로 $ 기호를 브라우저에 출력 ···· ❺
    echo "<br>";         // <br> 태그는 줄 바꿈

    $a = 10;             // $a에 10 저장
    $b = $a % 3; ························· ❻
    $b--; ································ ❼

    $c = $a - $b; ························ ❽
    $c = $c - 5; ························· ❾

    echo "\$c : $c"; ····················· ❿
?>
```

실행 결과

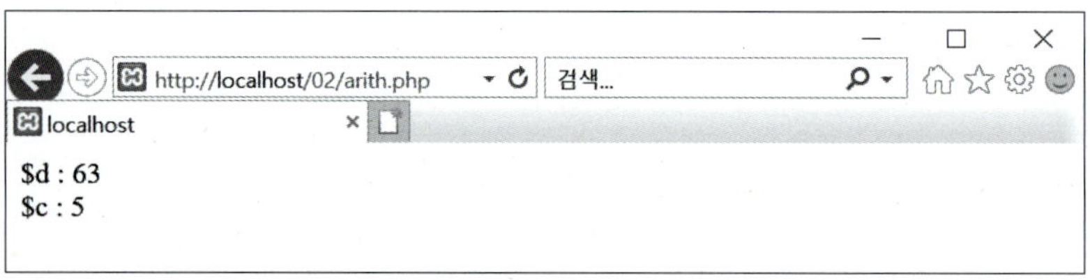

❶ $a(3)와 $b(5)를 더한 결과 값 8을 $c에 저장한다.

❷ $c 값을 1 증가시키라는 의미이므로 $c에 9가 저장된다.

❸ $c(9)와 $a(3)를 더한 결과 값 12를 $c에 저장한다.

❹ $c(12)와 $b(5)를 곱한 뒤 $a(3)를 더한 결과 값 63을 $d에 저장한다.

❺ 실행 결과의 첫 번째 줄에서 보듯이 echo문으로 $d의 값인 63을 화면에 출력한다. 이때 ₩$는 이스케이프 문자로 $ 기호를 출력하라는 의미이다.

❻ $a % 3은 10 % 3을 계산하라는 의미이므로 결과 값 1을 변수 $b에 저장한다.

❼ $b 값을 1 감소시키라는 의미이므로 $b에 0이 저장된다.

❽ $a(10)에서 $b(0)를 뺀 결과 값 10을 $c에 저장한다.

❾ $c(10)에서 5를 뺀 결과 값 5를 다시 $c에 저장한다.

❿ 실행 결과의 두 번째 줄에서 보듯이 echo문으로 $c의 값인 5를 화면에 출력한다.

2 문자열 연결 연산자

.(도트)는 문자열 연결 연산자로 2개 이상의 문자열을 하나로 연결하는 역할을 한다.

표 2-3 문자열 연산자

문자열 연산자	예	설명
.	$a.$b	문자열 $a와 문자열 $b를 연결하여 하나의 문자열로 만듦

예제 2-15 문자열 연결 연산자 사용하기 02/string_merge.php

```
<?php
    $num1 = "010";
    $num2 = "1234";
    $num3 = "5678";
    $phone_number = $num1."-".$num2."-".$num3; ❶
    echo "휴대폰 번호 : $phone_number"."<br>";

    $email1 = "admin";
    $email2 = "codingschool.info"; ❷
    $email = $email1."@".$email2; ❸
    echo "이메일 주소 : $email"; ❹
?>
```

실행 결과

❶ 3개의 변수에 나누어 저장된 휴대폰 번호($num1, $num2, $num3)를 하나의 문자열로 만들기 위해 문자열 연결 연산자인 .를 사용했다. 그 결과 $phone_number에 문자열 010-1234-5678이 저장된다.

❷ $email1에 admin을 저장하고 $email2에 codingschool.info를 저장한다.

❸ @ 기호를 $email1과 $email2 사이에 넣어 만든 이메일 주소를 $email에 저장한다.

❹ 완성된 이메일 주소를 화면에 출력한다.

NOTE 정수 1234와 문자열 "1234"

- 1234: 정수 1234는 실제 컴퓨터에서 십진수 1234를 이진수로 변환한 값인 10011010010이다.
- "1234": 문자열 "1234"는 문자인 1의 이진 코드 00110001, 2의 이진 코드 00110010, 3의 이진 코드 00110011, 4의 이진 코드 00110100이 하나로 합쳐진 값인 00110001001100100011001100110100이다.

즉 컴퓨터에서 정수 1234와 문자열 "1234"는 전혀 다른 값을 나타낸다.

❸ 대입 연산자

대입 연산자는 변수에 값을 대입할 때, 즉 저장할 때 사용하는 연산자이다.

표 2-4 대입 연산자

대입 연산자	예	동일한 표현	설명
=	$a = 10		10을 변수 $a에 저장
+=	$a += 2	$a = $a + 2	$a에 2를 더한 결과 값을 $a에 저장
-=	$a -= 2	$a = $a - 2	$a에서 2를 뺀 결과 값을 $a에 저장
*=	$a *= 2	$a = $a * 2	$a에 2를 곱한 결과 값을 $a에 저장
/=	$a /= 2	$a = $a / 2	$a를 2로 나눈 결과 값을 $a에 저장
%=	$a %= 2	$a = $a % 2	$a를 2로 나눈 나머지 값을 $a에 저장
.=	$a .= $b	$a = $a.$b	문자열 $a와 $b를 하나로 연결한 문자열을 다시 $a에 저장

예제 2-16 대입 연산자 사용하기 02/replace.php

```
<?php
    $a = 5; // $a에 5를 대입 ❶
    echo $a."<br>"; ❷

    $a += 3; // $a = $a + 3과 동일 ❸
    echo $a."<br>";

    $a -= 4; // $a = $a - 4와 동일 ❹
    echo $a."<br>";

    $a *= 2; // $a = $a * 2와 동일 ❺
    echo $a."<br>";

    $a /= 4; // $a = $a / 4와 동일 ❻
    echo $a."<br>";

    $a %= 2; // $a = $a % 2와 동일 ❼
    echo $a."<br>";

    $a = "딸기";
    $a .= " 주스"; // $a = $a." 주스"와 동일 ❽
    echo $a."<br>";
?>
```

실행 결과

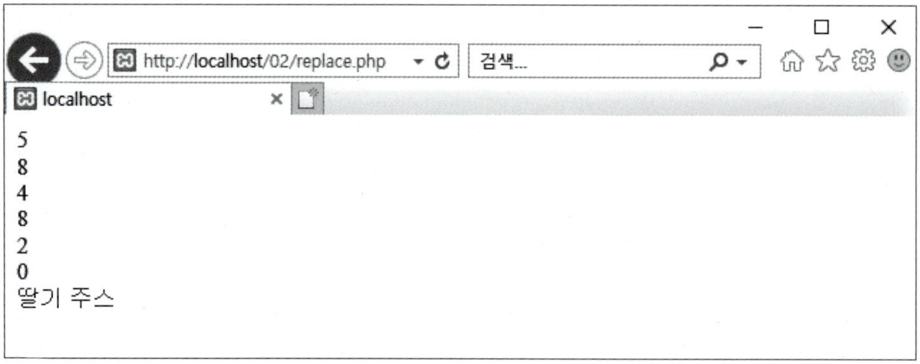

❶ $a에 5를 저장한다.

❷ $a의 값 5를 화면에 출력한 뒤 줄 바꿈을 한다.

❸ $a의 값 5에 3을 더한 결과 값 8을 다시 $a에 저장한다.

❹ $a의 값 8에서 4를 뺀 결과 값 4를 다시 $a에 저장한다.

❺ $a의 값 4에 2를 곱한 결과 값 8을 다시 $a에 저장한다.

❻ $a의 값 8을 4로 나눈 결과 값 2를 다시 $a에 저장한다.

❼ $a의 값 2를 2로 나눈 나머지 값 0을 다시 $a에 저장한다.

❽ 문자열 $a의 값인 '딸기'와 '주스'를 하나로 연결한 문자열 '딸기 주스'를 다시 $a에 저장한다.

4 비교 연산자

비교 연산자는 참과 거짓을 판별하는 조건문이나 반복문의 조건식에서 사용한다.

조건문은 3장에서, 반복문은 4장에서 자세히 살펴볼 것이다.

비교 연산자의 활용법은 3장의 조건문과 4장의 반복문에서 살펴볼 것이다.

표 2-5 비교 연산자

비교 연산자	예	설명
==	$a == 3	$a가 3과 같으면 참, 그렇지 않으면 거짓
!=	$a != $b	$a 값과 $b 값이 서로 다르면 참, 그렇지 않으면 거짓
>	$a > 100	$a가 100보다 큰 값이면 참, 그렇지 않으면 거짓
<	$a < 10	$a가 10보다 작은 값이면 참, 그렇지 않으면 거짓
>=	$a >= 5	$a가 5보다 크거나 같으면 참, 그렇지 않으면 거짓
<=	$a <= 20	$a가 20보다 작거나 같으면 참, 그렇지 않으면 거짓

5 논리 연산자

논리 연산자도 비교 연산자와 마찬가지로 조건문과 반복문에서 많이 사용한다. 논리 연산자 !, &&, ||는 각각 NOT, AND, OR를 의미한다.

표 2-6 논리 연산자

논리 연산자	예	설명
!	!$a	$a가 참이면 거짓, 거짓이면 참
&&	($a > 10) && ($a < 20)	$a가 10보다 크고 20보다 작으면 참, 그렇지 않으면 거짓
||	($a > 0) \|\| ($b > 0)	$a가 0보다 크거나 $b가 0보다 크면 참, 그렇지 않으면 거짓

논리 연산자의 활용법도 3장의 조건문과 4장의 반복문에서 살펴볼 것이다.

요약

01 PHP의 시작과 끝

모든 PHP 프로그램은 〈?php로 시작하여 ?〉로 끝난다.

02 주석문

주석문은 프로그램에 대한 설명을 삽입하거나 오류를 찾는 디버깅 과정에 사용된다. //는 한 행을 주석으로 처리할 때 사용하고, /*와 */는 여러 행을 주석으로 처리할 때 사용한다.

03 변수

PHP에서 변수는 $로 시작하고, 변수명은 일반적으로 영문 소문자와 숫자, 밑줄(_)을 조합해서 만든다. 변수명에는 특수 문자(+, −, *, /, !, @, #, % 등), 한글, 공백 등을 사용하면 안 되고 숫자로 시작해도 안 된다.

04 echo문

echo문은 문자열과 변수의 값을 화면에 출력하는 데 사용한다. 이때 문자열에 HTML 태그를 포함할 수 있다.

05 PHP 기본 데이터형

PHP의 데이터형에는 정수, 실수, 문자를 다루는 문자열, 참과 거짓의 값을 표현하는 불, 배열 등이 있다.

06 산술 연산자

PHP에서는 +(더하기), −(빼기), *(곱하기), /(나누기), %(나머지), ++(증가), −−(감소) 등의 산술 연산자를 사용할 수 있다.

07 문자열 연결 연산자

.(도트)는 문자열 연결 연산자로 2개 이상의 문자열을 하나로 연결하는 역할을 한다.

08 비교 연산자

비교 연산자 ==는 '같다', !=는 '같지 않다', 〉는 '크다', 〈는 '작다', 〉=는 '크거나 같다', 〈=는 '작거나 같다'라는 의미이다.

09 논리 연산자

논리 연산자 !, &&, ||는 각각 NOT, AND, OR를 의미한다.

연습문제

01 PHP에서 한 줄을 주석 처리하는 데 사용되는 기호는 무엇인가?

① 〈?　　② //　　③ /*　　④ 〈!--

02 PHP에서 두 줄 이상을 주석 처리하는 데 사용되는, 시작과 끝을 나타내는 기호는 각각 무엇인가?

① /*, */　　② #, #　　③ 〈!--, --〉　　④ """, """

03 다음 중 PHP의 변수명으로 옳지 않은 것은?

① $bus　　② $my age　　③ this_year　　④ font7

04 자신의 이름, 휴대폰 번호, 주소, 이메일 주소를 출력하는 프로그램을 작성하시오.

출력 포맷

```
- 이름 : ***
- 휴대폰 번호 : ###-####-####
- 주소 : ******************************
- 이메일 : ######@######.###
```

05 HTML의 〈table〉 태그를 이용하여 4번 문제의 출력 결과를 다음과 같이 나타내시오.

출력 포맷

이름	휴대폰 번호	주소	이메일
***	###-####-####	***************	######@######.###

06 PHP의 이스케이프 문자 중 줄 바꿈을 의미하는 것은 무엇인가?

① ₩n ② ₩₩ ③ ₩t ④ ₩$

07 변수 $name을 출력하는 〈?php echo $name?〉의 약식 표현은 무엇인가?

① 〈?=$name?〉 ② 〈?/*$name?〉 ③ 〈?//$name?〉 ④ 〈?$name?〉

08 하나 또는 여러 개의 문자로 구성된 데이터형은 무엇인가?

① 정수 ② 불 ③ 배열 ④ 문자열

09 %는 어떤 수를 나눈 나머지를 구하는 나머지 연산자이다. 3%10의 결과는 무엇인가?

① 3 ② 0 ③ 10 ④ 1

10 2개의 문자열을 연결하는 데 사용되는 연산자는 무엇인가?

① ** ② ++ ③ . ④ +

11 "3479.0"의 데이터형은 무엇인가?

① 실수형 ② 정수형 ③ 배열 ④ 문자열

12 논리 연산자 중 두 조건이 모두 참이어야만 그 결과가 참이 되는 연산자는 무엇인가?

① ! ② == ③ && ④ ||

13 다음은 공원 입장료를 계산하는 프로그램이다. 빈칸을 채워 프로그램을 완성하시오.

```
<?php
    $child_fee = 5000;  // 청소년 입장료 5,000원
    $adult_fee = 8000;  // 성인 입장료 8,000원
    $num_child = 3;     // 청소년 3매
    $num_adult = 2;     // 성인 2매

    $total_fee = _______ * $num_child + _______ * ________;

    echo "전체 입장료 : ________ 원";
?>
```

14 다음은 거스름돈을 계산하는 프로그램이다. 빈칸을 채워 프로그램을 완성하시오.

```
<?php
    $money = 3000;       // 지불액
    $price = 800;        // 물건 가격
    $num = 3;            // 구매 개수

    $change = ______ - $price * $num;

    echo ("물건 가격 : $price <br>");
    echo ("구매 개수 : _______ <br>");
    echo ("지불액 : $money <br>");
    echo ("거스름돈은 _______ 원 입니다.<br>");
?>
```

15 다음은 연결 연산자를 이용하여 주민등록번호와 이메일 주소를 하나로 묶어서 출력하는 프로그램이다. 빈칸을 채워 프로그램을 완성하시오.

출력 포맷

```
주민등록번호 : 991111-1010111
이메일 주소 : master@codingschool.info
```

```
<?php
    $num1 = "991111";
    $num2 = "1010111";
    $id = $num1________"-".$num2;
    echo "주민등록번호 : $id"."<br>";

    $email1 = "master";
    __________ = "codingschool.info";
    $email = $email1."@"________$email2;
    echo "이메일 주소 : $email";
?>
```

16 다음 프로그램의 실행 결과가 웹 브라우저 화면에 어떻게 출력될지 예측하시오.

```
<?php
    $a = 3;
    $b = 2;

    $a = $a + $b;
    $b = $a + 5;
    $c = $a * $b;

    $c = $c % 2;
    $a = $b + $c;
    $b = $a * $b;

    echo "a : $a, b : $b, c : $c";
?>
```

CHAPTER 03
조건문

학습목표

- 조건문의 개념을 이해할 수 있다.
- if문의 형식을 이해할 수 있다.
- if ~, if ~ else ~ 구문을 활용할 수 있다.
- if ~ elseif ~ else ~ 구문을 활용할 수 있다.
- switch문의 형식을 이해할 수 있다.
- switch문을 활용할 수 있다.

01 조건문

PHP 프로그램은 기본적으로 한 행씩 순서대로 실행되지만 처리 순서를 바꿔야 하는 경우도 있다. 조건식의 참과 거짓에 따라 실행하는 문장을 다르게 할 때는 조건문을 사용한다. PHP에서 사용하는 조건문에는 if문과 switch문이 있다.

if문을 사용하여 어떤 수가 짝수인지 홀수인지 판별하는 다음 예제를 통해 조건문의 동작 원리를 파악해보자.

예제 3-1 짝수/홀수 판별하기 03/even_odd.php

```
<?php
    $n = 27; // $n에 27 저장

    if ($n % 2 == 0) { ··········· ❶
       echo "$n : 짝수"; ·········· ❷
    }
    else { ······················· ❸
       echo "$n : 홀수"; ·········· ❹
    }
?>
```

실행 결과

❶에서 if문의 조건식인 $n % 2 == 0이 참이면 조건식 다음의 중괄호({ }) 속에 있는 ❷를 실행하고, 조건식이 거짓이면 ❸의 else에 속하는 ❹를 실행한다. 이때 $n의 값이 27이므로 27 % 2 == 1이다. 즉 '27을 2로 나눈 나머지는 0과 같다'는 명제가 거짓이므로 ❸의 else에 속하

는 ❹를 실행하여 27이 홀수라는 결과를 출력한다.

2장에서 설명했듯이 % 연산자는 어떤 수의 나머지를 구할 때 사용한다. 예를 들어 7 % 2는 '7을 2로 나눈 나머지'를 의미하므로 결과는 1이다.

결론적으로 if문의 조건식이 참이면 if문에 속하는 문장을 실행하고, 조건식이 거짓이면 else에 속하는 문장을 실행한다.

02 if문

if문은 다음의 세 가지 구문으로 구성되어 있다. 프로그램에서 if문을 사용할 때는 이 세 가지 구문 중에서 상황에 따라 적절한 것을 선택하면 된다. 때에 따라서는 하나의 프로그램에서 2개 이상의 if 구문을 중첩해서 사용한다.

- if ~ 구문
- if ~ else ~ 구문
- if ~ elseif ~ else ~ 구문

세 가지 if 구문을 자세히 살펴보자.

1 if ~ 구문

if ~ 구문의 문법 형식은 다음과 같다.

```
if (조건식) {
    문장1;
    문장2;
    …
}
```

if문의 조건식이 참이면 문장1, 문장2, …를 실행하고 거짓이면 실행하지 않는다. 다음은 if ~ 구문을 이용하여 나이에 따라 입장료를 판별하는 프로그램이다.

예제 3-2 나이에 따라 입장료 판별하기 03/free_fee.php

```
<?php
    $age = 66;                       ❶
    $fee = "5000원";

    if ($age >= 65 ) {               ❷
      $fee = "무료";
    }

    echo "나이 : $age 세<br>";        ❸
    echo "입장료 : $fee";
?>
```

실행 결과

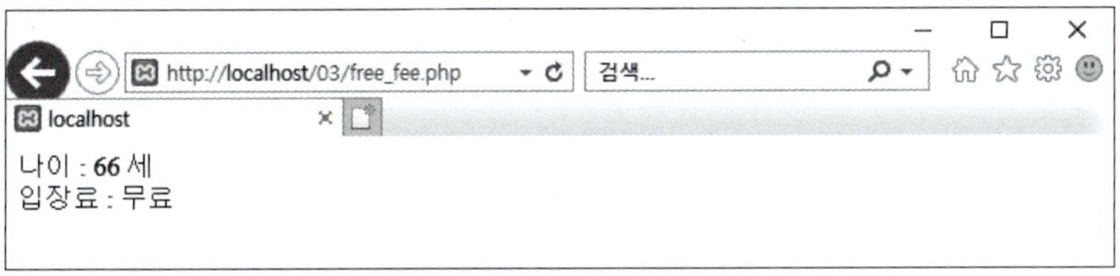

❶ 나이를 의미하는 변수 $age에 66을 저장하고 입장료를 의미하는 변수 $fee에 5000원을 저장한다.

❷ if문의 조건식인 $age >= 65는 $age가 65 이상의 값이면 참이다. 여기서는 변수 $age에 저장된 값이 66이므로 조건식이 참이다. 따라서 if문에 속하는 문장인 $fee = "무료";를 실행하여 $fee 값이 '무료'가 된다.

❸ 실행 결과에 나이와 입장료가 출력된다.

이 프로그램에서 $age에 66 대신 65 미만의 나이를 입력하고 실행하면 입장료가 5000원이라는 결과가 출력될 것이다.

이번에는 if ~ 구문을 이용하여 어떤 수가 3의 배수인지 5의 배수인지 판별하는 프로그램을 작성해보자.

예제 3-3 배수 판별하기 1 03/besu_3_5.php

```
<?php
    $num = 32;
    $result = "3의 배수도 5의 배수도 아니다.";            ❶

    if ($num % 3 == 0)                                     ❷
      $result = "3의 배수이다.";                           ❸

    if ($num % 5 == 0)                                     ❹
      $result = "5의 배수이다.";                           ❺

    if ($num % 3 == 0 && $num % 5 == 0)                    ❻
      $result = "3의 배수이면서 5의 배수이다.";            ❼

    echo "$num : $result";                                 ❽
?>
```

실행 결과

❶ $num에 32를 저장하고 $result에는 '3의 배수도 5의 배수도 아니다.'를 저장한다.

❷ $num % 3 == 0이 참이면 ❸을 실행한다. ❸은 ❷의 조건식이 참일 때, 즉 $num이 3의 배수일 때만 실행된다.

> ❷~❸과 같이 if문의 조건식 다음에 한 문장만 있으면 중괄호({ })를 생략할 수 있다.

❹의 조건식이 참일 때만 ❺가 실행된다. 즉 $num이 5의 배수인 경우에만 $result에 '5의 배수이다.'라는 문자열을 저장한다.

❻의 조건식, 즉 $num이 3의 배수이면서 5의 배수이면 ❼에 의해 '3의 배수이면서 5의 배수이다.'를 $result에 저장한다.

2장에서 설명했듯이 &&는 AND를 의미하는 논리 연산자로, 두 조건($num % 3 == 0과 $num % 5 == 0)이 모두 참일 때 최종 결과가 참이 된다.

❽ 실행 결과에서 보듯이 $num과 $result를 화면에 출력한다.

2 if ~ else ~ 구문

if ~ else ~ 구문의 문법 형식은 다음과 같다.

```
if (조건식) {
    문장1;
    문장2;
    ...
}
else {
    문장I;
    문장II;
    ...
}
```

if문의 조건식이 참이면 문장1, 문장2, …를 실행하고 조건식이 거짓이면 문장I, 문장II, …를 실행한다.

if ~ else ~ 구문은 다음 예와 같이 두 조건만 존재할 때 사용한다.

- 홀수 vs. 짝수
- 5의 배수이다 vs. 5의 배수가 아니다
- 남자 vs. 여자
- 합격 vs. 불합격
- 수신 vs. 비수신
- 공개 vs. 비공개
- 로그인 가능 vs. 로그인 불가능

if ~ else ~ 구문을 이용하여 어떤 수의 배수인지 아닌지를 판별하는 프로그램을 작성해보자.

예제 3-4 배수 판별하기 2 03/besu.php

```
<?php
    $besu = 3; // 3의 배수 여부를 판별하기 위한 변수. 5의 배수를 판별하려면 5를 저장 ❶
    $num = 12; // 3의 배수 여부를 판별하려는 수

    if ($num % $besu == 0) { ❷
      echo "$num : $besu"."의 배수이다."; ❸
    } else {
      echo "$num : $besu"."의 배수가 아니다."; ❹
    }
?>
```

실행 결과

❶ 3의 배수인지 판별하기 위한 변수 $besu에 3을 저장한다. 변수 $num에는 판별하려는 수인 12를 저장한다. 따라서 12가 3의 배수인지 판별한다.

❷ if문의 조건식인 $num % $besu == 0은 12 % 3 == 0이 되므로 결과는 참이다. 따라서 ❸이 실행된다. 만약 조건식이 거짓이면 else에 속하는 ❹가 실행될 것이다.

다음으로 if ~ else ~ 구문을 이용하여 회원 레벨에 따라 로그인이 가능한지 판별하는 프로그램을 작성해보자.

예제 3-5 회원 레벨에 따라 로그인 가능 판별하기 03/is_login.php

```
<?php
    $level = 7; // 회원 레벨이 1~7이면 로그인 가능, 그 외는 로그인 불가능 ❶
    echo "회원 레벨 : $level<br>";

    if ($level >= 1 and $level <= 7)
      echo "로그인 가능합니다!";
    else                                   ❷
      echo "로그인이 가능하지 않습니다!";
?>
```

실행 결과

❶ 회원 레벨을 의미하는 변수 $level에 7을 저장한다.

❷ $level이 1~7이면 '로그인 가능합니다!'를 출력하고, 그렇지 않으면 '로그인이 가능하지 않습니다!'를 출력한다.

다음은 몸무게와 키에 따라 체중 조절이 필요한지를 알려주는 프로그램이다. 표준 체중은 (키−100)×0.9로 계산한다.

예제 3-6 체중 조절 필요 여부 판별하기 03/weight_control.php

```
<?php
// 체중 조절이 필요한지 판별: 몸무게가 '(키 - 100) * 0.9'보다 크면 체중 조절 필요

    $h = 170;
    $w = 50;                                  ❶
    $a = ($h - 100) * 0.9;

    echo "키 : $h <br>";
    echo "몸무게 : $w <br>";

    if ($w > $a)                              ❷
        echo "체중 조절이 필요합니다.<br>";       ❸
    else
        echo "체중 조절이 필요하지 않습니다.<br>";  ❹
?>
```

실행 결과

❶ 키를 의미하는 변수 $h에는 170을, 몸무게를 의미하는 변수 $w에는 50을 저장한다. 그리고 변수 $a에는 표준 체중 계산식인 ($h − 100) * 0.9를 저장한다.

❷ if문의 조건식인 $w 〉 $a가 참이면 ❸을 실행하고 거짓이면 ❹를 실행한다. 여기서는 $a의 값이 63이므로 조건식 50 〉 63이 거짓이다. 따라서 '체중 조절이 필요하지 않습니다.'가 출력된다.

❸과 같이 if에 속하는 문장이 한 행뿐이면 { }를 생략할 수 있다. 마찬가지로 else에 속하는 문장이 한 행뿐이면 { }로 감싸지 않아도 된다. 그러나 if나 else 다음에 여러 행의 문장이 나오면 반드시 { }로 감싸야 한다.

3 if ~ elseif ~ else ~ 구문

if ~ elseif ~ else ~ 구문은 하나의 if문에 조건식이 여러 개일 때 사용하는 것으로, 각 조건에 따라 실행되는 문장을 달리할 수 있다. if ~ elseif ~ else ~ 구문의 문법 형식은 다음과 같다.

```
if (조건식1) {
    문장1;
    문장2;
    …
} elseif (조건식2) {
    문장i;
    문장ii;
    …
} elseif (조건식3) {
    문장I;
    문장II;
    …
}
…
else {
    문장A;
    문장B;
    …
}
```

조건식1이 참이면 문장1, 문장2, …를 실행하고, 조건식2가 참이면 문장i, 문장ii, …를 실행하며, 조건식3이 참이면 문장I, 문장II, …를 실행한다. 그리고 조건식1, 조건식2, 조건식3,

… 등이 모두 거짓이면 문장A, 문장B, …를 실행한다.

다음은 주어진 점수에 해당하는 등급(A+, A, B+, B, C+, C, D+, D, F)을 출력하는 프로그램이다.

예제 3-7 점수에 따라 등급 판별하기 03/grade.php

```
<?php
    $score = 83;                               ❶

    if ($score >= 95)
        $grade = "A+";
    elseif ($score >= 90)
        $grade = "A";
    elseif ($score >= 85)
        $grade = "B+";
    elseif ($score >= 80)
        $grade = "B";
    elseif ($score >= 75)                      ❷
        $grade = "C+";
    elseif ($score >= 70)
        $grade = "C";
    elseif ($score >= 65)
        $grade = "D+";
    elseif ($score >= 60)
        $grade = "D";
    else
        $grade = "F";

    echo "입력된 점수 : $score 점<br>";        ❸
    echo "등급 : $grade";
?>
```

실행 결과

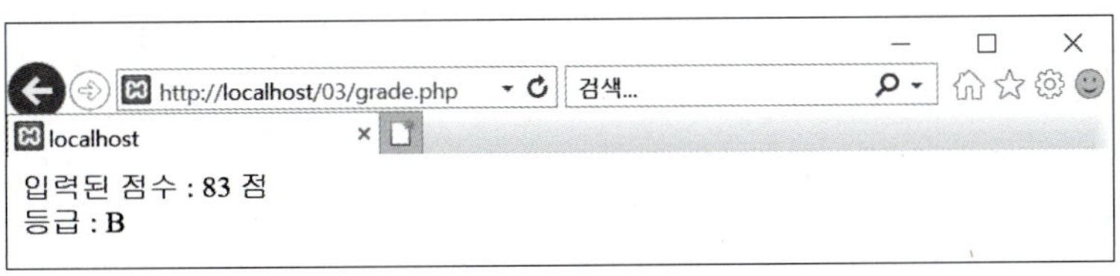

❶ 등급을 확인하려는 점수 83을 $score에 저장한다.

❷ if ~ elseif ~ else ~ 구문을 이용하여 $score가 95 이상이면 $grade에 A+를, $score가 90 이상이면 $grade에 A를, $score가 85 이상이면 $grade에 B+를, …, $score가 60 이상이면 $grade에 D를 저장한다. 만약 $score가 60 미만이라 조건식이 모두 거짓이면 $grade에 F를 저장한다.

❸ 입력된 점수와 등급을 출력한다. $score의 값이 83이므로 '83점'과 등급 'B'가 출력된다.

이번에는 다음 표의 내용을 이용하여 놀이공원의 입장료를 계산하는 프로그램을 작성해보자.

구분	입장료	조건
입장료 무료		• 3세 미만
특별 할인	4,000원	• 3~13세 • 17시 이후 입장객
할인	8,000원	• 14~18세 • 70세 이상 • 복지 카드 소지자 • 국가유공자증 소지자
일반	10,000원	• 위의 조건에 해당하지 않는 모든 경우

예제 3-8 놀이공원 입장료 계산하기 03/park_fee.php

```
<?php
    $age = 68;

    $welfare = "no";      // yes: 복지 카드 소지자, no: 미소지자
    $youkong = "yes";     // yes: 국가유공자증 소지자, no: 미소지자
    $after = "no";        // yes: 17시 이후 입장, no: 17시 이전 입장

    if ($age < 3)         // 입장료 무료
      $fee = "무료";
    elseif (($age >= 3 && $age <= 13) || ($after == "yes")) // 특별 할인
      $fee = "4,000원";
    elseif (($age >= 14 && $age <= 18) || ($age >= 70) ||
              ($welfare == "yes") || ($youkong == "yes")) // 할인
      $fee = "8,000원";
```

```
    else                                        ⑥
      $fee = "10,000원";

    echo "복지 카드 소지 : $welfare<br>";
    echo "국가유공자증 소지 : $youkong<br>";
    echo "17시 이후 입장 : $after<br>";          ⑦
    echo "나이 : $age 세<br><br>";
    echo "입장료 : $fee";
?>
```

실행 결과

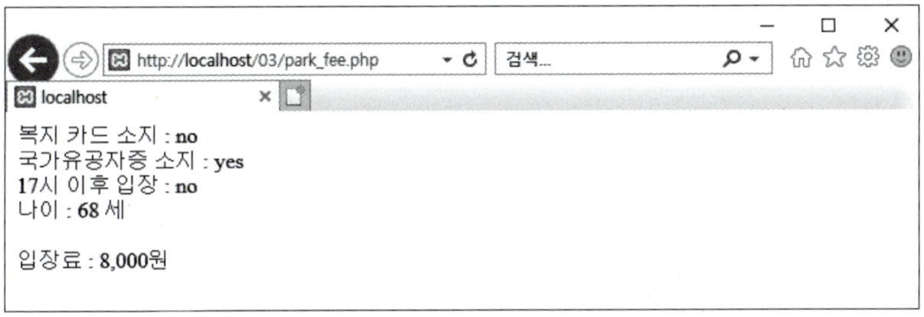

❶ 나이를 나타내는 $age에 68을 저장한다.

❷ 복지 카드 소지자는 $welfare를 yes로, 미소지자는 no로 설정한다. 국가유공자증 소지자는 $youkong을 yes로, 미소지자는 no로 설정한다. 17시 이후 입장객은 $after를 yes로, 17시 이전 입장객은 no로 설정한다.

❸ $age가 3세 미만이면 $fee에 '무료'를 저장한다.

❹ $age가 3~13세이거나 $after가 yes, 즉 17시 이후에 입장한 경우이면 $fee에 '4,000원'을 저장한다.

❺ $age가 14~18세 또는 70세 이상이거나, $welfare가 yes(복지 카드 소지자)이거나, $youkong이 yes(국가유공자증 소지자)이면 $fee에 '8,000원'을 저장한다.

❻ 모든 조건식이 거짓이면 $fee에 '10,000원'을 저장한다.

❼ 입장객의 복지 카드 소지 여부($welfare), 국가유공자증 소지 여부($youkong), 17시 이후 입장 여부($after), 나이($age) 및 각 조건에 따른 입장료($free)를 출력한다.

4 if문의 중첩

지금까지 if문의 세 가지 유형인 if ~ 구문, if ~ else ~ 구문, if ~ elseif ~ else ~ 구문의 구조와 사용법을 알아보았다. 경우에 따라서는 이러한 구문을 2개 이상 섞어서 사용하기도 하는데 이를 'if문의 중첩'이라고 한다. 다음은 if ~ elseif ~ else ~ 구문과 if ~ else ~ 구문을 중첩해서 사용한 형식의 예이다.

```
if (조건식) {
    문장
} elseif (조건식) {
    if (조건식) {
        문장
    } else {
        문장
    }
} else {
    문장
}
```

위의 예에서는 if ~ elseif ~ else ~ 구문 안에 if ~ else ~ 구문을 사용했는데, 구문 안에 사용한 if ~ else ~ 구문은 elseif의 조건식이 참일 때만 실행된다.

다음은 임의로 주어진 3개의 정수를 값이 큰 순서로 정렬하는 프로그램이다. 이를 해결하는 다양한 알고리즘이 존재하지만 여기서는 if ~ else ~ 구문을 중첩하여 정수를 하나하나 비교하는 방법을 사용할 것이다.

예제 3-9 정수 3개를 값이 큰 순서로 정렬하기 03/num3.php

```
<?php
    $a = 2;
    $b = 6;     ❶
    $c = 9;

    if ($a > $b) // $a가 $b보다 큰 경우     ❷
    {
        if ($a > $c) // $a가 $c보다 큰지 비교     ❸
        {
```

```
        $max1 = $a; // 가장 큰 수인 $max1에 $a 저장 ········ ④
        if ($b > $c) // 그다음 큰 수를 찾기 위해 $b와 $c 비교 ········ ⑤
        {
            $max2 = $b; // 두 번째 큰 수인 $max2에 $b 저장
            $max3 = $c; // 세 번째 큰 수인 $max3에 $c 저장
        }
        else ········ ⑥
        {
            $max2 = $c;
            $max3 = $b;
        }
    }
    else // $a가 $b보다 큰 상태에서 $c가 $a보다 큰 경우 ········ ⑦
    {
        $max1 = $c; // $c가 가장 크고
        $max2 = $a; // $a가 두 번째
        $max3 = $b; // $b가 세 번째
    }
}
else // $b가 $a보다 큰 경우 ········ ⑧
{
    if ($a > $c) // $a와 $c 비교 ········ ⑨
    {
        $max1=$b;
        $max2=$a;
        $max3=$c;
    }
    else // $c가 $a보다 큰 경우 ········ ⑩
    {
        if ($b > $c) // $b와 $c 중에서 가장 큰 수를 찾음 ········ ⑪
        {
            $max1 = $b; // $b가 가장 크고
            $max2 = $c; // $c가 두 번째
            $max3 = $a; // $a가 세 번째
        }
        else ········ ⑫
        {
```

```
                $max1 = $c;
                $max2 = $b;
                $max3 = $a;
            }
        }
    }

    echo"입력된 세 정수 : $a $b $c<br>";                       ⓭
    echo"입력된 정수를 큰 수대로 배열 : $max1 $max2 $max3<br>";
?>
```

실행 결과

❶ 임의의 세 정수를 각각 $a, $b, $c에 저장한다.

❷ $a가 $b보다 크면 ❸~❼을 실행하고, 그렇지 않으면 ❽의 else 다음 문장을 실행한다.

❸ $a가 $c보다 크면 ❹~❻을 실행하고, 그렇지 않으면 ❼의 else 다음 문장을 실행한다.

❺ $b가 $c보다 크면 그다음 문장을 실행하고, 그렇지 않으면 ❻의 else 다음 문장을 실행한다.

❾ $a가 $c보다 크면 그다음 문장을 실행하고, 그렇지 않으면 ❿의 else 다음 문장을 실행한다.

⓫ $b가 $c보다 크면 그다음 문장을 실행하고, 그렇지 않으면 ⓬의 else 다음 문장을 실행한다.

⓭ 입력된 세 정수와 값이 큰 순서로 정렬된 세 정수를 출력한다.

다음은 if문을 중첩해서 만 나이를 계산하는 좀 더 복잡한 프로그램이다. 만 나이는 출생한 연월일과 오늘의 연월일에 따라 계산되는데, 다음 표에 만 나이를 계산하는 방법(알고리즘)을 정리했다. 오늘은 2019년 3월 10일, 출생일은 1990년 3월 3일이라고 가정했다.

출생월	출생일	만 나이 계산식
1~2월		만 나이 = 오늘 연도 – 출생 연도
3월	1~10일	만 나이 = 오늘 연도 – 출생 연도
	11~31일	만 나이 = 오늘 연도 – 출생 연도 – 1
4~12월		만 나이 = 오늘 연도 – 출생 연도 – 1

위의 알고리즘을 이용하여 만 나이를 계산하는 프로그램을 작성해보자.

예제 3-10 만 나이 계산하기 03/man_age.php

```
<?php
   /* 출생한 연, 월, 일에 따라 만 나이 계산하기 */

   $now_year = 2019;
   $now_month = 3;          ❶
   $now_day = 10;

   $birth_year = 1990;
   $birth_month = 3;        ❷
   $birth_day = 30;

   if ($birth_month < $now_month)          ❸
      $age = $now_year - $birth_year;
   elseif ($birth_month == $now_month)     ❹
   {
      if ($birth_day <= $now_day)
          $age = $now_year - $birth_year;
      else                                  ❺
          $age = $now_year - $birth_year - 1;
   }
   else                                     ❻
      $age = $now_year - $birth_year - 1;

   echo "오늘 날짜 : $now_year 년 $now_month 월 $now_day 일<br>";
   echo "출생 연월일 : $birth_year 년 $birth_month 월 $birth_day 일생<br>";   ❼
   echo "만 나이 : $age 세";
?>
```

실행 결과

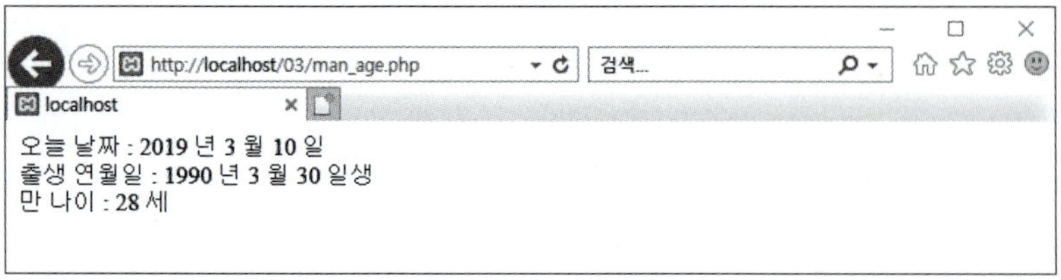

❶ 오늘의 연, 월, 일을 각각 $now_year, $now_month, $now_day에 저장한다.

❷ 출생 연, 월, 일을 각각 $birth_year, $birth_month, $birth_day에 저장한다.

❸ 출생한 월을 나타내는 $birth_month가 오늘의 월인 $now_month보다 작은지 비교하여 참이면 나이를 나타내는 $age가 $now_year – $birth_year가 된다(표의 첫 번째 행).

❹ $birth_month와 $now_month가 같으면 ❺의 if ~ else ~ 구문으로 출생한 일의 $birth_day와 오늘의 일인 $now_day를 비교하여 나이를 계산한다(표의 두 번째 행).

❻ ❸과 ❹의 조건식이 거짓이면 실행한다. 이때의 나이는 $now_year – $birth_month – 1이다(표의 세 번째 행).

❼ 오늘 날짜, 출생 연월일, 만 나이를 출력한다.

03 switch문

switch문은 if문과 같은 조건문이지만 사용하는 문법이 약간 다르다. 어떤 경우에는 if문 대신 switch문을 사용하면 프로그램을 더 간결하게 만들 수 있다. switch문의 문법 형식은 다음과 같다.

```
switch (변수) ············································ ❶
{
    case 값1 : ·········
        문장1;
        문장2;            ··········· ❷
        …
        break; ·········
    case 값2 : ·········
        문장i;
        문장ii;           ··········· ❸
        …
        break; ·········
    case 값3 : ·········
        문장I;
        문장II;           ··········· ❹
        …
        break; ·········
    default : ·········
        문장A;
        문장B;            ··········· ❺
        …
        break; ·········
}
```

❶의 switch (변수)에 있는 변수 값에 따라 프로그램 진행 순서가 바뀐다. 변수 값이 '값1'이면 ❷의 문장1, 문장2, …를 실행하고 break에 의해 switch문을 빠져나간다. 또한 변수 값이 '값

2'이면 ❸의 문장i, 문장ii, …를 실행하고 break에 의해 switch문을 빠져나간다. 같은 방식으로 변수 값이 '값3'이면 ❹의 문장I, 문장II, …를 실행하고 switch문을 빠져나간다.

❺의 default는 변수 값이 ❷, ❸, ❹에 해당되지 않는 경우로 문장A, 문장B, …를 수행한 다음 switch문을 빠져나간다.

switch문으로 초등학교 학년에 따라 급식비를 계산하는 프로그램을 작성해보자.

예제 3-11 학년에 따라 급식비 계산하기 03/food_fee.php

```
<?php
    /* 초등학교 학년에 따른 급식비 계산 프로그램
    1학년 : 3만원
    2학년 : 3만5천원
    3학년 : 4만원
    4학년 : 4만5천원
    5학년 : 5만원
    6학년 : 5만5천원
    */

    $grade = 5; // 5학년 ········································ ❶

    switch ($grade)
    {
        case 1 :
            echo "$grade 학년 급식비 : 3만원";
            break;
        case 2 :
            echo "$grade 학년 급식비 : 3만5천원";
            break;
        case 3 :
            echo "$grade 학년 급식비 : 4만원";
            break;
        case 4 :                                    ········· ❷
            echo "$grade 학년 급식비 : 4만5천원";
            break;
        case 5 :
            echo "$grade 학년 급식비 : 5만원";
```

```
            break;                                              ❷
        case 6 :
            echo "$grade 학년 급식비 : 5만5천원";
            break;
        default :
            echo "학년이 잘못 입력되었어요!";
            break;
    }
?>
```

실행 결과

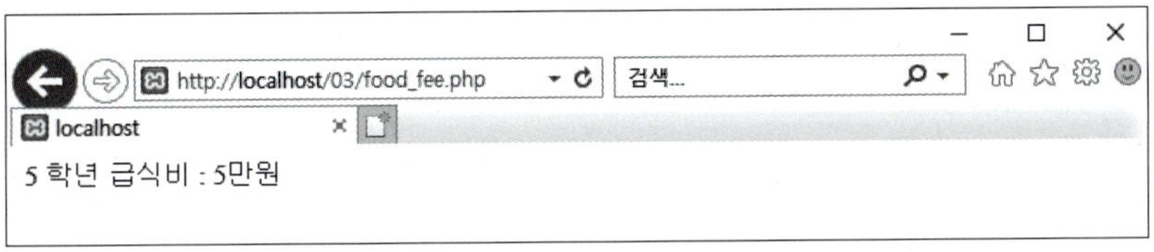

❶ 학년을 의미하는 $grade에 5를 저장한다.

❷ switch문의 ( ) 안에 있는 변수 $grade의 값에 따라 case 1, case 2, …, case 6 중 하나가 실행되어 해당 학년의 급식비가 출력된다. 여기서는 $grade에 5를 저장했기 때문에 case 5의 echo문이 실행되어 5학년에 해당하는 급식비가 출력된다. 만약 $grade에 1~6 외의 수를 입력하면 default에 의해 '학년이 잘못 입력되었어요!'라는 메시지가 출력된다.

위 예제의 switch문을 if문으로 바꿔보자.

예제 3-12 switch문 대신 if문 사용하기   03/food_fee_if.php

```
<?php
    $grade = 5;                                                 ❶

    if ($grade == 1)
        echo "$grade 학년 급식비 : 3만원";

    elseif ($grade == 2)
        echo "$grade 학년 급식비 : 3만5천원";
                                                                ❷
```

```
    elseif ($grade == 3)                                                    ❷
        echo "$grade 학년 급식비 : 4만원";

    elseif ($grade == 4)
        echo "$grade 학년 급식비 : 4만5천원";

    elseif ($grade == 5)
        echo "$grade 학년 급식비 : 5만원";

    elseif ($grade == 6)
        echo "$grade 학년 급식비 : 5만5천원";

    else
        echo "학년이 잘못 입력되었어요!";
?>
```

❶ 학년을 나타내는 $grade에 5를 저장한다.

❷ if ~ elseif ~ else ~ 구문을 이용하여 각 학년의 급식비를 계산한다.

이 예제의 실행 결과는 [예제 3-11]의 실행 결과와 동일하다.

요약

01 조건문

조건식의 참과 거짓에 따라 실행하는 문장을 다르게 할 때는 조건문을 사용한다. PHP에서 사용하는 조건문에는 if문과 switch문이 있다.

02 if문의 세 가지 구문

- if ~ 구문
- if ~ else ~ 구문
- if ~ elseif ~ else ~ 구문

03 if ~ 구문

if문의 조건식이 참이면 if 다음 문장을 실행한다.

04 if ~ else ~ 구문

if문의 조건식이 참이면 if 다음 문장을 실행하고, 거짓이면 else 다음 문장을 실행한다.

05 if ~ elseif ~ else ~ 구문

if문의 조건식이 참이면 if 다음 문장을 실행하고 if문을 빠져나간다. 그리고 if문의 조건식이 거짓이면 elseif의 조건식을 확인한다. 이때 elseif의 조건식이 참이면 elseif 다음 문장을 실행한 뒤 if문을 빠져나가고, 거짓이면 계속해서 그다음 elseif의 조건식을 확인하여 참과 거짓에 따라 분기한다. if와 모든 elseif의 조건식이 거짓이면 else 다음 문장을 실행한다.

01 다음은 주간 또는 야간 근무 시간에 따라 아르바이트 급여를 계산하는 프로그램이다. 빈칸을 채워 프로그램을 완성하시오.

출력 포맷

```
시간당 급여
- 주간 근무 : 9,500원
- 야간 근무 : 주간 시급 * 1.5

8 시간 동안 일한 주간 급여는 76000 원입니다.
```

```
<?php
    echo "시간당 급여<br>";
    echo "- 주간 근무 : 9,500원<br>";
    echo "- 야간 근무 : 주간 시급 * 1.5<br><br>";

    $hour_rate = 9500;

    ____________ = "주간";
    $work_time = 8;

    if ($day_night == "주간") {
        $pay = $hour_rate * $work_time;
    } ___________ {
        $pay = $hour_rate * $work_time * 1.5;
    }

    echo "$work_time 시간 동안 일한 _____________ 급여는 $pay 원입니다.";
?>
```

02 다음은 숫자로 된 월에 해당되는 계절 이름을 출력하는 프로그램이다. 빈칸을 채워 프로그램을 완성하시오.

```
<?php
    $month = 12;

    if ($month>=3 ________ $month<=5) {
        $season = '봄';
        echo "{$month}월은 {$season}입니다.";
    }
    __________ ($month>=6 && $month<=8) {
        $season = '여름';
        echo "{$month}월은 {$season}입니다.";
    }
    __________ ($month >=9 && $month <=11) {
        $season = '가을';
        echo "{$month}월은 {$season}입니다.";
    }
    elseif ($month==12 ___________ $month== 1 || $month== 2 ) {
        $season = '겨울';
        echo "{$month}월은 {$season}입니다.";
    }
    else {
        echo "잘못 입력되었습니다!";
    }
?>
```

03 다음은 시험 점수가 90~100점이면 수, 80~89점이면 우, 70~79점이면 미, 60~69점이면 양, 0~59점이면 가, 그 외 점수가 입력되면 '점수를 잘못 입력하셨습니다!'라는 메시지를 출력하는 프로그램이다. 빈칸을 채워 프로그램을 완성하시오.

```
<?php
    ________ = 90;
    echo "시험 점수 : {$score}점<br>";

    if ($score>=90 ________ $score<=100)
        echo "등급 : 수";
    elseif ($score>=80 && $score<=89)
        echo "등급 : 우";
    elseif ($score>=70 && $score<=79)
        echo "등급 : 미";
    ________ ($score>=60 && $score<=69)
        echo "등급 : 양";
    elseif ($score>=0 && $score<=59)
        echo "등급 : 가";
    ________
        echo "점수를 잘못 입력하셨습니다!";
?>
```

04 다음은 물건 구매액의 할인율에 따라 지불액을 계산하는 프로그램이다. 빈칸을 채워 프로그램을 완성하시오.

물건 구매액의 할인율

- 10,000원 이상 50,000원 미만: 5%
- 50,000원 이상 300,000원 미만: 7.5%
- 300,000원 이상: 10%

```
<?php
    $buy = 80000;

    ________ ($buy>=10000 && $buy<50000 )
        $rate = 5.0;
    elseif ($buy>=50000 && $buy<300000)
        $rate = 7.5;
    ________ ($buy>= 300000)
        $rate = 10.0;
    else
        $rate = 0;

    _________ = $buy * $rate / 100;
    $pay = $buy - $discount;

    echo "구매액 : {$buy}원<br>";
    echo "할인율 : {__________}%<br>";
    echo "할인금액 : {$discount}원<br>";
    echo "지불액 : {__________}원";
?>
```

05 다음은 음식점에서 고객의 서비스 만족도에 따라 팁을 계산하는 프로그램이다. 빈칸을 채워 프로그램을 완성하시오.

서비스 만족도에 따른 팁

- 매우 만족: 음식 값의 20%
- 만족: 음식 값의 10%
- 불만족: 음식 값의 5%

```
<?php
    $price = 30000;           // 음식값
    $service = "매우 만족";    // 서비스 만족도: 매우 만족, 만족, 불만족
    echo "서비스 만족도 : _________<br>";

    if ($service == "매우 만족")
        _________ = $price * 0.2;
    elseif ($service == "만족")
        $tip = $price * 0.1;
    _________
        $tip = $price * 0.05;

    echo "팁 : {$tip}원";
?>
```

CHAPTER 04
반복문

학습목표

- 반복문의 동작 원리와 while문의 구조를 이해할 수 있다.
- for문의 구조를 이해하고 활용할 수 있다.
- 이중 for문의 동작 원리를 이해할 수 있다.
- 반복문으로 구구단 표를 작성할 수 있다.
- do ~ while문의 구조 및 while문과의 차이점을 이해할 수 있다.

01 while문

컴퓨터는 단순하게 반복되는 작업을 빠르게 처리하는 것이 최고의 장점으로 손꼽힌다. 이때 사용하는 것이 반복문이며, PHP에서 사용하는 반복문은 while문, for문, do ~ while문이다. while문부터 차례대로 살펴보자.

1부터 10까지의 정수를 화면에 출력하는 프로그램을 통해 while문의 구조를 알아보자.

예제 4-1 while문으로 정수 1~10 출력하기 04/print_1_10_while.php

```
<?php
    $i = 1; ❶

    while ($i <= 10) ❷
    {
       echo "$i<br>"; ❸
       $i++; ❹
    }
?>
```

실행 결과

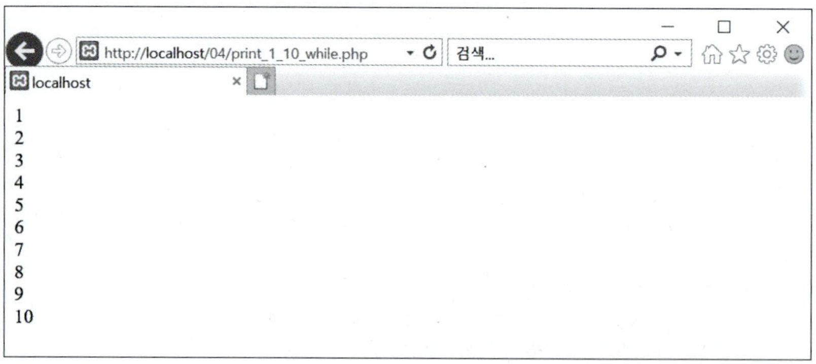

❶ 변수 $i의 초깃값을 1로 설정한다.

❷ while문의 조건식인 $i <= 10은 현재 $i의 값이 1이기 때문에 1 <= 10이 된다. '1은 10보다 작거나 같다'는 참이므로 ❸과 ❹가 실행된다.

❸ echo문을 이용하여 $i의 값인 1을 출력하고 줄 바꿈을 한다.

❹ 현재 $i의 값을 1 증가시키므로 $i의 값이 2가 되고 다시 ❷의 while문으로 돌아간다. 이때 $i가 2이므로 조건식은 2 <= 10이 된다. '2는 10보다 작거나 같다'는 참이므로 다시 ❸과 ❹를 실행하여 2를 출력한다.

이와 같은 방식으로 1부터 10까지의 정수를 화면에 출력한다. 마지막의 10이 출력되면 ❹에 의해 $i의 값이 11이 된다. 따라서 ❷의 while문에서 조건식이 11 <= 10이 되고, '11은 10보다 작거나 같다'는 거짓이므로 ❸과 ❹를 실행하지 않고 while문을 빠져나가 프로그램이 종료된다.

만약 정수 1~10000을 출력하려면 ❷의 while문에서 조건식 $i <= 10을 $i <= 10000으로 바꾸면 된다.

한편 정수 1~10 중에서 홀수인 1, 3, 5, 7, 9를 출력하려면 어떻게 해야 할까? ❹의 $i++;를 다음과 같이 바꾸면 된다.

```
$i = $i + 2;
```

$i의 값이 2 증가하므로 홀수가 출력된다.

또한 정수 1~10 중에서 짝수인 2, 4, 6, 8, 10을 출력하려면 초깃값을 설정하는 ❶의 $i = 1;을 다음과 같이 수정하면 된다.

```
$i = 2;
```

초깃값을 2로 설정하면 2부터 출력되고, 홀수를 출력할 때와 마찬가지로 ❹를 $i = $+2;로 설정하면 $i의 값이 2 증가하여 짝수인 2, 4, 6, 8, 10이 출력된다.

1 while문의 기본 구조

다음은 while문을 이용하여 정수 1~10의 합계를 구하는 프로그램이다.

예제 4-2 while문으로 정수 1~10의 합계 구하기 04/sum_1_10_while.php

```
<?php
    $sum = 0;   ❶
    $i = 1;

    while ($i <= 10)   ❷
    {
      $sum = $sum + $i;   ❸
      echo "\$i : $i -> 합계 : $sum<br>";   ❹
      $i++;   ❺
    }
?>
```

실행 결과

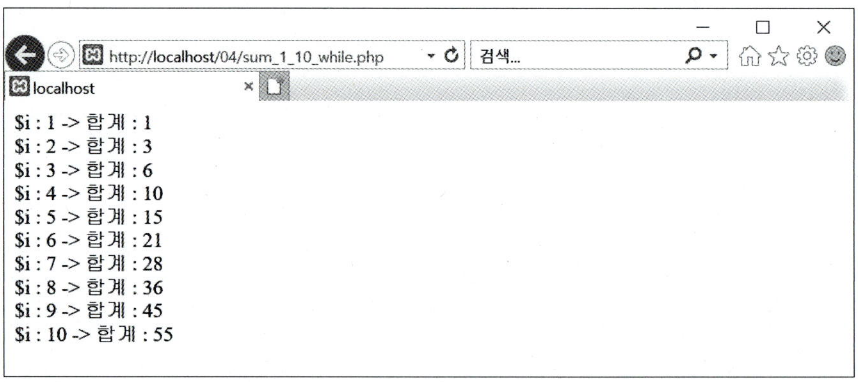

❶ 합계를 의미하는 변수 $sum을 0으로 초기화하고, while문의 반복 루프에서 사용되는 $i를 1로 초기화한다.

❷ while문의 조건식인 $i <= 10이 참인 동안 ❸~❺가 반복 실행된다. 달리 말하면 while문의 조건식인 $i <= 10이 거짓이 되는 순간 반복 루프를 빠져나간다.

다음 표에 [예제 4-2]의 프로그램 흐름을 정리했다.

표 4-1 [예제 4-2]의 각 반복 루프 변수 값 변화

반복 루프	② $i	② 조건식($i <= 10)	③ $sum ← $sum + $i	⑤ $i
첫 번째	1	1 <= 10 → 참	1 ← 0 + 1	2
두 번째	2	2 <= 10 → 참	3 ← 1+2	3
세 번째	3	3 <= 10 → 참	6 ← 3 + 3	4
네 번째	4	4 <= 10 → 참	10 ← 6 + 4	5
다섯 번째	5	5 <= 10 → 참	15 ← 10 + 5	6
여섯 번째	6	6 <= 10 → 참	21 ← 15 + 6	7
일곱 번째	7	7 <= 10 → 참	28 ← 21 + 7	8
여덟 번째	8	8 <= 10 → 참	36 ← 28 + 8	9
아홉 번째	9	9 <= 10 → 참	45 ← 36 + 9	10
열 번째	10	10 <= 10 → 참	55 ← 45 + 10	11
열한 번째	11	11 <= 10 → 거짓	실행되지 않음	

while문의 기본 형식은 다음과 같다.

```
변수_값_초기화 ··························· ❶
while (조건식) ··························· ❷
{
        문장1 ·········┐
        문장2          ├················· ❸
        ··· ···········┘
        변수_값_증가(또는 감소) ·········· ❹
}
```

❶ while문 내에서 사용되는 변수 값을 초기화한다.

❷ while문의 조건식이 참인 동안 ❸의 문장1, 문장2, …와 ❹가 반복 실행된다.

❸ 문장1, 문장2, …는 ❷의 조건식이 참인 동안 ❹와 더불어 반복 실행된다.

❹ 변수 값을 증가 또는 감소시킨다. 변수 값이 증가 또는 감소되지 않아 값에 변화가 없으면 while문이 무한 반복되어 결국 컴퓨터의 동작이 멈출 수도 있으므로 주의해야 한다.

이번에는 while문을 이용하여 정수 100~300 중 3의 배수 합계를 구하는 프로그램을 작성해 보자.

예제 4-3 while문으로 정수 100~300 중 3의 배수 합계 구하기 04/besu_100_300_while.php

```
<?php
    $sum = 0;                                                   ❶
    $i = 100;

    while ($i <= 300)                                           ❷
    {
      if ($i % 3 == 0)                                          ❸
          $sum = $sum + $i;                                     ❹

      $i++;                                                     ❺
    }
    echo "100 ~ 300까지의 정수 중 3의 배수의 합 : $sum";        ❻
?>
```

실행 결과

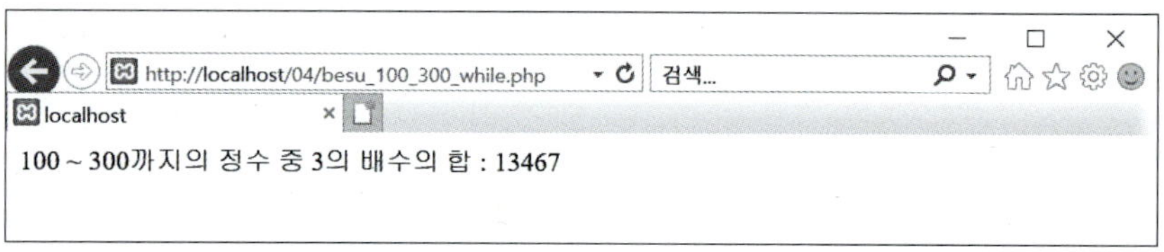

❶ 합계를 의미하는 변수 $sum을 0으로 초기화하고, while문에서 사용되는 변수 $i를 100으로 초기화한다.

❷ while문의 반복 루프에서 변수 $i는 100부터 시작하여 ❺에 의해 1씩 증가한다. 조건식 $i <= 300이 참인 동안 ❸, ❹, ❺가 반복 실행된다. $i의 값이 301이 되면 while문의 조건식인 301 <= 300이 거짓이 되므로 반복 루프를 빠져나간다.

❸ if문의 조건식인 $i % 3 == 0에 의해 $i가 3의 배수일 때만 ❹가 실행되어 3의 배수 누적 합계인 $sum이 계산된다.

❻ echo문을 이용하여 실행 결과와 같이 출력한다.

다음으로 while문을 이용하여 정수 1~100 중 3의 배수가 아닌 정수를 한 줄에 10개씩 출력하는 프로그램을 작성해보자.

예제 4-4 while문으로 정수 1~100 중 3의 배수가 아닌 정수 구하기 04/besu3_no_1_100_while.php

```
<?php
    $i = 1;                        ❶
    $count = 0;
    while ($i <= 100)              ❷
    {
      if ($i % 3 != 0)             ❸
      {
          echo "$i";               ❹
          $count++;                ❺
      }
      if ($count % 10 == 0)        ❻
          echo "<br>";             ❼

      $i++;                        ❽
    }
?>
```

실행 결과

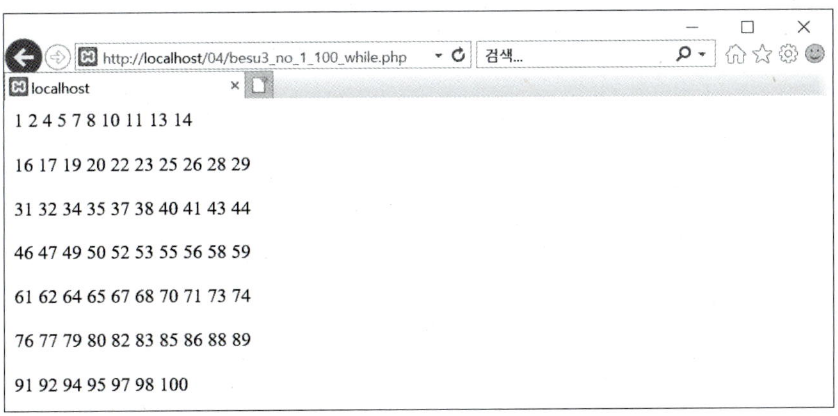

❶ while문에서 사용되는 변수 $i를 1로 초기화하고, 개수를 의미하는 변수 $count를 0으로 초기화한다.

❷ $i의 값이 1~100인 동안 while문의 반복 루프가 실행된다.

❸ $i를 3으로 나눈 나머지가 0이 아닐 때 ❹~❺가 실행된다.

❹ 실행 결과와 같이 각 정수를 출력한다. 이때 ❸의 if문 조건식이 참일 때만 ❹가 실행된다.

❺ $count는 화면에 출력되는 정수의 개수를 세는 데 사용된다. ❸의 if문 조건식이 참이 되는 정수, 즉 3의 배수가 아닌 정수의 개수를 센다.

❻~❼ $count를 10으로 나눈 나머지가 0, 즉 10의 배수이면 ❼에서 줄 바꿈을 의미하는 〈br〉 태그로 줄 바꿈을 한다.

❽ $i의 값을 1씩 증가시킨다.

2 while문을 이용한 인치/센티미터 변환

while문을 이용하여 인치를 센티미터로 변환하는 프로그램을 작성해보자. 다음 예제에서 변환할 것은 10~100인치이고 극간은 10이다.

예제 4-5 while문으로 인치를 센티미터로 변환하기 　　04/inch_to_cm_while.php

```
<?php
    $inch = 10; ·························································· ❶
    echo "<table border='1'>"; ··········································· ❷
    echo "<tr>"; ·························································
    echo "<th width='100'>인치</th><th width='100'>센티미터</th>"; ········· ❸
    echo "</tr>"; ························································
    while ($inch <= 100) ················································· ❹
    {
       $cm = $inch * 2.54; ················································ ❺
       echo "<tr align='center'><td>$inch</td><td>$cm</td></tr>"; ········· ❻

       $inch = $inch + 10; ················································ ❼
    }
    echo "</table>"; ······················································ ❽
?>
```

실행 결과

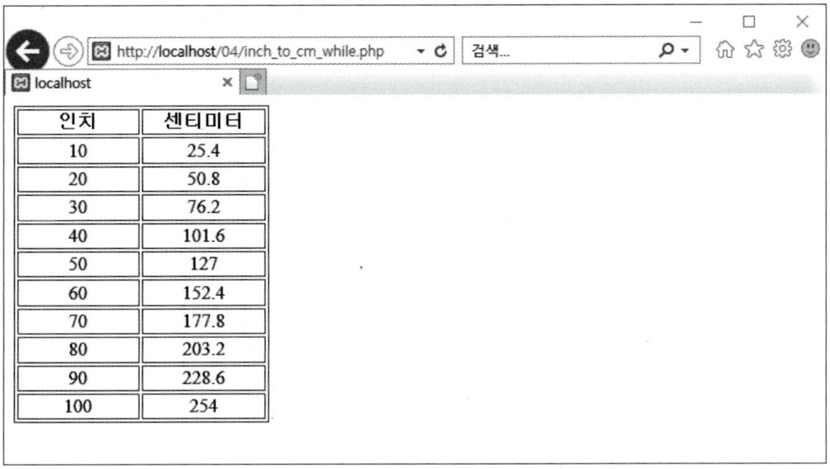

인치	센티미터
10	25.4
20	50.8
30	76.2
40	101.6
50	127
60	152.4
70	177.8
80	203.2
90	228.6
100	254

❶ 인치를 의미하는 변수 $inch를 10으로 초기화한다.

❷ 실행 결과와 같은 테이블을 만들기 위해 〈table〉 태그를 사용한다.

❸ 테이블의 제목인 '인치'와 '센티미터'를 출력하기 위해 〈tr〉, 〈th〉 태그를 사용한다.

❹ while문의 조건식인 $inch 〈= 100은 현재 $inch의 값이 10이고 10 〈= 100이 참이므로 ❺~❼이 실행된다.

❺ $inch * 2.54를 계산하여 $cm에 저장한다.

❻ ❶에서 초기화된 $inch의 값인 10과 ❺에서 계산한 cm 값, 즉 25.4를 출력한다.

❼ $inch의 값(10)에 10을 더한 뒤 $inch에 다시 저장한다. 따라서 $inch는 20이 되고 다시 ❹의 while문 조건식으로 돌아간다.

❹ $inch의 값이 20이고 20 〈= 100이 참이므로 다시 ❺~❼이 실행된다.

이와 같은 방식으로 while문의 반복 루프가 계속 진행되다가 ❼의 $inch가 110이면 ❹의 조건식은 110 〈= 100이 된다. 이는 거짓이기 때문에 while문을 빠져나와 ❽을 실행하고 프로그램을 종료한다.

3 while문으로 만드는 구구단 표

while문을 이용하여 2단 구구단 표를 만드는 프로그램을 작성해보자.

예제 4-6 while문으로 2단 구구단 표 만들기 04/gugudan_2_while.php

```
<h3>2단 구구단 표 만들기</h3> ............ ①
<table border="1" width="100">
<?php
    $a = 2; ............ ②
    $b = 1; ............ ③
    while ($b <= 9) ............ ④
    {
       $c = $a * $b; ............ ⑤
       echo "<tr><td align='center'>$a x $b = $c</td></tr>"; ............ ⑥
       $b++; ............ ⑦
    }
?>
</table>
```

실행 결과

① <h3> 태그를 이용하여 실행 결과 상단의 제목 '2단 구구단 표 만들기'를 출력한다.

② 구구단 단수를 의미하는 변수 $a에 2를 저장한다.

❸ 구구단 2단은 2 × 1 = 2, 2 × 2 = 4, 2 × 3 = 6, …, 2 × 9 = 18이다. 2와 곱하는 수를 변수 $b로 설정하고 초깃값으로 1을 저장한다.

❹ while문의 조건식인 $b <= 9는 현재 $b의 값이 1이기 때문에 참이다. ❺~❼이 실행되면서 실행 결과 테이블의 첫 번째 줄과 같이 2 × 1 = 2가 출력된다. 그리고 ❼의 $b++에 의해 $b의 값이 1 증가한 2가 된다. 다시 ❹로 돌아가 조건식 2 <= 9가 참이므로 실행 결과 테이블의 두 번째 줄과 같이 2 × 2 = 4가 출력된다. 이러한 방식으로 while문의 반복 루프가 진행되다가 ❼에서 $b가 10이 되면 ❹의 조건식이 거짓이므로 while문을 빠져나간다.

❻에서 주의할 점은 echo문에서는 큰따옴표 안에 작은따옴표를 사용해야 한다는 것이다. 만약 echo문 안에 큰따옴표를 사용하려면 이스케이프 문자인 ₩"를 사용해야 한다. 예를 들어 ❻을 다음과 같이 작성하면 문법상 오류가 발생한다.

```
echo "<tr><td align="center">$a x $b = $c</td></tr>";
```

큰따옴표 안에 큰따옴표가 있으면 PHP 해석기는 echo문의 시작과 끝을 헷갈려 한다. 이런 경우 이스케이프 문자 ₩"를 사용해야 한다.

```
echo "<tr><td align=\"center\">$a x $b = $c</td></tr>";
```

[예제 4-6]을 활용하여 5단 구구단 표를 출력하려면 ❷의 $a = 2를 $a = 5로 수정하면 된다.

02 for문

for문은 while문과 마찬가지로 하나 또는 여러 문장을 반복할 때 사용한다. for문은 while문보다 간결하고 축약된 형태라 코드가 간결해지기 때문에 while문보다 더 자주 사용된다.

1 for문의 기본 구조

for문을 사용하여 1부터 10까지의 정수를 출력하는 프로그램을 통해 for문의 구조를 알아보자.

예제 4-7 for문으로 정수 1~10 출력하기 04/print_1_10_for.php

```
<?php
    for ($i = 1; $i <= 10; $i++)
    {
      echo "$i<br>";
    }
?>
```

(❶ `$i = 1`, ❷ `$i <= 10`, ❸ `$i++`, ❹ `echo "$i<br>";`)

실행 결과

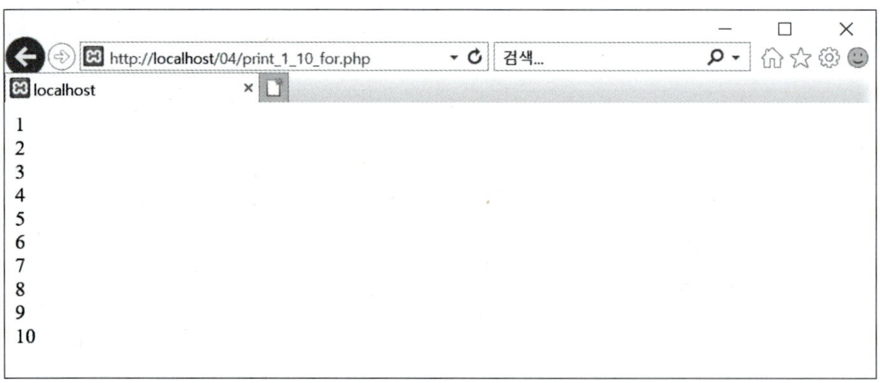

❶ 변수 $i의 초깃값을 1로 설정한다.

❷ for문의 조건식이 참인지 검사한다. 참이면 ❹를 실행하고, 거짓이면 ❹를 실행하지 않고 for문을 빠져나간다. 현재 $i의 값이 1이고 조건식이 참이므로 ❹가 실행된다.

❹ echo문이 실행되어 실행 결과의 첫 번째 줄에 1을 출력한다.

❸ $i의 값을 1에서 2로 증가시킨다.

❷ 조건식 2 <= 10이 참이므로 다시 ❹가 실행된다.

❹ 실행 결과의 두 번째 줄에 2를 출력한다.

❸ $i의 값을 2에서 3으로 증가시킨 다음 다시 ❷의 조건식을 검사한다.

❷ 조건식 3 <= 10이 참이므로 다시 ❹가 실행된다.

for문은 ❷의 조건식이 참인 동안 ❷→❹→❸을 반복한다. 그리고 ❷의 조건식이 거짓이 되는 순간 ❹를 실행하지 않고 for문을 빠져나간다. 여기서는 $i가 11일 때 ❷의 조건식이 거짓이므로 실행 결과와 같이 정수 1~10이 출력된다.

2 for문을 이용하여 구하는 정수/배수 합계

[예제 4-2]에서는 while문을 이용하여 정수 1~10의 합계를 구했다. 이번에는 for문을 이용하여 같은 프로그램을 작성해보자.

예제 4-8 for문으로 정수 1~10의 합계 구하기 04/sum_1_10_for.php

```
<?php
    $sum = 0; ❶

    for ($a = 1; $a <= 10; $a++) ❷
    {
      $sum = $sum + $a; ❸
    }

    echo("1에서 10까지 정수의 합은 $sum 입니다.<br>"); ❹
?>
```

실행 결과

❶ 누적 합계를 의미하는 변수 $sum을 0으로 초기화한다.

❷ for문의 $a가 1부터 10까지 1씩 증가하면서 ❸을 반복 수행한다. $a가 11이 되면 조건식 $a <= 10이 거짓이 되고 for문의 반복 루프를 빠져나가 프로그램을 종료한다.

❸ $sum에 누적 합계가 구해진다.

❹ echo문을 이용하여 실행 결과를 출력한다.

for문을 이용하여 정수 1~100 중 5의 배수 합계를 구하는 프로그램을 작성해보자.

예제 4-9 for문으로 정수 1~100 중 5의 배수 합계 구하기 04/sum_besu_5_for.php

```
<?php
    $sum = 0; ❶

    for ($i = 1; $i <= 100; $i++) ❷
    {
       if ($i % 5 == 0) ❸
           $sum = $sum + $i; ❹
    }

    echo "1~100의 정수 중 5의 배수의 합계 : $sum"; ❺
?>
```

실행 결과

❶ $sum을 0으로 초기화한다.

❷ for문의 $i가 1부터 100까지 1씩 증가하면서 ❸과 ❹의 if문을 반복 수행한다. $i가 101이 되는 순간 for문을 빠져나가 ❺를 실행한 뒤 프로그램을 종료한다.

❸ if문의 조건식인 $i % 5 == 0은 $i가 5의 배수이면 참이고 이 경우에만 ❹가 실행된다.

❹ $sum에 5의 배수 누적 합계가 저장된다.

❺ echo문을 이용하여 실행 결과를 출력한다.

다음은 for문을 이용하여 정수 500~700 중 4의 배수가 아닌 정수를 한 줄에 10개씩 출력하는 프로그램이다.

예제 4-10 for문으로 정수 500~700 중 4의 배수가 아닌 정수 출력하기 04/besu_4_no_for.php

```
<?php
    $count = 0; ······························································ ❶
    $ok = true; ······························································ ❷
    for ($i = 500; $i <= 700; $i++) ·········································· ❸
    {
      if ($i % 4 != 0) ······················································· ❹
      {
          echo $i." "; ······················································· ❺
          $count++; ·························································· ❻
          $ok = true; ························································ ❼
      }
      if ($count != 0 && $count % 10 == 0 && $ok == true) ···················· ❽
      {
          echo "<br>"; ······················································· ❾
          $ok = false; ······················································· ❿
      }
    }
?>
```

실행 결과

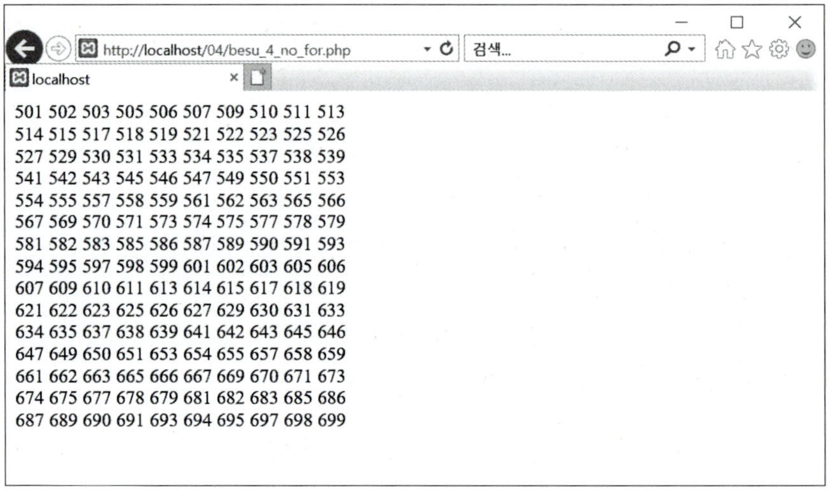

❶ 한 줄에 정수를 10개씩 출력하기 위해 정수를 세는 데 사용되는 변수 $count를 0으로 초기화한다.

❷ 변수 $ok는 줄 바꿈을 해도 된다는 것을 나타낸다. $ok는 true와 false 값을 갖는 불형 변수이다. ❽에서 $ok가 true일 때 줄 바꿈이 가능하다.

❸ for문에서 $i의 값이 500부터 700까지 1씩 증가하면서 반복 루프가 진행된다.

❹ if문의 조건식인 $i % 4 != 0은 $i가 4의 배수가 아닐 때 참이다. 조건식이 참일 때만 ❺~❼이 실행된다.

❺ 실행 결과와 같이 $i의 값을 출력한다. ❹의 if문 조건식에 따라 4의 배수가 아닐 때만 이 문장을 실행한다.

❻ $count의 값을 1 증가시킨다.

❼ $ok를 true로 설정하여 ❽의 if문 조건식이 참이 되게 만든다.

❽ if문의 조건식은 $count가 0이 아니고 10의 배수이며 $ok가 true일 때 참이다. 조건식이 참일 때만 ❾가 실행되어 줄 바꿈이 일어난다. 즉 조건식이 거짓일 때는 줄 바꿈을 하지 않는다. $count가 0일 때, $count가 10의 배수가 아닐 때도 줄 바꿈을 하지 않고, $ok가 false일 때도 줄 바꿈을 하지 않는다.

❾ 〈br〉 태그를 출력하여 줄 바꿈을 한다.

❿ $ok를 false로 설정한다. ❾에서 줄 바꿈을 한 뒤 $count 값에 변화가 없으면 줄 바꿈이 계속되기 때문에 한 번만 줄 바꿈을 하도록 여기서 $ok를 false로 설정한다. ❹의 if문 조건식이 참이면 $ok가 true가 되도록 ❼에서 설정했으므로 다음 줄 바꿈이 가능하다.

$ok의 역할이 잘 이해되지 않는 경우 $ok를 주석으로 처리한 다음 실행 결과를 살펴보면 좀 더 쉽게 이해될 것이다.

3 for문을 이용한 섭씨/화씨 온도 변환

섭씨Centigrade를 온도의 단위로 사용하는 우리나라와 달리 미국에서는 화씨Fahrenheit를 사용한다. 여기서는 for문을 이용하여 섭씨 온도를 화씨 온도로 변환하는 프로그램을 작성해보자. 섭씨(C)를 화씨(F)로 변환하는 식은 다음과 같다.

```
F = (C * 9/5) + 32
```

예를 들어 섭씨 30도를 위 식에 대입하면 화씨 86도가 된다.

섭씨 −15도부터 35도까지, 극간은 5도로 하여 섭씨 온도에 대응하는 화씨 온도를 구해보자. 즉 섭씨 −15도, −10도, −5도, 0도, …, 30도, 35도의 화씨 온도를 구하는 것이다.

예제 4-11 for문으로 섭씨를 화씨로 변환하기 04/c_to_f_for.php

```
<h3>섭씨 -> 화씨 온도 변환</h3>
<table border="1"width="300">
<tr align="center"><td width = "150">섭씨</td><td>화씨</td></tr>
<?php
    for ($c = -15; $c <= 35; $c = $c + 5) ········· ❶
    {
      $f = $c * 9 / 5 + 32; ········· ❷
      echo "<tr align='center'><td>$c</td><td>$f</td></tr>"; ········· ❸
    }
?>
</table>
```

실행 결과

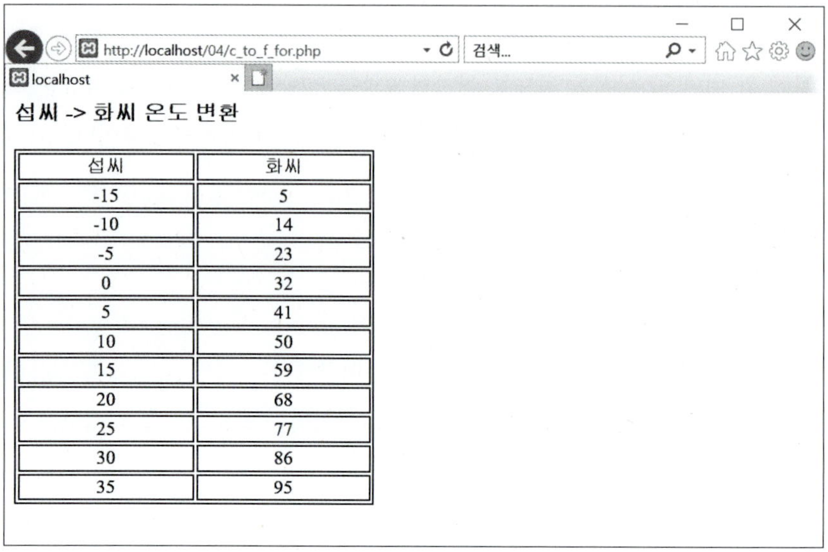

❶ for문에서 $c는 −15부터 35까지 5씩 증가한다. for문의 조건식인 $c <= 35가 참인 동안 ❷~❸이 실행된다.

❷ 화씨 온도인 $f를 구한다.

❸ 실행 결과와 같이 섭씨 온도와 그에 대응되는 화씨 온도를 출력한다. 이 문장은 ❶의 for문에 의해 반복 실행되어 섭씨, 화씨 온도가 출력된다.

03 이중 for문

for문의 반복 루프 내에 for문을 또 사용할 수 있는데 이를 이중 for문이라고 한다. 구구단 표를 만드는 과정을 통해 이중 for문의 동작 원리를 알아보자.

예제 4-12 이중 for문으로 구구단 표 만들기 1 04/gugudan1_for.php

```
<?php
    echo("--------------------- <br>");

    for ($a = 2; $a <= 9; $a++) ······························ ❶
    {
      for ($b = 1; $b <= 9; $b++) ···························· ❷
      {
          $c = $a * $b; ······································ ❸
          echo("$a x $b = $c <br>"); ························· ❹
      }

      echo("--------------------- <br>"); ······················ ❺
    }
?>
```

실행 결과

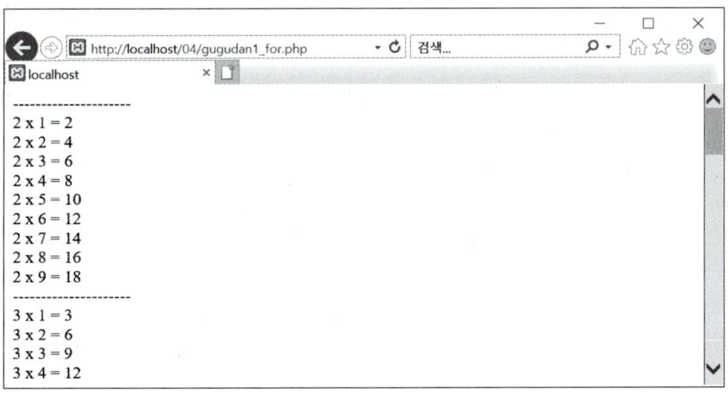

구구단 표는 2 × 1 = 2, 2 × 2 = 4, 2 × 3 = 6, …, 9 × 9 = 81과 같이 Ⓐ × Ⓑ = Ⓒ의 형태이다. 앞의 프로그램에서 변수 $a, $b, $c는 각각 Ⓐ, Ⓑ, Ⓒ를 의미한다.

❶ **for문에서 $a가 2일 때** 조건식 $a <= 9가 참이므로 ❷~❹가 실행된다. 이 문장이 실행되는 동안 $a는 2로 고정되어 있다. ❷에서 $b가 1부터 9까지 1씩 증가하는 동안 ❸~❹를 실행한다. 따라서 실행 결과와 같이 2 × 1 = 2부터 2 × 9 = 18까지 출력된다. 그리고 ❺를 실행하여 구구단 2단 다음에 -------------------를 출력하고 줄 바꿈을 한다. 프로그램의 흐름이 다시 ❶로 이동하고, 이때 $a의 값은 3이 된다.

❶ **for문에서 $a가 3일 때** 조건식 $a <= 9가 참이므로 다시 ❷~❹가 실행된다. 앞에서 구구단 2단을 출력한 것과 마찬가지로 3단을 출력한다.

이와 같은 방식으로 이중 for문을 이용하면 2단부터 9단까지 구구단 표를 만들 수 있다. 이어서 HTML 태그를 이용하여 앞의 구구단 표를 다음과 같이 만들어보자.

2단	3단	4단	5단	…	9단
2×1=2	3×1=3	4×1=4	5×1=5	…	9×1=9
2×2=4	3×2=6	4×2=8	5×2=10	…	9×2=18
2×3=6	3×3=9	4×3=12	5×3=15	…	9×3=27
2×4=8	3×4=12	4×4=16	5×4=20	…	9×4=36
2×5=10	3×5=15	4×5=20	5×5=25	…	9×5=45
2×6=12	3×6=18	4×6=24	5×6=30	…	9×6=54
2×7=14	3×7=21	4×7=28	5×7=35	…	9×7=63
2×8=16	3×8=24	4×8=32	5×8=40	…	9×8=72
2×9=18	3×9=27	4×9=36	5×9=45	…	9×9=81

예제 4-13 이중 for문으로 구구단 표 만들기 2 04/gugudan2_for.php

```
<style> ❶
table {border-collapse:collapse; width:600px;}
td {border:solid 1px gray; text-align:center; padding:5px;}
</style>
<h3>- 구구단 표</h3>
<table>
<tr>
<td>2단</td>
<td>3단</td>
<td>4단</td>
<td>5단</td>
<td>6단</td>
<td>7단</td>
<td>8단</td>
<td>9단</td>
</tr>
<?php
    for ($b = 1; $b <= 9; $b++)
    {
      echo "<tr>";
      for ($a = 2; $a <= 9; $a++)
      {
          $c = $a * $b;                           ❷
                                                  ❸
          echo "<td>{$a}x{$b}=$c</td>";
      }
      echo "</tr>";
    }
?>
</table>
```

실행 결과

http://localhost/04/gugudan2_for.php

- 구구단 표

2단	3단	4단	5단	6단	7단	8단	9단
2x1=2	3x1=3	4x1=4	5x1=5	6x1=6	7x1=7	8x1=8	9x1=9
2x2=4	3x2=6	4x2=8	5x2=10	6x2=12	7x2=14	8x2=16	9x2=18
2x3=6	3x3=9	4x3=12	5x3=15	6x3=18	7x3=21	8x3=24	9x3=27
2x4=8	3x4=12	4x4=16	5x4=20	6x4=24	7x4=28	8x4=32	9x4=36
2x5=10	3x5=15	4x5=20	5x5=25	6x5=30	7x5=35	8x5=40	9x5=45
2x6=12	3x6=18	4x6=24	5x6=30	6x6=36	7x6=42	8x6=48	9x6=54
2x7=14	3x7=21	4x7=28	5x7=35	6x7=42	7x7=49	8x7=56	9x7=63
2x8=16	3x8=24	4x8=32	5x8=40	6x8=48	7x8=56	8x8=64	9x8=72
2x9=18	3x9=27	4x9=36	5x9=45	6x9=54	7x9=63	8x9=72	9x9=81

❶ **CSS 설정** 실행 결과와 같이 테이블을 만들기 위해 CSS를 사용한다. CSS의 border-collapse 속성으로 1픽셀 두께의 테이블 경계선을 그리고 width 속성으로 테이블의 전체 폭을, border 속성으로 테이블의 경계선을, text-align 속성으로 테이블의 셀과 글자 사이 간격을 설정한다.

❷ **첫 번째 for문** 이 for문에서 $b는 각 단수에 곱하는 1부터 9이며 1씩 증가한다. 즉 실행 결과의 구구단 표에서 2 × 1 = 2, 3 × 1 = 3, 4 × 1 = 4, …, 9 × 1 = 9는 $b가 1일 때, 2 × 5 = 10, 3 × 5 = 15, 4 × 5 = 20, …, 9 × 5 = 45는 $b가 5일 때에 해당한다.

❸ **두 번째 for문** 이 for문은 루프가 한 번 실행될 때마다 왼쪽에서 오른쪽 방향으로 테이블 한 칸(<td> 태그에 해당하는 부분)의 데이터를 출력한다.

이중 for문을 이용하여 다음과 같은 형태로 별표를 출력하는 프로그램을 작성해보자.

```
*
* *
* * *
* * * *
* * * * *
* * * * * *
* * * * * * *
* * * * * * * *
* * * * * * * * *
* * * * * * * * * *
```

별표의 패턴을 살펴보면 첫 번째 줄에는 1개, 두 번째 줄에는 2개, …, 열 번째 줄에는 10개인데 이 패턴을 이용한다.

예제 4-14 이중 for문으로 별표 출력하기 1 04/star1_for.php

```
<?php
    for ($a = 1; $a <= 10; $a++) ........ ❶
    {
       for ($b = 1; $b <= $a; $b++) ........ ❷
       {
           echo "* "; ........ ❸
       }
       echo "<br>"; ........ ❹
    }
?>
```

실행 결과

❶ for문에서 $a의 값이 1부터 10까지 1씩 증가하는 동안 ❷~❹가 실행된다.

❷ 이 for문에서는 $b의 값이 1부터 $a까지 1씩 증가하고 ❸에 의해 별표가 출력된다. 만약 $a가 5라면 ❷의 $b가 1부터 5까지 1씩 증가하며, 이때 ❸이 다섯 번 실행되어 별표가 5개 출력된다.

정리하면 변수 $a는 화면에 출력되는 행을 나타내는 동시에 별표의 개수를 의미한다. 이중 for문으로 작성한 구구단 표를 이해했다면 이 또한 쉽게 이해할 수 있을 것이다.

이번에는 앞의 예제와 조금 다른 형태로 별표를 출력하는 프로그램을 작성해보자.

```
         *
        **
       ***
      ****
     *****
    ******
   *******
  ********
 *********
**********
```

별표의 패턴을 살펴보면 첫 번째 줄은 공백 9개에 별표 1개, 두 번째 줄은 공백 8개에 별표 2개, …, 아홉 번째 줄은 공백 1개에 별표 9개, 열 번째 줄은 별표만 10개이다.

예제 4-15 이중 for문으로 별표 출력하기 2 04/star2_for.php

```
<?php
    for ($a = 1; $a <= 10; $a++) ··········· ❶
    {
      for ($b = 9; $b >= $a; $b--) ········· ❷
          echo "  "; ············· ❸

      for ($c = 1; $c <= $a; $c++) ········· ❹
          echo "*"; ························ ❺

      echo "<br>"; ························· ❻
    }
?>
```

실행 결과

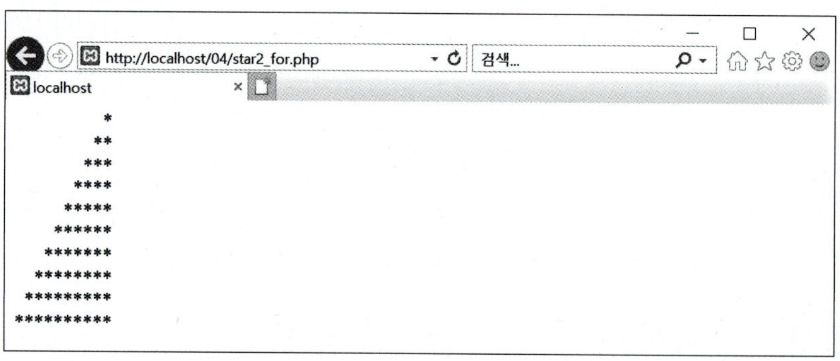

❶ for문에서 $a의 값이 1부터 10까지 1씩 증가하는 동안 ❷~❻이 실행된다.

❷ 이 for문에서는 $b의 값이 9부터 $a까지 1씩 감소하는데, ❶에서 $a가 1일 때 $b는 9부터 1까지 1씩 감소한다. 이러한 반복 루프에서 공백을 나타내는 ❸이 실행된다. 이때 HTML에서 공백을 나타내는 문자인 를 두 번 사용하는데, 이는 화면에 출력된 별표 하나의 폭이 공백 2개의 폭과 같기 때문이다.

❸ 공백이 두 번 나타나도록 를 2개 사용한다.

❹ $c의 값은 1부터 $a까지 1씩 증가한다.

❺ 별표를 출력한다. 이 문장은 ❹의 반복 수만큼 실행된다.

❻
 태그를 이용하여 줄 바꿈을 한다.

04 do ~ while문

do ~ while문은 while문과 거의 동일하다. 여기서는 정수 1부터 10까지의 합계를 구하는 프로그램을 while문과 do ~ while문으로 작성하여 비교함으로써 do ~ while문의 구조와 사용법을 익힌다. 먼저 while문으로 정수 1부터 10까지의 합계를 구하는 프로그램을 작성해 보자.

예제 4-16 while문으로 정수 1~10의 합계 구하기 04/total_1_10_while.php

```
<?php
    $i = 1;
    $sum = 0;

    while ($i <= 10)
    {
        $sum = $sum + $i;      ❶
        $i++;
    }
    echo "합계 : $sum";        ❷
?>
```

실행 결과

❶ while문의 반복 루프가 모두 실행되면 누적 합계를 나타내는 변수 $sum에 정수 1부터 10까지의 합계가 저장된다.

❷ echo문을 이용하여 $sum의 값인 55를 출력한다.

예제 4-17 do ~ while문으로 정수 1~10의 합계 구하기　　04/total_1_10_do_while.php

```
<?php
    $i = 1;
    $sum = 0;

    do
    {
       $sum = $sum + $i;
       $i++;
    } while ($i <= 10); ❶

    echo "합계 : $sum";
?>
```

실행 결과

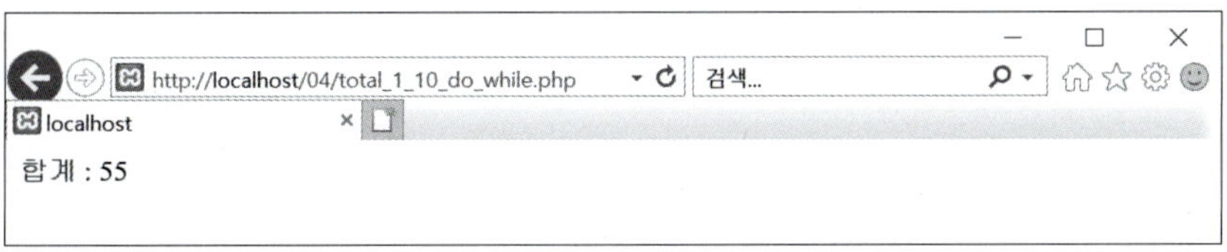

실행 결과를 보면 do ~ while문을 이용했을 때의 결과와 while문을 이용했을 때의 결과가 같다. 위 예제에서 사용된 do ~ while문의 경우 while문의 조건식이 반복 루프의 마지막인 ❶에 있다는 것이 while문과의 차이점이다.

한편 동일한 프로그램에 while문과 do ~ while문을 사용한 결과가 다른 경우도 있다.

예제 4-18 do ~ while문으로 10의 값 출력하기　　04/print_10_do_while.php

```
<?php
    $i = 10;

    do
    {
       print $i; ❶
    } while ($i <= 1); ❷
?>
```

실행 결과

❶ $i의 값을 출력한다.

❷ while문의 조건식인 10 <= 1이 거짓이므로 프로그램을 종료한다.

do ~ while문을 사용한 위의 예제에서는 화면에 $i의 값이 출력되는데, while문을 사용한 다음 예제를 살펴보자.

예제 4-19 while문으로 10의 값 출력하기 04/print_10_while.php

```
<?php
    $i = 10;

    while ($i <= 1) ........ ❶
    {
        print $i; ........ ❷
    }
?>
```

실행 결과

❶에서 while문의 조건식인 10 <= 1이 거짓이므로 ❷를 실행하지 않고 while문을 빠져나간다. 그래서 실행 결과에 아무것도 출력되지 않는다.

일반적으로 do ~ while문보다 while문을 사용하는 것이 훨씬 직관적이고 편리하다. 그러나 조건식을 확인하기 전에 루프 내의 문장을 무조건 한 번은 실행해야 한다면 do ~ while문을 사용한다.

요약

01 반복문

반복문을 이루는 요소는 초깃값, 조건식, 변수 값의 증가/감소 등이다. 이러한 요소를 어떻게 사용하느냐에 따라 while문, for문, do ~ while문 형태로 반복문을 구분할 수 있다.

02 while문

```
변수_값 초기화
while (조건식)
{
    <문장들>
    변수_값_증가(또는 감소)
}
```

조건식이 참인 동안 문장을 반복 수행하고 while문을 빠져나간다. while문의 세 가지 필수 요소는 초깃값, 조건식, 변수 값의 변화(증가 또는 감소)이다.

03 for문

```
for (초깃값; 조건식; 증가_감소)
{
    <문장들>
}
```

for문은 while문의 축약 형태이며, for문의 괄호 안에는 다음과 같은 사항이 포함된다.

- 변수의 초깃값 설정
- 반복 수행 중지를 위한 조건식
- for 루프 내에서 사용되는 변수 값의 증가 또는 감소

04 do ~ while문

```
do
{
    〈문장들〉
} while (조건식)
```

do ~ while문은 while문과 거의 동일하지만 while (조건식)이 문장의 마지막에 온다는 것이 차이점이다. 이는 루프 내의 〈문장들〉이 최소한 한 번 이상 수행된다는 것을 의미한다.

01 다음은 while문을 사용하여 정수 1~1000 중 짝수를 출력하는 프로그램이다. 빈칸을 채워 프로그램을 완성하시오.

출력 포맷

```
2 4 6 8 10 12 14 16 18 … 998 1000
```

```
<?php
    ________ = 1;

    while ($num<=1000)    {
        if (__________== 0)
            echo "$num ";

        __________;
    }
?>
```

02 다음은 for문을 사용하여 정수 100~500 중 짝수를 출력하는 프로그램이다. 빈칸을 채워 프로그램을 완성하시오.

출력 포맷

```
100 102
104 106
108 110
…
496 498
500
```

```
<?php
    $count = 0;

    for ($num=100; ________________; $num++)
    {
        if ($num%2 == 0) {
            _________ "$num ";
            $count++;
        }

        if (____________== 0)
            echo "<br>";
    }
?>
```

03 다음은 while문을 사용하여 정수 300~3000 중 홀수의 합계를 출력하는 프로그램이다. 빈칸을 채워 프로그램을 완성하시오.

출력 포맷

```
300~3000 중 홀수의 합 : ###
```

```
<?php
    __________ = 300;
    __________ = 0;

    while ($num<=3000)
    {
        if ($num%2 == __________)
            $sum = $sum + __________;

        $num++;
    }
    echo "300~3000 홀수의 합 : ____________";
?>
```

04 다음은 for문을 사용하여 정수 100~900 중 3의 배수가 아닌 수의 합계를 출력하는 프로그램이다. 빈칸을 채워 프로그램을 완성하시오.

출력 포맷

```
100까지의 합 : 100
101까지의 합 : 201
103까지의 합 : 304
…
899까지의 합 : ###
```

```
<?php
    $sum = 0;

    for ($num=100; $num<=900; __________)
    {
        if ($num%3 ______ 0) {
            $sum = $sum + $num;
            echo "{________}까지의 합 : $sum<br>";
        }
    }
?>
```

05 for문을 사용하여 10!(1*2*3*…*10)을 구하는 프로그램을 작성하시오.

출력 포맷

```
1! = 1
2! = 2
3! = 6
…
10! = 3628800
```

06 다음은 정수 1~500 중 5의 배수를 출력하는 프로그램이다. 빈칸을 채워 프로그램을 완성하시오.

출력 포맷

```
5 10 15 20 25 30 35 40 45 50
55 60 65 70 75 80 85 90 95 100
…
455 460 465 470 475 480 485 490 495 500
```

```
<?php
    $count = 0;

    for (__________; $num<=500; $num++)
    {
        if (___________== 0) {
            echo "$num ";

            $count++;

            if (__________ == 0)
                echo "<br>";
        }
    }
?>
```

07 다음은 길이의 단위인 야드를 미터로 변환하는 프로그램이다(10~300야드, 10씩 증가). 빈칸을 채워 프로그램을 완성하시오.

```
미터 = 야드×0.9144
```

출력 포맷

```
------------------------
야드 미터
------------------------
10 9.144
20 18.288
30 27.432
…
300 274.32
-------------------------
```

```
<?php
    echo "------------------------<br>";
    echo "야드 미터<br>";
    echo "------------------------<br>";

    for ($yard=________; $yard<=300; $yard=__________)
    {
        ___________ = $yard * 0.9144;
        echo "$yard $meter<br>";
    }
    echo "------------------------<br>";
?>
```

08 다음은 HTML의 <table> 태그를 이용하여 7번 문제의 출력 결과를 표로 출력하는 프로그램이다. 빈칸을 채워 프로그램을 완성하시오.

출력 포맷

야드	미터
10	9.144
20	18.288
30	27.432
…	…
300	274.32

```
<?php
    echo "<table border=1>";
    echo "<tr align=center><td width=150>야드</td><td width=150>미터</td></tr>";

    for ($yard=10; _______________; $yard=$yard+10)
    {
       $meter = ___________ * 0.9144;
       echo "<tr align=center>";
       echo "<td>$yard</td><td>____________</td>";
       echo "</tr>";
    }
    echo "</table>";
?>
```

09 넓이의 단위인 제곱미터를 평으로 변환하는 프로그램을 작성하되 출력 포맷은 7번 문제를 참고하시오(10~200제곱미터, 10씩 증가).

```
평 = 제곱미터×0.3025
```

CHAPTER 05
배열

학습목표

- 배열의 원리와 활용법을 이해할 수 있다.
- array() 함수를 이용하여 배열을 초기화할 수 있다.
- 배열을 이용하여 버블 정렬 알고리즘을 이해할 수 있다.
- 2차원 배열의 구조와 활용법을 이해할 수 있다.

01 배열

배열은 하나의 변수명에 여러 개의 데이터를 저장할 수 있게 해주는 데이터형이다. 지금까지 변수를 만들 때 $a, $b, $i, $sum과 같이 사용했는데, 배열에서는 $a[0], $a[1], $a[2], …, $a[9]와 같이 하나의 배열 변수명으로 여러 개의 데이터를 저장 및 관리할 수 있다.

예를 들어 학생 100명의 한 과목 성적 합계와 평균을 구하는 프로그램을 생각해보자. 100명 각각의 성적은 $score[0], $score[1], $score[2], …, $score[99]와 같은 배열에 저장할 수 있다. 여기서 $score를 배열명, 대괄호([ ]) 안의 0, 1, 2, …, 99를 배열의 인덱스라고 한다. PHP를 비롯한 대부분의 프로그래밍 언어에서 배열의 인덱스는 0부터 시작한다. 인덱스는 배열에 저장되는 데이터의 위치를 지정할 때 사용한다. $score[0]은 첫 번째 학생의 성적, $score[1]은 두 번째 학생의 성적, …, $score[99]는 100명 중 마지막 학생의 성적을 의미한다.

1 배열의 기본 형식

한 학생의 5개 과목(영어, 컴퓨터 개론, 기초 프로그래밍, 기초 수학, 알고리즘) 성적 합계와 평균을 구하는 프로그램을 생각해보자. 만약 배열을 사용하지 않으면 다음과 같이 각 과목에 해당하는 변수를 생성하고 성적을 입력해야 한다.

```
<?php
        $eng = 90;
        $computer = 80;
        $program = 85;
        $math = 95;
        $algorithm = 93;
?>
```

배열을 이용하여 각 과목의 성적을 입력하는 방식으로 위의 프로그램을 수정하면 다음과 같다.

```
<?php
        $score[0] = 90;
        $score[1] = 80;
        $score[2] = 85;
        $score[3] = 95;
        $score[4] = 93;
?>
```

배열 $score의 원소는 $score[0], $score[1], $score[2], $score[3], $score[4]이다. 앞에서 설명했듯이 대괄호 안의 숫자는 배열의 인덱스이고, 이 인덱스는 배열에서 저장되는 위치를 나타낸다. 이때 배열의 인덱스가 1이 아니라 0부터 시작한다는 것을 주의하기 바란다.

배열에서 각각의 데이터는 해당 인덱스가 지시하는 위치에 저장된다.

90	80	85	95	93
score[0]	score[1]	score[2]	score[3]	score[4]

그림 5-1 배열의 인덱스와 데이터

배열을 이용하여 5개 과목 성적의 합계와 평균을 구하는 프로그램을 작성해보자.

예제 5-1 배열을 이용하여 성적의 합계와 평균 구하기 05/array_avg.php

```
<?php
    // 배열을 이용하여 합계, 평균 구하기. 배열 원소는 0부터 시작한다.

    $score[0] = 90; // 영어 성적
    $score[1] = 80; // 컴퓨터 개론 성적
    $score[2] = 85; // 기초 프로그래밍 성적     ❶
    $score[3] = 95; // 기초 수학 성적
    $score[4] = 93; // 알고리즘 성적

    $sum = 0;     ❷
    for ($a = 0; $a <= 4; $ ++)     ❸
    {
       $sum = $sum + $score[$a];     ❹
```

```
    }

    $avg = $sum/5; ········································································ ❺

    echo "과목 점수 : $score[0], $score[1], $score[2], $score[3], $score[4]<br>"; ┐
    echo "합계 : $sum, 평균 : $avg <br>"; ··········································┘··· ❻
?>
```

실행 결과

❶ 배열 $score의 원소인 $score[0], $score[1], …, $score[4]에 각 과목의 성적을 입력한다.

❷ 성적의 합계를 나타내는 변수 $sum을 0으로 초기화한다.

❸ for문의 반복 루프에서 $a의 값은 0~4이며 이는 ❹를 다섯 번 반복한다는 의미이다. 여기서 $a는 배열 $score의 인덱스로 사용된다. 배열의 인덱스는 0부터 시작한다.

❹ ❸의 for문 반복 루프에 따라 다섯 번 반복 수행된다. 그 결과 $sum에 5개 과목의 누적 합계가 저장된다.

❺ 합계를 나타내는 $sum을 5로 나누면 5개 과목의 평균이 되는데 이 값을 변수 $avg에 저장한다.

❻ 과목 점수, 합계, 평균을 화면에 출력한다.

❸과 ❹의 for문 반복 루프에서 사용된 변수 $a와 $sum의 값을 다음 표에 정리했다.

표 5-1 for문 반복 루프의 변수 $a와 $sum 값

반복 횟수	❸의 $a 값	❹의 $sum 값
1회	0	0+$score[0]
2회	1	0+$score[0]+$score[1]
3회	2	0+$score[0]+$score[1]+$score[2]
4회	3	0+$score[0]+$score[1]+$score[2]+$score[3]
5회	4	0+$score[0]+$score[1]+$score[2]+$score[3]+$score[4]

2 array() 함수를 이용한 배열의 초기화

[예제 5-1]의 ❶에서는 배열의 인덱스를 이용하여 배열의 원소에 값을 직접 입력했다. 그런데 이보다 간편하게 배열에 값을 입력하는 방법이 있다. 바로 array() 함수를 이용하는 것이다. array()는 배열에 초깃값을 입력할 때 사용하는 함수이며 6장에서 이에 대해 자세히 설명하겠다.

다음은 array() 함수를 이용하여 한 과목에 대한 학생 20명의 성적을 입력하고 합계와 평균을 구하는 프로그램이다.

예제 5-2 array() 함수를 이용하여 성적의 합계와 평균 구하기 05/array_func.php

```
<?php
    $scores = array(87, 76, 98, 87, 87, 93, 79, 85, 88, 63,
           74, 84, 93, 89, 63, 99, 81, 70, 80, 95);   ❶

    $sum = 0;   ❷
    for ($a = 0; $a < 20; $a++)
    {
      $sum = $sum + $scores[$a]; // 학생 20명의 성적 누적 합계   ❸
    }

    $avg = $sum/20;              // 평균 구하기   ❹

    echo("합계 : $sum, 평균 : $avg");   ❺
?>
```

실행 결과

❶ array() 함수를 이용하여 성적을 한 번에 입력한다. 학생 20명의 성적이 각각 배열의 원소 $scores[0], $scores[1], $scores [2], …, $scores[19]에 입력된다.

❷ $sum을 0으로 초기화한다.

❸ for문으로 학생 20명의 성적을 $sum에 누적한다. 그 결과 20명의 성적 합계가 $sum에 저장된다.

❹ 성적 평균인 $avg를 구한다.

❺ 성적 합계인 $sum과 성적 평균인 $avg를 출력한다.

3 배열로 만드는 구구단 표

이번에는 배열을 이용하여 구구단 표를 만들어보자. 4장에서 이중 for문을 이용하여 2단부터 9단까지 구구단 표를 만들었는데, 배열을 이용하면 단을 선별해서 구구단을 만들 수 있다.

예제 5-3 배열을 이용하여 구구단 표 만들기 05/array_gugudan.php

```
<?php
    for ($i = 0; $i < 8; $i++)
    {
       $a[$i] = $i + 2;                                   ❶
       echo $a[$i]." ";
    }
    echo "<br>";

    for ($j = 0; $j < 9; $j++)
    {
       $b[$j] = $j + 1;                                   ❷
       echo $b[$j]." ";
    }
```

```
    echo "<br>---------------<br>";

    for ($i = 0; $i < 9; $i++)
    {
      $c = $a[0] * $b[$i];         // $a[0]은 구구단 2단 ❸
      echo "$a[0] x $b[$i] = $c<br>";
    }
    echo "---------------<br>";

    for ($i = 0; $i < 9; $i++)
    {
      $c = $a[4] * $b[$i];         // $a[4]는 구구단 6단 ❻
      echo "$a[4] x $b[$i] = $c<br>";
    }
    echo "---------------<br>";
?>
```

실행 결과

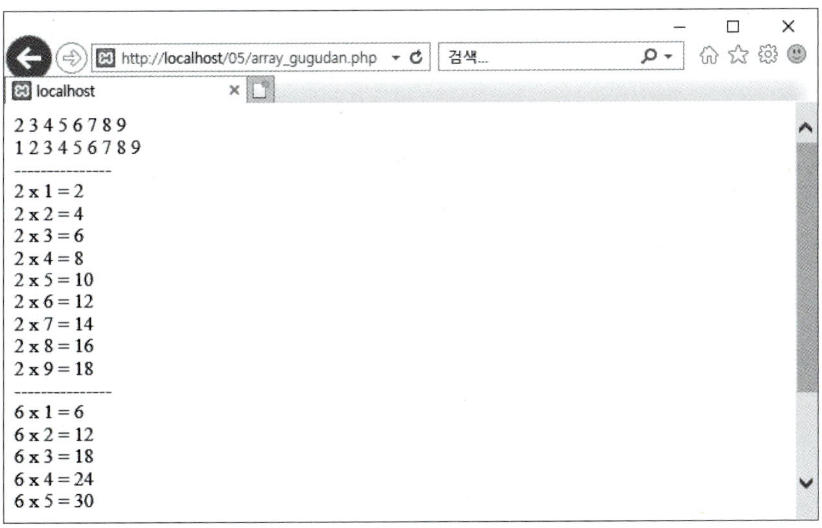

❶ $a[0]~$a[7]은 실행 결과의 첫 번째 줄과 같이 2~9단을 의미한다.

❷ $b[0]~$b[8]은 실행 결과의 두 번째 줄과 같이 단과 곱하는 1~9를 의미한다.

❸ $a[0]의 값은 2인데 이는 2단을 의미한다.

❹ $a[4]의 값은 6인데 이는 6단을 의미한다.

4 배열과 버블 정렬

버블 정렬bubble sort은 인접한 2개의 원소를 비교하면서 값을 정렬하는 방식이다. 배열을 이용하여 배열의 원소 값을 서로 바꿔가면서 거품이 부풀어오르듯 정렬하기 때문에 버블 정렬이라고 일컫는다.

28, 15, 10, 25, 32, 17을 오름차순으로 정렬하는 예를 통해 버블 정렬의 원리를 파악해보자.

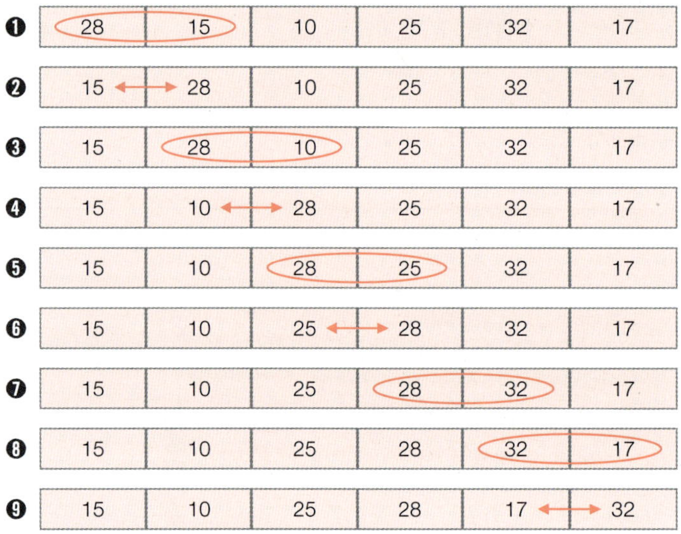

그림 5-2 오름차순 버블 정렬의 예

❶~❷ 첫 번째 원소(28)와 두 번째 원소(15)를 비교한다. 큰 수가 앞에 있으므로 위치를 서로 바꾼다.

❸~❹ 두 번째 원소(28)와 세 번째 원소(10)를 비교한다. 이번에도 큰 수가 앞에 있으므로 위치를 서로 바꾼다.

❺~❻ 같은 방식으로 세 번째 원소(28)와 네 번째 원소(25)의 위치를 서로 바꾼다.

❼ 네 번째 원소(28)와 다섯 번째 원소(32)를 비교한다. 작은 수가 앞에 있으므로 위치를 바꾸지 않는다.

❽~❾ 다섯 번째 원소(32)가 여섯 번째 원소(17)보다 큰 수이므로 위치를 서로 바꾼다.

❶~❾ 단계를 통해 배열의 여섯 번째 위치에는 6개 원소 중 가장 큰 수인 32가 들어간다. ❶~❾ 단계를 또 거치면 다섯 번째 위치에 들어갈 두 번째로 큰 수를 찾을 수 있다. 이 버블 정렬을 프로그램으로 작성해보자.

예제 5-4 오름차순으로 버블 정렬하기 05/bubble_sort.php

```
<?php
    $num = array(15, 13, 9, 7, 6, 12, 19, 30, 28, 26);  ❶
    $count = 10;                  // 배열의 원소 개수  ❷

    echo "정렬 전 : ";
    for ($a = 0; $a < 10; $a++)     // 정렬되기 전 배열의 원소 출력  ❸
      echo $num[$a]." ";

    echo "<br>";

    for ($i = $count-2; $i >= 0; $i--) // $i는 8부터 0까지 1씩 감소  ❹
    {
      for ($j = 0; $j <= $i; $j++)    // $j는 0부터 $i까지 1씩 증가  ❺
      {
          if ($num[$j] > $num[$j+1])   // 인접한 두 수 비교  ❻
          {
              $tmp = $num[$j];         // 앞의 데이터를 $tmp에 잠시 대피
              $num[$j] = $num[$j+1];   // 뒤의 데이터를 앞의 배열 원소에 저장
              $num[$j+1] = $tmp;       // $tmp를 뒤의 배열 원소에 저장
          }
      }
    }

    echo "버블 정렬(오름차순) 후 : ";
    for ($a = 0; $a < 10; $a++)     // 버블 정렬 후 배열의 원소 출력  ❼
    echo $num[$a]." ";
?>
```

실행 결과

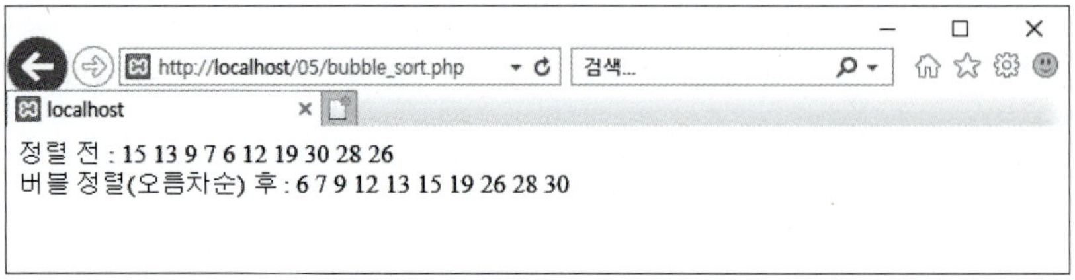

❶ 정렬하려는 숫자를 배열 $num에 입력한다.

❷ 숫자의 개수를 나타내는 변수 $count에 10을 저장한다.

❸ 실행 결과의 첫 번째 줄과 같이 정렬 전의 숫자를 출력한다.

❹ 이중 for문을 이용하여 버블 정렬을 수행한다. 여기서 for문은 $i가 8부터 0까지 1씩 감소하면서 반복된다.

❺ for문의 $j를 0에서 $i까지 1씩 증가시키면서 for문 내부에 있는 ❻을 실행한다.

❻ if 문에서는 두 원소의 값을 비교하여 앞의 원소가 뒤의 원소보다 크면 두 원소의 위치를 서로 바꾼다.

❼ 실행 결과의 두 번째 줄과 같이 오름차순으로 정렬된 숫자를 출력한다.

02 2차원 배열

지금까지 사용한 배열은 모두 1차원이지만 배열을 2차원으로 사용해야 하는 경우도 종종 있다. 예를 들어 학생 3명이 받은 5개 과목 성적의 합계와 평균을 구할 때는 2차원 배열을 사용해야 한다. 학생 3명의 5개 과목 성적이 다음과 같다고 가정하자.

- 1번 학생: 88, 98, 96, 77, 63
- 2번 학생: 86, 77, 66, 84, 93
- 3번 학생: 74, 83, 95, 86, 97

1번 학생의 5개 과목 성적

88	98	96	77	63
score[0][0]	score[0][1]	score[0][2]	score[0][3]	score[0][4]

2번 학생의 5개 과목 성적

86	77	66	84	93
score[1][0]	score[1][1]	score[1][2]	score[1][3]	score[1][4]

3번 학생의 5개 과목 성적

74	83	95	86	97
score[2][0]	score[2][1]	score[2][2]	score[2][3]	score[2][4]

그림 5-3 2차원 배열의 메모리 공간과 인덱스

위 그림은 2차원 배열 $score의 메모리 공간과 인덱스를 보여준다. $score[0][0]은 1번 학생의 첫 번째 과목, $score[0][1]은 1번 학생의 두 번째 과목, …, $score[0][4]는 1번 학생의 다섯 번째 과목을 나타낸다. 마찬가지로 $score[2][0]은 3번 학생의 첫 번째 과목, $score[2][1]은 3번 학생의 두 번째 과목, …, $score[2][4]는 3번 학생의 다섯 번째 과목을 나타낸다.

2차원 배열 $score의 첫 번째 인덱스 값은 0~2인데 이는 각각의 학생을 의미한다. 두 번째 인덱스는 0부터 4까지 변하며 이는 각각의 과목을 의미한다. 2차원 배열에서도 인덱스는 0부터 시작된다는 것을 주의하기 바란다.

2차원 배열을 이용하여 학생 3명의 5개 과목 성적 합계와 평균을 구하는 프로그램을 작성해 보자. 앞에서 살펴본 array() 함수로 성적을 배열에 입력하고 이중 for문을 이용하여 배열에 있는 성적의 합계와 평균을 구한다.

예제 5-5 **2차원 배열을 이용하여 성적의 합계와 평균 구하기** 05/array_2d_avg.php

```
<?php
    // 2차원 배열을 이용하여 학생 3명의 5개 과목 성적 합계와 평균 구하기
    $score = array(array(88, 98, 96, 77, 63),
      array(86, 77, 66, 86, 93),                                   ❶
      array(74, 83, 95, 86, 97) );

    // 입력된 성적과 배열 인덱스 출력
    for ($i = 0; $i < 3; $i++)                                     ❷
    {
      for ($j = 0; $j < 5; $j++)                                   ❸
          echo "\$score[$i][$j] = ".$score[$i][$j]."<br>";         ❹

      echo "<br>";
    }

    // 학생 3명의 성적 합계와 평균
    for ($i = 0; $i < 3; $i++)                                     ❺
    {
      $sum=0;

      for ($j = 0; $j < 5; $j++)                                   ❻
          $sum = $sum + $score[$i][$j];                            ❼

      $avg = $sum/5;                                               ❽
      $student_num = $i + 1;
      echo "$student_num 번 학생의 점수 => 합계 : $sum,
          평균 : $avg <br>";                                        ❾
    }
?>
```

실행 결과

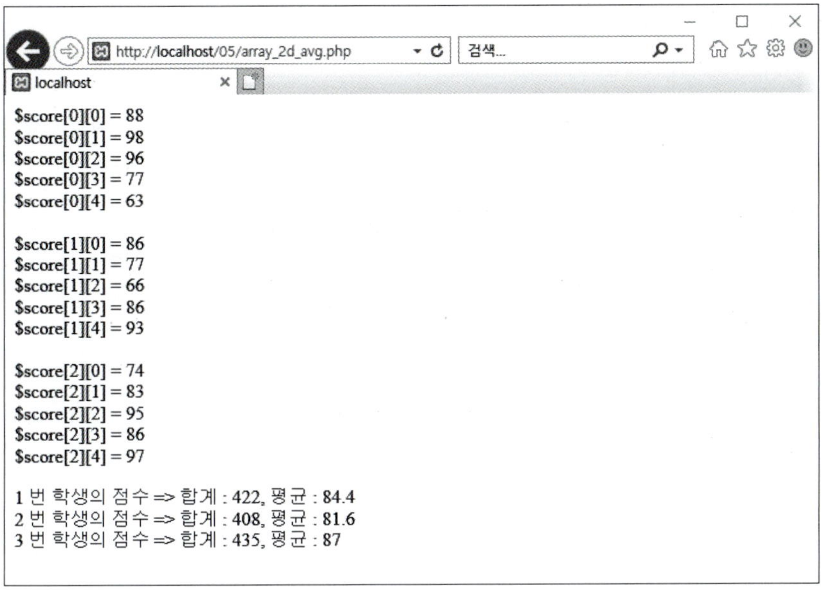

❶ array() 함수 안에 array() 함수를 사용하여 학생 3명의 5개 과목 성적을 입력한다.

❷ 이 for문에서 $i의 값은 0, 1, 2이며 이는 각 학생을 의미한다. 즉 0은 1번 학생, 1은 2번 학생, 2는 3번 학생을 나타낸다.

❸ 이 for문에서 $j의 값은 0, 1, 2, 3, 4이며 ❹가 반복 수행된다.

❹ 실행 결과와 같이 2차원 배열 각 원소의 인덱스와 해당 값을 출력한다. $score[0][0], $score[0][1], $score[0][2], $score[0][3], $score[0][4]에서 앞의 인덱스 0은 1번 학생을 나타내고 뒤의 0~4는 1번 학생의 5개 과목 성적을 나타낸다. 마찬가지로 배열에서 앞의 인덱스 1은 2번 학생을, 인덱스 2는 3번 학생을 의미한다.

❺ 이 for문에서 $i의 값은 0, 1, 2이며 이는 각 학생을 의미한다. 각 학생에 대해 ❻~❼에서 성적의 합계를, ❽에서 성적의 평균을 구하고, ❾에서 화면 출력이 이루어진다.

❾ 성적의 합계와 평균을 출력한다.

요약

01 배열

배열은 하나의 변수명에 여러 개의 데이터를 저장할 수 있게 해주는 데이터형이다. 배열에서는 $a[0], $a[1], $a[2], …, $a[9]와 같이 하나의 배열 변수명으로 여러 개의 데이터를 저장 및 관리할 수 있다.

02 배열의 인덱스

배열에서 인덱스는 데이터가 저장되는 저장 공간의 주소를 의미한다. PHP를 비롯한 대부분의 프로그래밍 언어에서 배열의 인덱스는 0부터 시작한다.

03 배열의 초기화

배열을 초기화하려면 배열의 인덱스를 이용하여 배열의 원소에 값을 직접 입력하거나 array() 함수를 이용한다.

04 배열과 반복문

배열은 반복문과 함께 사용하는 경우가 많다. 즉 '$배열명[$인덱스_변수]'의 형태로 while문이나 for문 같은 반복문과 함께 사용한다.

05 버블 정렬

버블 정렬은 인접한 2개의 원소를 비교하면서 값을 정렬하는 방식이다. 배열을 이용하여 배열의 원소 값을 서로 바꿔가면서 거품이 부풀어오르듯 정렬하기 때문에 버블 정렬이라고 일컫는다.

01 다음은 배열을 이용하여 어떤 과목에 대한 학생 10명의 점수 합계와 평균을 구하는 프로그램이다. 빈칸을 채워 프로그램을 완성하시오.

출력 포맷

```
입력된 점수 : 87 76 98 87 87 93 79 85 88 63
합계 : 843, 평균 : 84.3
```

```
<?php
    $score = _________(87, 76, 98, 87, 87, 93, 79, 85, 88, 63);
    $sum=0;
    for($i=0; ________; $i++)
        $sum = ______ + $score[_______]; // 학생 10명의 점수 누적합

    $avg = ________/10;                  // 평균 구하기
    echo "입력된 점수 : ";

    for($i=0; $i<10; $i++)              // 입력된 학생의 점수 출력
        echo _________[_______]." ";

    echo "<br>";
    echo("합계 : $sum, 평균 : $avg");
?>
```

02 다음은 배열을 이용하여 학생 10명(김**, 이**, 정**, 장**, 황**, 이**, 최**, 함**, 도**, 강**)의 5개 과목(파이썬, PHP, 자바스크립트, 사진, 영화감상)별 성적 합계와 평균을 구하는 프로그램이다. 빈칸을 채워 프로그램을 완성하시오.

출력 포맷

```
파이썬의 합계 : 888, 평균 : 88.8
PHP의 합계 : 809, 평균 : 80.9
...
영화감상의 합계 : 840, 평균 : 84
```

```
<?php
    $subject = array("파이썬", "PHP", "자바스크립트", "사진", "영화감상");
    $name = array("김**", "이**", "정**", "장**", "황**", "이**", "최**", "함**",
            "도**", "강**");

    $score = array(array(80, 79, 90, 89, 100, 87, 85, 83, 96, 99),
                   array(70, 88, 70, 85, 60, 95, 77, 89, 82, 93),
                   array(80, 79, 90, 89, 100, 87, 85, 83, 96, 99),
                   array(70, 88, 70, 85, 60, 95, 77, 89, 82, 93),
                   array(85, 66, 80, 88, 90, 86, 85, 93, 88, 79));

    for ($i=0; $i<=4; $i++)
    {
        ________ = 0;
        for ($j=0; $j<=9; $j++)
            $sum = $sum + _________[$i][$j];

        $avg = $sum/10;
        echo "{_____________}의 합계 : $sum, 평균 : ________<br>";
    }
?>
```

03 2번 문제의 학생별로 5개 과목의 성적 합계와 평균을 구하는 프로그램을 작성하시오.

출력 포맷

```
김** 학생의 합계 : 385, 평균 : 77
이** 학생의 합계 : 400, 평균 : 80
...
강** 학생의 합계 : 463, 평균 : 92.6
```

04 다음은 HTML의 <table> 태그와 배열을 이용하여 구구단 표를 만드는 프로그램이다. 빈칸을 채워 프로그램을 완성하시오.

출력 포맷

2단	3단	4단	5단	6단	7단	8단	9단
2×1=2	3×1=3	4×1=4	5×1=5	6×1=6	7×1=7	8×1=8	9×1=9
2×2=4	3×2=6	4×2=8	5×2=10	6×2=12	7×2=14	8×2=16	9×2=18
2×3=6	3×3=9	4×3=12	5×3=15	6×3=18	7×3=21	8×3=24	9×3=27
2×4=8	3×4=12	4×4=16	5×4=20	6×4=24	7×4=28	8×4=32	9×4=36
2×5=10	3×5=15	4×5=20	5×5=25	6×5=30	7×5=35	8×5=40	9×5=45
2×6=12	3×6=18	4×6=24	5×6=30	6×6=36	7×6=42	8×6=48	9×6=54
2×7=14	3×7=21	4×7=28	5×7=35	6×7=42	7×7=49	8×7=56	9×7=63
2×8=16	3×8=24	4×8=32	5×8=40	6×8=48	7×8=56	8×8=64	9×8=72
2×9=18	3×9=27	4×9=36	5×9=45	6×9=54	7×9=63	8×9=72	9×9=81

```
<?php
    echo "<table border=1>";
    echo "<tr align=center>";
    echo "<th width=100>2단</th>";
    echo "<th width=100>3단</th>";
    echo "<th width=100>4단</th>";
    echo "<th width=100>5단</th>";
    echo "<th width=100>6단</th>";
    echo "<th width=100>7단</th>";
    echo "<th width=100>8단</th>";
    echo "<th width=100>9단</th>";
    echo "</tr>";

    for($i=0; $i<=_______; $i++)              // $i+2: 2~9단
        for($j=0; $j<=_______; $j++)          // $j+1: 1~9
            $result[$i][$j] = ($i+2) * ($j+1);
            // 이차원 배열 $result는 구구단 결과를 저장
```

```
    for($j=0; $j<=8; $j++)
    {
        echo "<tr align=center>";
        for($i=0; $i<=7; $i++)
        {
            $a = $i + 2;
            $b = $j + 1;
            $c = _________[$i][$j];
            echo "<td>$a x $b = $c</td>";
        }
        echo "</tr>";
    }
    echo "</table>";
?>
```

CHAPTER 06
함수

학습목표

- 함수의 역할과 구조를 이해할 수 있다.
- 함수의 매개변수를 사용할 수 있다.
- 함수에서 반환 값이 필요한 이유를 이해하고 활용할 수 있다.
- 내장 함수의 개념을 이해하고 활용할 수 있다.

01 함수의 개념

PHP를 포함한 프로그래밍 언어에서 함수function는 그 영어의 의미인 '기능'이라는 개념을 가지고 있다. 앞에서 배운 array() 함수는 배열에 초깃값을 입력하는 기능을 수행한다. 그리고 round() 함수는 반올림하는 기능을 수행하는데, 예를 들어 round(3.7)의 결과 값은 3.7을 반올림한 4이다. 또한 abs() 함수는 절댓값을 구하는 기능을 수행하는 함수로 abs(-3)의 결과 값은 3이다.

array(), round(), abs() 등과 같이 프로그래밍에 필요한 기본적인 함수는 1장에서 설치한 XAMPP 프로그램(PHP, Apache, MySQL)에 포함되어 있다. 따라서 프로그래밍을 할 때 바로 사용할 수 있는데 이러한 함수를 내장 함수라고 한다. 한편 PHP에서 제공하는 내장 함수 외에 필요한 함수를 직접 만들어서 사용하는 경우도 많은데, 이처럼 사용자가 직접 만들어 사용하는 함수를 사용자 함수라고 한다. 다음 예제에서 사용자 함수를 정의하고 호출하는 방법을 알아보자.

내장 함수는 4절에서 자세히 설명하겠다.

예제 6-1 함수를 이용하여 문자열 출력하기 06/func_hello.php

```
<?php
    function hello() ........ ❶
    { ........ ❷
       echo "안녕하세요!"; ........ ❸
    } ........ ❹

    hello(); ........ ❺
?>
```

실행 결과

❶ **함수 정의** hello() 함수를 정의한다. hello() 함수의 기능은 ❷와 ❹의 { } 안에 있는 문장으로 정의된다. 이 함수의 정의는 ❸의 echo문에 의해 문자열 '안녕하세요!'를 화면에 출력하는 것이다.

❺ **함수 호출** hello() 함수를 호출한다. hello() 함수를 호출하면 ❶~❹에서 정의한 hello() 함수가 실행되어 ❸의 echo문에 의해 '안녕하세요!'가 출력된다.

함수는 함수 정의와 함수 호출로 이루어진다. 함수 정의는 그 함수가 어떤 기능을 수행하는지 정의하는 것이고, 함수 호출은 정의된 함수를 호출하여 함수 정의에서 기술한 문장을 수행하는 것이다.

함수를 정의하는 형식은 다음과 같다. 함수의 기능은 중괄호 안에 있는 문장1, 문장2, …이다.

```
function 함수명()
{
    문장1;
    문장2;
    …
}
```

02 함수의 매개변수

함수를 정의할 때는 'function 함수명()' 형식을 사용한다. 그리고 경우에 따라서 함수명의 괄호 안에 매개변수를 사용하기도 하는데, 다음은 함수에서 매개변수를 사용하는 형식이다.

```
function 함수명(매개변수명1, 매개변수명2, …) { ·········· ❶
    문장1;
    문장2;
    …
}
…
함수명(입력값1, 입력값2, …); ·········· ❷
…
```

함수를 호출하는 ❷에서 사용된 입력값1, 입력값2, …는 각각 ❶의 매개변수명1, 매개변수명2, …에 복사된다. 이러한 매개변수는 함수 정의의 문장1, 문장2, …에서 사용된다. 함수의 매개변수가 어떤 역할을 하는지 다음 예제에서 자세히 살펴보자.

예제 6-2 함수의 매개변수를 이용하여 두 수의 합 구하기 06/func_plus.php

```
<?php
    function plus($a, $b) ·········· ❶
    {
      $c = $a + $b; ·········· ❷
      echo $c; ·········· ❸
    }

    plus(10, 20); ·········· ❹
    echo "<br>";
    plus(300, 500); ·········· ❺
?> ·········· ❻
```

실행 결과

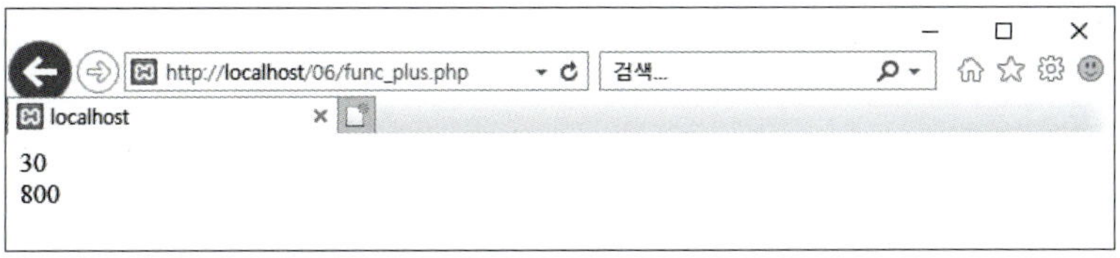

❶ **함수 정의** 매개변수 $a, $b를 사용하여 plus() 함수를 정의한다.

❷ 매개변수 $a와 $b를 더한 결과 값을 변수 $c에 저장한다.

❸ 변수 $c의 값을 화면에 출력하라는 의미이다. 단, 이 문장은 함수를 정의할 때는 실행되지 않고 ❹에서 함수 호출이 일어났을 때만 실행된다는 것을 꼭 기억하기 바란다.

❹ **함수 호출** ❶에서 정의한 plus() 함수를 호출한다. 이때 함수의 입력 값인 10과 20이 각각 ❶의 $a와 $b에 복사된다. 그 결과 ❷의 $c 값은 30이 되고 ❸에 의해 30이 화면에 출력된다.

❺ **함수 재호출** ❶에서 정의한 plus() 함수를 다시 호출한다. 이때 함수의 입력 값인 300과 500이 각각 ❶의 $a와 $b에 복사된다. 그 결과 ❷의 $c 값은 800이 되고 ❸에 의해 800이 화면에 출력된다. 그리고 ❻에 의해 프로그램이 종료된다.

[예제 6-2]의 프로그램이 실행되는 순서는 다음과 같다.

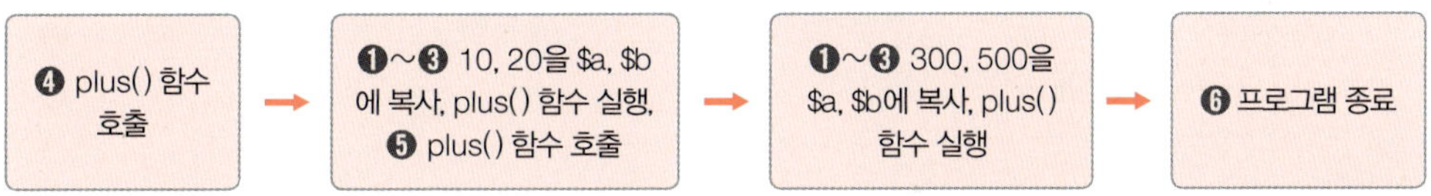

함수는 한 번 정의해놓으면 필요할 때 언제든지 호출해서 사용할 수 있다. 즉 프로그램에서 중복되는 코드를 하나로 묶어 정의하고 필요할 때마다 활용하는 것이다. 이렇게 함수를 사용하면 코드가 간결해지고 가독성을 높일 수 있다.

03 함수의 반환 값

함수를 호출하면 미리 정의한 함수가 실행되는데, 이때 실행된 결과 값을 반환하여 함수를 호출한 부분, 즉 호출 함수에서 사용할 수 있다. 이것을 '함수 값의 반환'이라고 하며, 반환된 값은 '반환 값'이라고 한다. [예제 6-2]에 함수의 반환 값을 적용하여, 정의된 함수의 결과 값이 어떻게 호출 함수에 반환되는지 살펴보자.

예제 6-3 함수의 반환 값을 이용하여 두 수의 합 구하기 06/func_plus_ret.php

```
<?php
    function plus($a, $b)  ❶
    {
       $c = $a + $b;
       return $c;  ❷
    }

    $result1 = plus(10, 20);  ❸
    echo $result1."<br>";  ❹

    $result2 = plus(300, 500);  ❺
    echo $result2."<br>";  ❻
?>
```

실행 결과

❶ **plus() 함수 정의** 매개변수 $a, $b를 사용하여 plus() 함수를 정의한다.

❷ **plus() 함수 값의 반환** 매개변수 $a와 $b를 더한 결과 값인 $c를 호출 함수에 반환한다.

❸ **plus() 함수 호출** plus(10, 20)은 ❶에서 정의한 plus() 함수를 실행한다. ❷에서 얻은 함수의 반환 값 $c를 호출 함수 plus(10, 20)의 값으로 만들어 변수 $result1에 저장한다.

❹ $result1의 값인 30을 출력한다.

❺ **plus() 함수 호출** ❶에서 정의한 plus() 함수를 실행하여 함수의 반환 값 $c를 변수 $result2에 저장한다.

❻ $result2의 값인 800을 출력한다.

1 함수의 반환 값을 이용한 정수의 합 계산

이번에는 함수의 반환 값을 이용하여 정수의 합을 구해보자. 합계를 계산할 때는 변수를 사용하여 시작과 끝의 수를 설정한다.

예제 6-4 함수의 반환 값을 이용하여 정수의 합 구하기 06/func_sum.php

```
<?php
    // sum($a, $b) 함수는 $a에서 $b까지의 합을 구한다.
    function sum($a, $b)
    {
      $sum = 0;
      while ($a <= $b)
      {                                   ❶
          $sum = $sum + $a;
          $a++;
      }
      return $sum;                        ❷
    }

    $from = 1;                            ❸
    $to = 100;                            ❹

    $total = sum($from, $to);             ❺
    echo("$from 에서 $to 까지의 합 : $total");   ❻
?>
```

실행 결과

❸ 합의 시작을 나타내는 변수 $from에 1을 저장한다.

❹ 끝을 나타내는 변수 $to에 100을 저장한다.

❺ sum($from, $to)는 sum(1, 100)이 되어 ❶에서 정의한 sum() 함수를 호출한다.

❶ ❺의 함수 호출에 따라 sum() 함수를 실행한다. 이때 $from과 $to에 설정한 1과 100이 각각 sum() 함수의 매개변수 $a와 $b에 복사된다.

❷ 변수 $sum을 ❺의 sum($from, $to) 함수의 값으로 반환한다.

❺ sum($from, $to) 함수의 값을 변수 $total에 저장한다.

❻ $total의 값을 출력한다.

2 함수의 반환 값을 이용한 만 나이 계산

함수를 이용하여 [예제 3-10]의 만 나이 계산 프로그램을 다시 작성해보자. 이때 함수에 정의되는 기능은 함수 값으로 설정한 오늘 날짜와 생년월일을 이용하여 만 나이를 계산한 뒤 다시 함수 값으로 반환하는 것이다. 이 프로그램에서 사용하는 함수의 형태는 다음과 같다.

```
function man_age($year, $month, $day, $b_year, $b_month, $b_day)
```

함수에 사용된 매개변수는 각각 다음을 나타낸다.

- $year: 오늘의 연도
- $month: 오늘의 월
- $day: 오늘의 일
- $b_year: 출생한 연도
- $b_month: 출생한 월
- $b_day: 출생한 일

이러한 함수를 이용하여 만 나이 계산 프로그램을 작성해보자.

예제 6-5 함수의 반환 값을 이용하여 만 나이 계산하기 06/func_man_age.php

```
<?php
    /* 오늘 날짜와 생년월일에 따라
       만 나이 계산하기  */

    function man_age($year, $month, $day, $b_year, $b_month, $b_day) ❶
    {
       if ($b_month < $month)
           $age = $year - $b_year;                                     ❷
       elseif ($b_month == $month)
       {
           if ($b_day <= $day)
               $age = $year - $b_year;                                 ❹  ❸
           else
               $age = $year - $b_year - 1;                             ❺
       }
       else
       {
           $age = $year - $b_year - 1;                                 ❻
       }
       return $age;                                                    ❼
    }

    $now_year = 2019;
    $now_month = 9;
    $now_day = 10;
                                                                       ❽
    $birth_year = 1999;
    $birth_month = 2;
    $birth_day = 9;

    $your_age = man_age($now_year, $now_month, $now_day,
           $birth_year, $birth_month, $birth_day);                     ❾

    echo "오늘 날짜 : $now_year 년 $now_month 월 $now_day 일<br>";
    echo "생년월일 : $birth_year 년 $birth_month 월 $birth_day 일생<br>";   ❿
    echo "만 나이 : $your_age 세";
?>
```

실행 결과

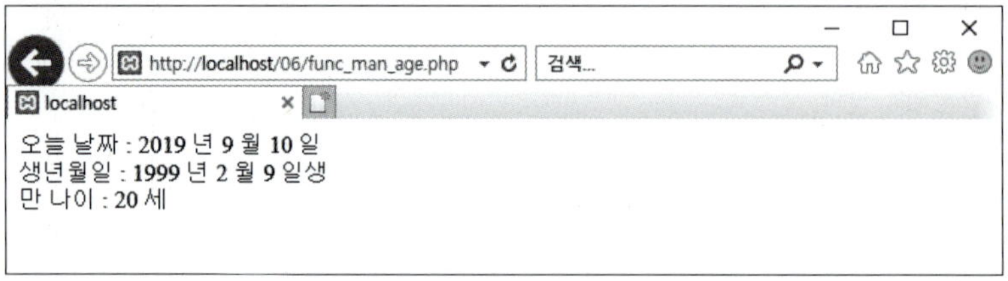

❽ $now_year, $now_month, $now_day에 각각 오늘 날짜의 연, 월, 일을 설정하고 $birth_year, $birth_month, $birth_day에 각각 출생한 연, 월, 일을 설정한다.

❾ ❶에서 정의한 man_age() 함수를 호출한다. 이때 함수에 설정한 값이 ❶에서 정의한 man_age() 함수의 매개변수에 복사된다.

❶ man_age() 함수를 실행한다.

❷, ❸, ❻ if ~ elseif ~ else ~ 구문을 이용하여 출생한 월과 오늘 날짜의 월을 비교한다. 결과에 따라 만 나이인 $age를 계산한다.

❹~❺ if ~ else ~ 구문을 이용하여 출생한 일과 오늘 날짜의 일을 비교하고 그에 따라 만 나이를 계산한다.

❼ man_age() 함수의 반환 값인 $age를 반환한다.

❾ man_age() 함수의 반환 값을 $your_age에 저장한다.

❿ 오늘 날짜, 생년월일, 만 나이를 출력한다.

이와 같이 함수를 이용하면 프로그램을 간결하게 작성할 수 있고 가독성도 높아져서 프로그램을 이해하기가 쉽다.

만 나이를 계산하는 자세한 방법은 3장의 [예제 3-10]을 참고하라.

3 함수를 이용한 입장료 계산

함수를 이용하여 다음과 같은 놀이공원 입장료를 계산하는 프로그램을 작성해보자.

구분		대인	소인
일반 입장권	주간	26,000원	19,000원
	야간	21,000원	16,000원
자유 이용권	주간	33,000원	24,000원
	야간	28,000원	21,000원
2일 자유 이용권		55,000원	40,000원
콤비권		54,000원	40,000원

※ 소인은 12세 이하 또는 65세 이상

예제 6-6 함수를 이용하여 입장료 계산하기 06/func_park_fee.php

```
<?php
    function cal_fee1($day, $age) // 일반 입장권 요금 구하기
    {
      if ($day == "주간")
      {
          if ($age > 12 && $age < 65)
              $money = 26000;
          else
              $money = 19000;
      }
      else
      {
          if ($age > 12 && $age < 65)
              $money = 21000;
          else
              $money = 16000;
      }

      return $money;
    }

    function cal_fee2($day, $age) // 자유 이용권 요금 구하기
    {
      if ($day == "주간")
```

```
    {
        if ($age > 12 && $age < 65)
            $money = 33000;
        else
            $money = 24000;
    }
    else
    {
        if ($age > 12 && $age < 65)
            $money = 28000;
        else
            $money = 21000;
    }

    return $money;
}

function cal_fee3($age) // 2일 자유 이용권 요금 구하기
{
    if ($age > 12 && $age < 65)
        $money = 55000;
    else
        $money = 40000;

    return $money;
}

function cal_fee4($age) // 콤비권 요금 구하기
{
    if ($age > 12 && $age < 65)
        $money = 54000;
    else
        $money = 40000;

    return $money;
}

// $category: 1 => 일반 입장권, 2 => 자유 이용권, 3 => 2일 자유 이용권, 4 => 콤비권
$category = 1; // 입장권 종류 ........................................ ❶
```

```
    $age = 13; ····························· ❷
    $day = "야간"; ························· ❸

    if ($category == 1)
      $fee = cal_fee1($day, $age);
    elseif ($category == 2)
      $fee = cal_fee2($day, $age); ········· ❹
    elseif ($category == 3)
      $fee = cal_fee3($age);
    else
      $fee = cal_fee4($age);

    if ($category == 1)
      $cat = "일반 입장권";
    elseif ($category == 2)
      $cat = "자유 이용권"; ················ ❺
    elseif ($category == 3)
      $cat = "2일 자유 이용권";
    else
      $cat = "콤비권";

    echo "- 구분 : $cat<br>"; ·············· ❻

    if ($category == 1 || $category == 2) ·· ❼
      echo "- 주야간 : $day<br>";

    echo "- 나이 : $age 세<br>"; ············ ❽
    echo "- 입장료 : $fee 원"; ·············· ❾
?>
```

실행 결과

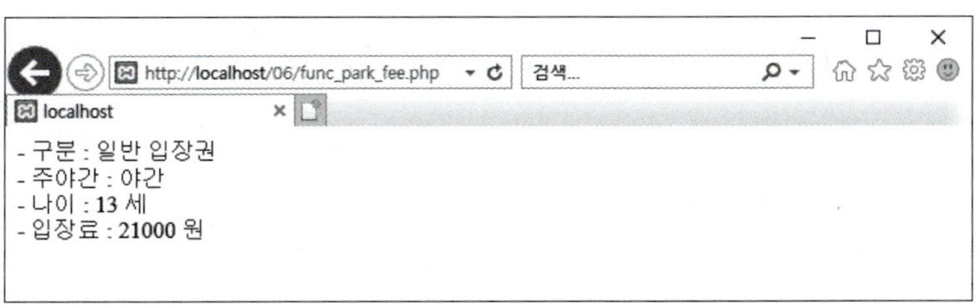

❶ **입장권 종류 설정** 입장권의 종류를 변수 $category의 값에 따라 1은 일반 입장권, 2는 자유 이용권, 3은 2일 자유 이용권, 4는 콤비권으로 구분한다. 여기서는 $category에 1을 저장했으므로 일반 입장권의 요금을 구한다.

❷ **나이 설정** 입장객의 나이를 나타내는 변수 $age에 13을 저장한다.

❸ **주간/야간 설정** 주간/야간을 구분하는 변수인 $day에 야간을 저장한다. 주간 입장료를 구하려면 $day에 주간을 저장한다.

❹ if ~ elseif ~ else ~ 구문을 이용하여 $category의 값에 따라 일반 입장권, 자유 이용권, 2일 자유 이용권, 콤비권의 입장료를 구하는 함수를 호출한다. 변수 $fee는 각 입장권에 대한 함수를 호출하여 저장한다. 정의된 함수에 의해 계산된 입장료가 각 변수에 저장된다.

입장권의 종류에 따른 $category의 값과 정의된 함수는 다음과 같다.

입장권 종류	$category의 값	정의된 함수
일반 입장권	1	cal_fee1()
자유 이용권	2	cal_fee2()
2일 자유 이용권	3	cal_fee3()
콤비권	4	cal_fee4()

❺ **입장권 종류별 제목 지정** $category의 값에 해당하는 제목을 $cat에 저장한다. $category가 1이면 일반 입장권을, 2이면 자유 이용권을, 3이면 2일 자유 이용권을, 4이면 콤비권을 $cat에 저장한다.

❻ 입장권의 종류를 출력한다. ❶, ❺에서 $category를 1로 설정했으므로 입장권의 종류는 일반 입장권이다.

❼ ❸에서 $day를 야간으로 설정했으므로 실행 결과에 '야간'이 출력된다. 주간과 야간 요금이 다른 경우는 일반 입장권과 자유 이용권이다. 따라서 $category가 1 또는 2일 때만 주간 또는 야간이 출력된다.

❽ 입장객의 나이인 13을 출력한다. ❷에서 나이를 나타내는 변수 $age에 13을 설정했기 때문이다.

❾ 계산된 입장료를 출력한다.

04 내장 함수

지금까지 함수를 정의하고 호출해서 사용하는 방법을 살펴보았다. 한편 PHP에는 프로그래밍에 필요한 기능을 미리 정의해서 생성해놓은 내장 함수가 포함되어 있다. 내장 함수는 따로 정의할 필요 없이 호출해서 사용하면 된다. 한 예로 삼각 함수에서 사인sine 값을 구하는 sin() 함수를 살펴보자.

```
$a = sin(3);
```

sin(3)은 sin() 함수를 호출해서 값을 구한다. sin() 함수는 내장 함수이기 때문에 함수를 정의하지 않고 바로 사용할 수 있다.

PHP에서 자주 사용하는 내장 함수는 다음과 같다.

표 6-1 수학 관련 내장 함수

함수	기능	함수	기능
abs()	절댓값 구하기	round()	반올림 값 구하기
sin()	삼각형의 사인 값 구하기	log()	로그 값 구하기
cos()	삼각형의 코사인 값 구하기	max()	최댓값 구하기
tan()	삼각형의 탄젠트 값 구하기	sqrt()	제곱근 구하기
date()	현재 날짜 구하기	rand()	임의의 난수 생성하기
ceil()	소수점 아래에서 올린 정수 값 구하기	pi()	파이의 근삿값(3.141592) 구하기
floor()	소수점 아래에서 내린 정수 값 구하기		

표 6-2 문자열 관련 내장 함수

함수	기능
echo()	문자열 출력하기
explode()	특정 문자를 기준으로 문자열 나누기
str_len()	문자열의 길이 얻기
substr()	문자열에서 일부 문자 추출하기
nl2br()	행 바꿈(₩n)을 태그로 바꾸기
sprintf()	문자열을 특정 양식에 맞추기

표 6-3 파일 관련 내장 함수

함수	기능
copy()	파일 복사하기
mkdir()	디렉터리 생성하기
chdir()	디렉터리 변경하기
fopen()	파일 열기
fread()	파일 읽기
fwrite()	파일 쓰기

다음 예제에서는 이러한 내장 함수를 어떻게 사용하는지 살펴보자.

예제 6-7 문자열 관련 내장 함수 사용하기 06/func_string.php

```
<?php
    $tel = "010-2777-3333";
    echo "\$tel : $tel<br>";
    $num_tel = strlen($tel);        // 문자열의 길이 계산 ❶

    echo "\$tel의 길이 : $num_tel<br>"; ❷

    $tel1 = substr($tel, 0, 3);     // 앞에서 3개의 문자 가져오기 ❸
    echo "$tel1<br>";
    $tel2 = substr($tel, 4, 4);     // 네 번째 문자에서 4개의 문자 가져오기 ❹
    echo "$tel2<br>";
    $tel3 = substr($tel, 9, 4);     // 아홉 번째 문자에서 4개의 문자 가져오기 ❺
    echo "$tel3<br>";

    $phone = explode("-", $tel);    // 하이픈(-)을 기준으로 문자열 분리 ❻

    echo "전화번호 : $phone[0] $phone[1] $phone[2]<br>"; ❼
?>
```

실행 결과

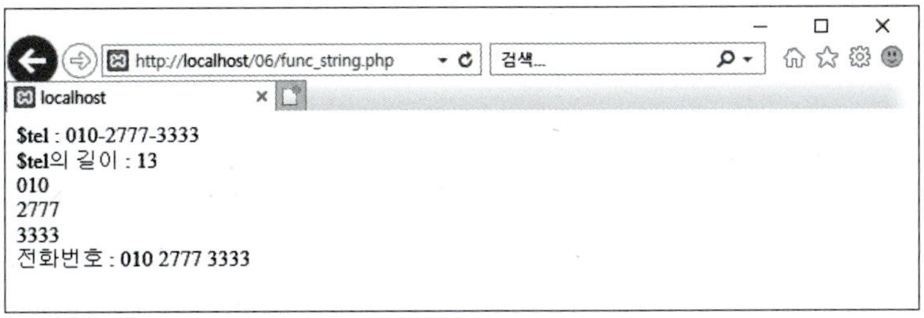

❶ strlen()은 내장 함수이며 strlen($tel)은 문자열 $tel의 길이를 구한다는 의미이다.

❷ 문자열의 길이를 의미하는 변수 $num_tel의 값인 13을 출력한다.

❸ 내장 함수 substr($tel, 0, 3)은 문자열 $tel의 인덱스 0부터 3개의 문자를 구한다는 의미이므로 010이 출력된다.

❹ 내장 함수 substr($tel, 4, 4)는 문자열 $tel의 인덱스 4부터 4개의 문자를 구한다는 의미이므로 2777이 출력된다.

❺ ❸, ❹와 같은 방식으로 $tel3을 출력한다.

❻ 문자열 $tel을 –을 기준으로 분리한 뒤 배열로 저장한다. 따라서 $phone[0]에는 010, $phone[1]에는 2777, $phone[2]에는 3333이 저장된다.

❼ echo문으로 $phone[0], $phone[1], $phone[2]를 출력한다.

strlen() 함수는 문자열의 길이를 구한 뒤 함수 값으로 반환한다.

```
strlen(문자열)
```

substr() 함수는 문자열에서 일부 문자를 추출한 값을 반환한다.

```
substr(문자열, 인덱스, 개수)
```

explode() 함수는 구분 기호를 기준으로 문자열을 분리한 뒤 배열에 저장한다.

```
explode(구분_기호, 문자열)
```

요약

01 함수의 개념

함수는 함수 정의와 함수 호출로 이루어진다. 함수 정의는 그 함수가 어떤 기능을 수행하는지 정의하는 것이고, 함수 호출은 정의된 함수를 호출하여 함수 정의에서 기술한 문장을 수행하는 것이다.

02 함수의 종류

함수 정의 부분이 시스템에 내장되어 있는 것을 내장 함수라 하고, 사용자가 직접 정의해서 사용하는 것을 사용자 함수라 한다.

03 함수의 매개변수

```
function 함수명(매개변수명1, 매개변수명2, …) {
    문장1;
    문장2;
    …
}
…
함수명(입력값1, 입력값2, …);
…
```

함수를 호출하는 데 사용된 입력값1, 입력값2, …는 각각 매개변수명1, 매개변수명2, …에 복사된다. 이러한 매개변수는 함수 정의의 문장1, 문장2, …에서 사용된다.

04 함수의 반환 값

함수를 호출하면 미리 정의한 함수가 실행되는데, 이때 실행된 결과 값을 반환하여 함수를 호출한 부분, 즉 호출 함수에서 사용할 수 있다. 이렇게 반환된 값을 반환 값이라고 하며 함수에 따라 반환 값이 없는 경우도 있다.

연습문제

01 다음은 함수를 이용하여 두 수의 최대공약수를 구하는 프로그램이다. 빈칸을 채워 프로그램을 완성하시오.

출력 포맷

```
###와 ###의 최대공약수 : ###
```

```
<?php
    function ________________($x, $y) {
      if ($x > $y)
          $small = $y;
      else
          $small = ____________;

      for ($i=1; $i<=$small; $i++) {
          if($x%$i == 0 and $y%$i == 0)
                  _____________ = $i;
      }
      return $result;
    }

    $num1 = 9;
    $num2 = 33;

    $max_gong = computeMaxGong($num1, $num2);

    echo "{$num1}와 {$num2}의 최대공약수 : _______________";
?>
```

02 다음은 함수를 이용하여 3개의 수 중에서 가장 큰 수를 찾는 프로그램이다. 빈칸을 채워 프로그램을 완성하시오.

출력 포맷

```
###, ###, ### 중 가장 큰 수 : ###
```

```
<?php
    function maxTwo($i, $j) {
        if ($i > $j)
            return __________;
        else
            return $j;
    }

    function maxThree($x, $y, __________) {
        return maxTwo(__________($x, $y), maxTwo($y, $z));
    }

    $a = 10;
    $b = 5;
    $c = 7;

    __________ = maxThree($a, $b, $c);

    echo "$a, $b, $c 중 가장 큰 수 : $max_num";
?>
```

03 다음은 놀이공원 입장객의 나이와 입장권의 종류에 따라 요금을 계산하여 출력하는 프로그램이다. 빈칸을 채워 프로그램을 완성하시오. 입장권의 종류별 요금은 다음과 같다.

<table>
<tr><th colspan="2">구분</th><th>어른</th><th>청소년</th><th>어린이</th><th>비고</th></tr>
<tr><td colspan="2">입장권</td><td>18,000원</td><td>15,000원</td><td>13,000원</td><td>놀이공원 기본 입장</td></tr>
<tr><td rowspan="2">자유 이용권</td><td>주간</td><td>32,000원</td><td>28,000원</td><td>25,000원</td><td rowspan="2">입장 + 놀이기구 무제한 이용</td></tr>
<tr><td>야간</td><td>29,000원</td><td>25,000원</td><td>22,000원</td></tr>
<tr><td colspan="2">빅5 이용권</td><td>29,000원</td><td>25,000원</td><td>22,000원</td><td>입장 + 놀이기구 5종 이용</td></tr>
</table>

※ 입장객의 나이에 따른 구분(만 나이 기준): 0~3세는 무료, 어린이는 4~10세, 청소년은 11~17세, 성인은 18세 이상

출력 포맷

```
입장권 종류 : #####
입장객 나이 : ## 세
입장료 : ####### 원
```

```
<?php
    function __________($cat)        // 어린이 요금
    {
        if ($cat=="입장권")
            $price = 13000;
        elseif ($cat=="자유 이용권 주간")
            $price = 25000;
        elseif ($cat=="자유 이용권 야간")
            $price = 22000;
        else
            $price = 22000;

        return __________;
    }

    function ___________($cat)        // 청소년 요금
    {
        if ($cat=="입장권")
            $price = 15000;
        elseif ($cat=="자유 이용권 주간")
            $price = 28000;
        elseif ($cat=="자유 이용권 야간")
            $price = 25000;
        _______
            $price = 25000;

        ________ $price;
    }

    function _________($cat)        // 성인 요금
```

```
    {
        ________ ($cat=="입장권")
            $price = 18000;
        elseif ($cat=="자유 이용권 주간")
            $price = 32000;
        elseif ($cat=="자유 이용권 야간")
            $price = 29000;
        else
            $price = 29000;

        return $price;
    }

    $age = 2;
    $category = "자유 이용권 야간";
    // 구분: 입장권, 자유 이용권 주간, 자유 이용권 야간, 빅5 이용권

    if ($age>=0 && $age<=3)
        $fee = 0;
    elseif ($age>=4 && $age<=10)
        $fee = child_rate($category);
    elseif ($age>=11 && $age<=17)
        $fee = youth_rate($category);
    else
        $fee = adult_rate($category);

    echo "입장권 종류 : _________<br>";
    echo "입장객 나이 : {_________}세<br>";
    echo "입장료 : {_________}원";
?>
```

CHAPTER 07
폼과 PHP

학습목표

- HTTP의 동작 원리를 이해할 수 있다.
- POST와 GET에 의한 데이터 전달 방식을 이해할 수 있다.
- POST에 의한 폼 양식 처리 방식을 이해할 수 있다.
- URL 주소를 이용하여 데이터를 전달하는 방법을 이해할 수 있다.

01 HTTP

HTTPHyperText Transfer Protocol는 웹 브라우저와 웹 서버가 서로 소통하기 위한 프로토콜, 즉 통신 규약이다. 우리가 흔히 말하는 웹도 HTTP가 제공하는 서비스를 바탕으로 이루어진다. 웹 페이지에서의 폼form 양식 처리를 이해하려면 먼저 HTTP의 동작 원리를 이해해야 한다.

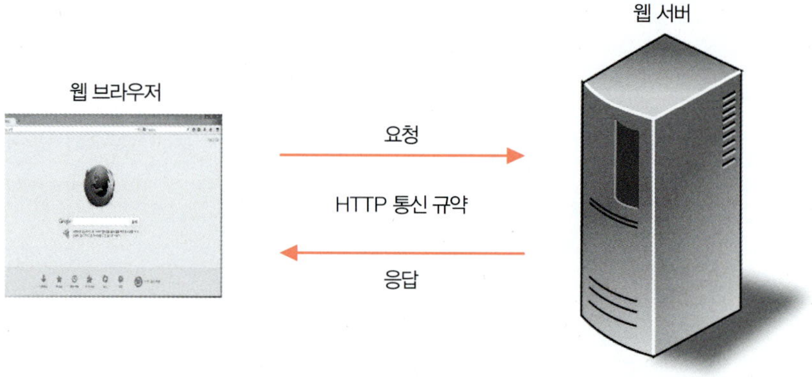

그림 7-1 HTTP 통신 규약

웹 브라우저가 HTTP 통신 규약에 의해 웹 서버에 데이터를 요청하면 웹 서버는 이를 처리하여 결과를 웹 브라우저에 돌려준다. 이러한 데이터 흐름을 아래에 정리했다.

① 사용자가 웹 브라우저 주소 창에 URL을 입력하거나 웹 페이지의 링크를 클릭한다.

② HTTP 통신 규약에 의해 사용자의 요청이 웹 서버로 전달된다.

③ 웹 서버는 사용자의 요청을 처리하여 그 결과를 HTTP 통신 규약에 의해 사용자의 웹 브라우저로 전송한다.

④ 웹 브라우저는 웹 서버가 보낸 데이터를 분석하여 화면에 출력한다.

⑤ 웹 브라우저 화면에 텍스트, 글자, 동영상 등의 형태로 나타난 요청 결과를 사용자가 확인한다.

웹 브라우저에서 웹 서버로 데이터를 전달하는 데에는 POST와 GET 방식이 있다. POST 방식은 회원 가입 양식이나 게시판에 글을 쓸 때처럼 사용자가 폼 양식에 입력한 데이터를 웹 서버로 전달할 때 사용하며, 이미지와 같은 바이너리 파일도 웹 서버로 전달할 수 있다. 그리고 GET 방식은 링크를 보낼 때 URL 주소 뒤에 데이터를 입력하여 웹 서버로 전달한다.

02 POST 방식

1 폼 양식의 데이터 처리

다음 예제를 통해 폼 양식에 사용자가 입력한 데이터를 POST 방식으로 처리하는 방법을 살펴보자.

예제 7-1 폼 양식 생성하기 07/form.html

```
<html>
<head>
<meta charset="utf-8">
</head>
<body>
<form name="form1" method="post" action="view.php">      ❶
    <input type="text" name="name1">                     ❷
    <br><br>
    <input type="submit" value="확인">                   ❸
</form>
</body>
</html>
```

회색 블록으로 표시한 것은 연결 파일로, 예제 파일과 같은 폴더에 있어야 제대로 실행된다. 한빛아카데미(또는 코딩스쿨) 홈페이지에서 내려받은 예제 소스에서 해당 파일을 가져오거나 뒤에 나오는 예제를 따라 하여 해당 파일을 만들어도 된다.

실행 결과

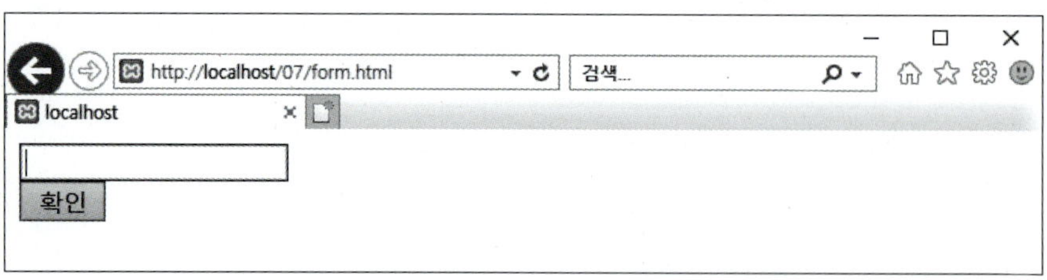

실행 결과에 나타난 텍스트 입력 창, 〈확인〉 버튼 같은 요소를 폼이라고 한다. 웹 페이지에서 폼을 나타내려면 HTML 태그인 〈form〉〈/form〉을 사용해야 한다.

❶ 〈form〉 태그의 action 속성은 폼에 입력한 데이터를 전달할 파일을 지정할 때 사용한다. 여기서는 action 속성에 view.php 파일을 설정했기 때문에 ❸의 〈확인〉 버튼을 클릭하면 폼에 입력된 데이터가 view.php에서 처리된다. method 속성은 post로 설정되어 있는데 이는 폼에 입력한 데이터를 처리하는 방식이 POST라는 의미이다.

❷ 실행 결과의 사각형 텍스트 입력 창을 생성하는 부분이다. 텍스트 입력 창을 생성하려면 〈input〉 태그와 type 속성의 값으로 text를 사용해야 한다. 여기서는 name 속성을 name1로 설정했는데 이 name 속성의 값은 입력된 데이터를 전달하는 데 중요한 역할을 한다. name 속성의 역할은 잠시 후에 view.php를 살펴볼 때 다시 설명하겠다.

❸ 〈input〉 태그의 type 속성을 submit로 설정하면 전송 버튼을 생성할 수 있다. 여기서는 〈확인〉이 전송 버튼이다.

다음과 같이 텍스트 입력 창에 데이터를 입력해보자.

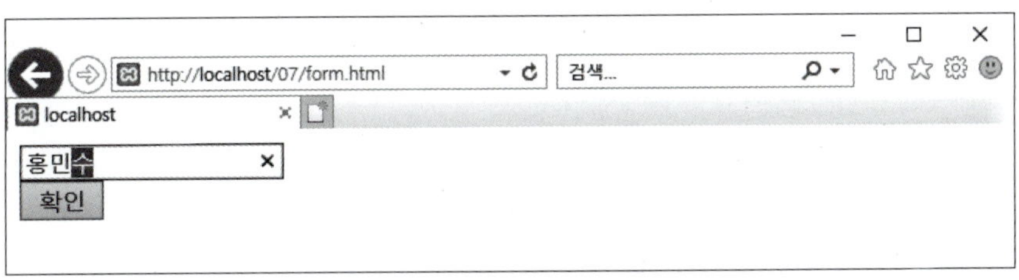

데이터를 입력하고 〈확인〉을 클릭하면 ❶에서 〈form〉 태그의 action 속성에 설정한 view.php로 이동한다.

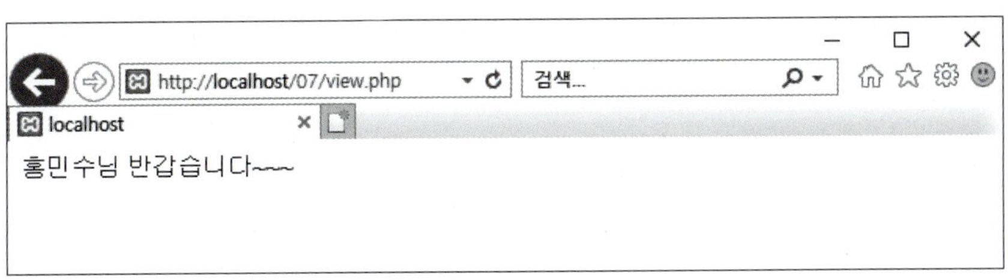

다음으로 폼 양식에 입력한 데이터를 처리하는 파일인 view.php를 살펴보자.

예제 7-2 폼 양식에 입력된 데이터 처리하기 07/view.php

```
<html>
<head>
<meta charset="utf-8">
</head>
<body>
<?php
    $name = $_POST["name1"]; ............................ ❶
    echo $name."님 반갑습니다~~"; ........................ ❷
?>
</body>
</html>
```

❶ $_POST["name1"]은 폼 문에서 POST 방식에 사용되는 전역 변수인 $_POST의 name1이 지시하는 요소의 값을 의미한다. 여기서 name1은 [예제 7-1]에서 ❷ <input> 태그의 name 속성 값으로 사용된 name1을 가리킨다. 즉 <input> 태그의 name 속성 값인 name1이 폼 문을 처리하는 파일인 view.php에서는 $_POST["name1"]로 전달된다는 의미이다.

❷ 폼 양식에서 입력한 데이터를 화면에 출력한다.

전역 변수(global variable)는 웹 페이지(여기서는 PHP 파일) 내의 어디서든 사용할 수 있는 변수를 말한다. 전역 변수의 반대 개념인 지역 변수(local variable)는 함수 내부에서만 사용할 수 있다.

2 입력된 아이디와 비밀번호 처리

다음 예제에서는 폼 양식에 사용자가 입력한 아이디와 비밀번호가 어떻게 처리되는지 알아보자.

예제 7-3 아이디와 비밀번호 입력 창 생성하기 07/id_password.html

```
<html>
<head>
<meta charset="utf-8">
<link href="style.css" rel="stylesheet">
```

```
</head>
<body>
<form name="form1" method="post" action="view2.php">  ❶
    <ul>
        <li>아  이  디 : <input type="text" name="id"></li>  ❷
        <li>비밀번호 : <input type="password" name="pass"></li>  ❸
        <li><input type="submit" value="확인"></li>  ❹
    </ul>
</form>
</body>
</html>
```

실행 결과

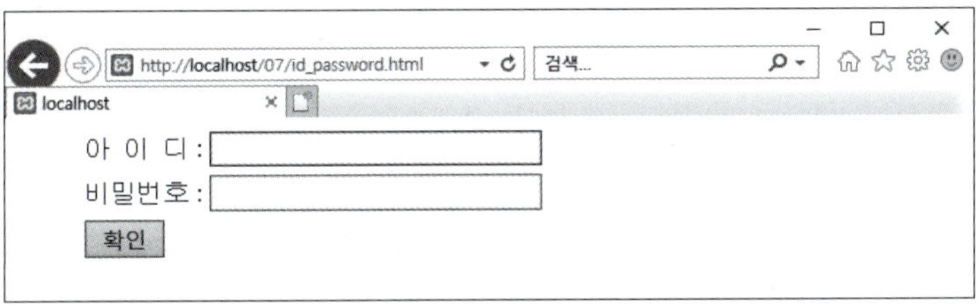

❶ 〈form〉 태그의 method 속성을 post로, action 속성을 view2.php로 설정하면 ❹의 〈확인〉 버튼을 눌렀을 때 폼 양식에 입력된 데이터가 POST 방식으로 view2.php 파일에 전달된다.

❷ 아이디를 입력하는 창은 〈input〉 태그의 type 속성 값을 text로 설정한다. name 속성은 id로 설정했기 때문에 사용자가 입력한 값이 $_POST["id"]로 전달된다.

❸ 비밀번호를 입력하는 창은 〈input〉 태그의 type 속성 값을 password로 설정한다. name 속성은 pass로 설정되어 있다.

❹ 〈input〉 태그의 type 속성을 submit로 설정하면 버튼이 생성된다. 이 버튼을 클릭하면 ❶에서 〈form〉 태그의 action 속성에 설정한 파일인 view2.php로 페이지가 이동한다.

다음과 같이 아이디와 비밀번호 입력 창에 데이터를 입력해보자.

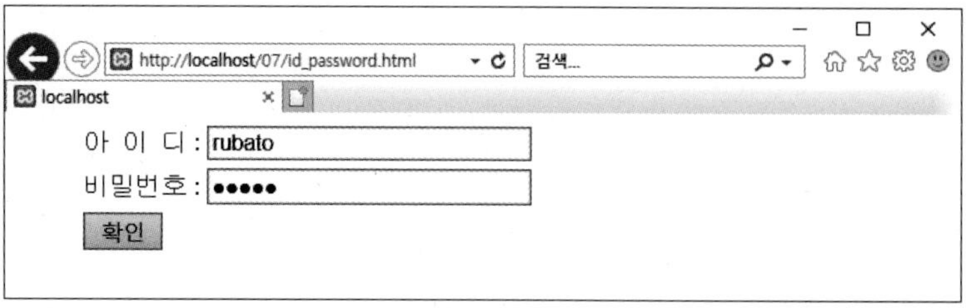

데이터를 입력하고 〈확인〉을 클릭하면 [예제 7-3]의 ❶에서 action 속성에 설정한 view2.php로 이동한다.

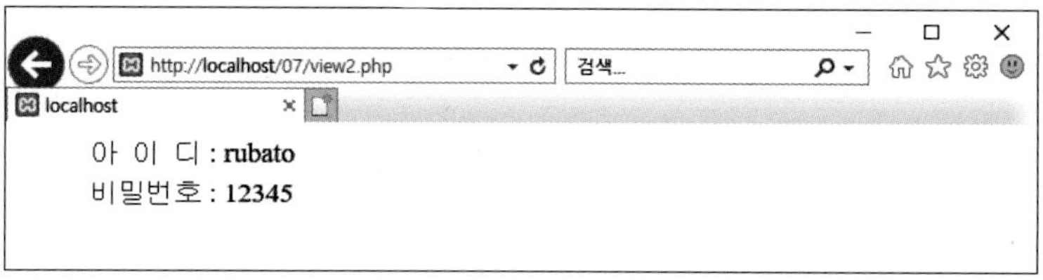

이때 view2.php 파일의 소스코드는 다음과 같다.

예제 7-4 아이디와 비밀번호로 입력된 데이터 처리하기 07/view2.php

```
<html>
<head>
<meta charset="utf-8">
<link href="style.css" rel="stylesheet">
</head>
<body>
<?php
    $id = $_POST["id"]; ········································ ❶
    $pass = $_POST["pass"]; ···································· ❷
?>
    <ul>
        <li>아  이  디 : <?= $id?></li> ·················· ❸
        <li>비밀번호 : <?= $pass?></li> ···························· ❹
    </ul>
</body>
</html>
```

❶ [예제 7-3]의 ❷에서 아이디 입력 창의 name 속성에 설정한 id가 $_POST["id"]로 전달되어 변수 $id에 저장된다.

❷ [예제 7-3]의 ❸에서 비밀번호 입력 창의 name 속성에 설정한 pass가 $_POST["pass"]로 전달되어 변수 $pass에 저장된다.

❸ 아이디로 입력된 데이터인 $id를 화면에 출력한다.

❹ 비밀번호로 입력된 데이터인 $pass를 화면에 출력한다.

3 입력된 텍스트 처리

메모장이나 게시판의 글쓰기 양식과 같은 텍스트 영역에 입력된 데이터가 어떻게 처리되는지 알아보자.

예제 7-5 텍스트 입력 창 생성하기 07/textarea.html

```
<html>
<head>
<meta charset="utf-8">
</head>
<body>
<form name="form1" method="post" action="view3.php"> ........ ❶
    글 내용 :<br>
    <textarea rows="5" cols="60" name="content"></textarea> ........ ❷
    <br><br>
    <input type="submit" value="확인">
</form>
</body>
</html>
```

실행 결과

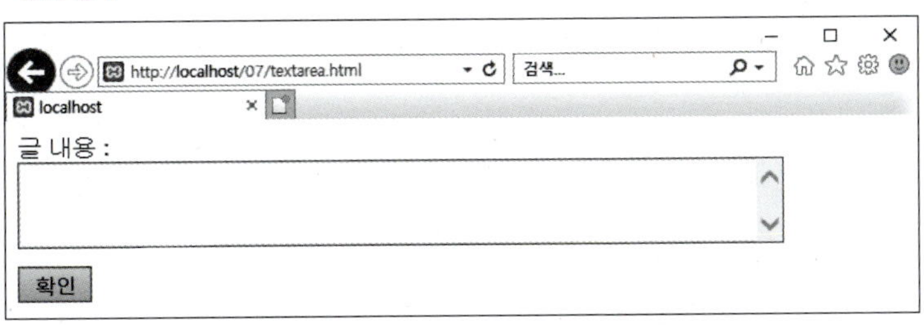

❷ 글쓰기를 위한 텍스트 영역을 생성하려면 〈textarea〉 태그를 사용한다. 이때 〈textarea〉 태그의 rows 속성은 텍스트 영역에 입력 가능한 행의 수를, cols 속성은 한 행에 입력 가능한 글자 수를 나타낸다. 여기서는 rows 속성을 5로, cols 속성을 60으로 설정했기 때문에 높이 5행에 한 행당 60자를 입력할 수 있는 텍스트 영역이 생성된다. 사용자가 텍스트 영역에 입력한 내용은 $_POST["content"]로 전달된다.

다음과 같이 텍스트를 입력해보자.

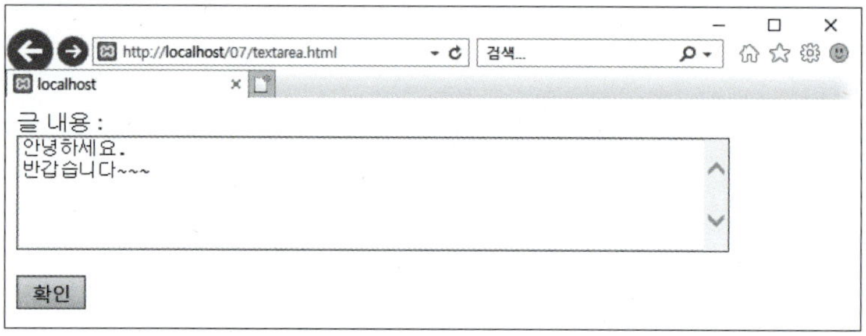

〈확인〉을 클릭하면 [예제 7-5]의 ❶에서 action 속성에 설정한 view3.php 파일로 이동한다.

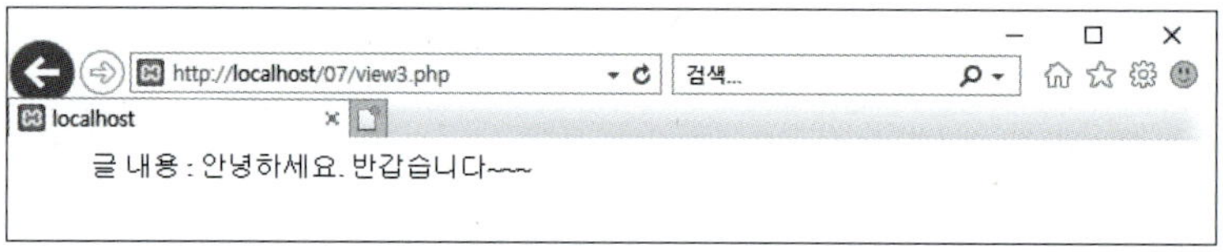

이때 view3.php 파일의 소스코드는 다음과 같다.

예제 7-6 텍스트 영역에 입력된 데이터 처리하기 07/view3.php

```
<html>
<head>
<meta charset="utf-8">
<link href="style.css" rel="stylesheet">
</head>
<body>
<?php
    $content = $_POST["content"]; ❶
?>
    <ul>
```

```
        <li>글 내용 : <?= $content?></li> ······ ❷
    </ul>
</body>
</html>
```

❶ [예제 7-5]의 ❷에서 <textarea> 태그의 name 속성에 설정한 content가 $_POST ["content"]로 전달되어 변수 $content에 저장된다.

❷ 텍스트 영역에 입력한 데이터를 화면에 출력한다.

4 라디오 버튼에서 선택된 데이터 처리

라디오 버튼은 수신/비수신, 예/아니요, 설문 조사, 사지선다와 같이 여러 항목 중에서 하나만 선택할 때 사용한다. 라디오 버튼에서 선택된 데이터가 어떻게 처리되는지 살펴보자.

예제 7-7 라디오 버튼 생성하기 07/radio.html

```
<html>
<head>
<meta charset="utf-8">
<link href="style.css" rel="stylesheet">
</head>
<body>
<form name="form1" method="post" action="view4.php">
    <ul>
        <li>성별 : 남성 <input type="radio" name="gender" value="남" checked> ······ ❶
            여성 <input type="radio" name="gender" value="여"> ······ ❷
        </li>
        <li>이메일 : 수신 <input type="radio" name="email_ok" value="예"> ······ ❸
            비수신 <input type="radio" name="email_ok" value="아니요" checked> ······ ❹
        </li>
        <li><input type="submit" value="확인"></li>
    </ul>
</form>
</body>
</html>
```

실행 결과

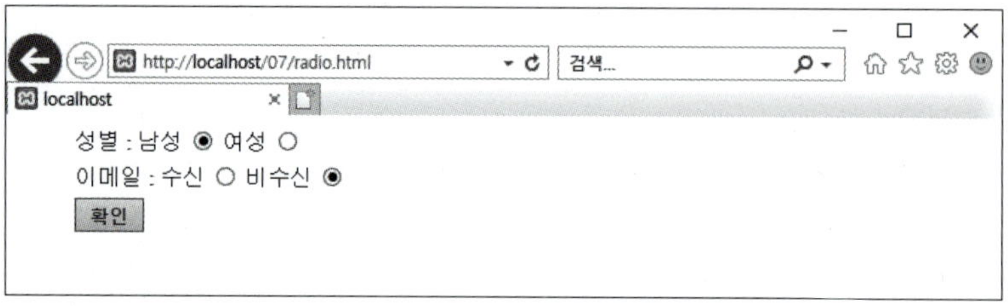

❶~❷ 라디오 버튼은 〈input〉 태그의 type 속성을 radio로 설정해서 생성한다. 실행 결과에서 남성/여성을 선택하는 라디오 버튼이 여기에 해당하며, 두 라디오 버튼의 name 속성 값은 모두 gender이다. 같은 name 속성 값의 라디오 버튼을 클릭하면 하나만 선택할 수 있다.

checked 속성은 라디오 버튼의 초깃값을 의미한다. 남성을 나타내는 라디오 버튼에 checked 속성이 사용되었기 때문에 남성이 초깃값이다.

라디오 버튼에서 남성을 선택하면 $_POST["gender"]는 ❶의 value 속성 값인 '남'이 되고, 여성을 선택하면 ❷의 value 속성 값인 '여'가 된다.

❸~❹ 수신/비수신에 대한 라디오 버튼의 name 속성이 email_ok로 지정되어 있다. 비수신을 나타내는 라디오 버튼에 checked 속성이 사용되었기 때문에 비수신이 초깃값이다.

다음과 같이 라디오 버튼의 항목을 바꾸어 선택해보자.

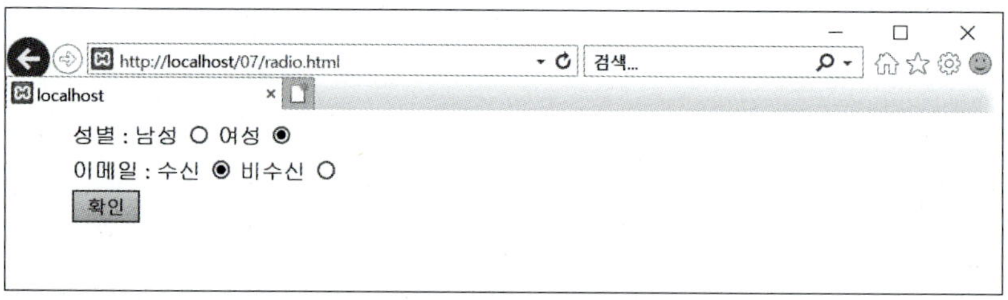

라디오 버튼의 항목을 바꾸어 선택하고 〈확인〉을 클릭하면 [예제 7-7]의 action 속성에 설정한 view4.php 파일로 이동한다.

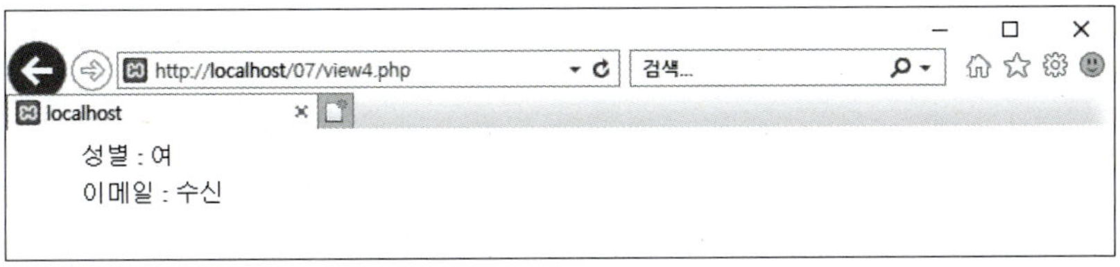

이때 view4.php 파일의 소스코드는 다음과 같다.

예제 7-8 라디오 버튼에서 선택된 데이터 처리하기 07/view4.php

```
<html>
<head>
<meta charset="utf-8">
<link href="style.css" rel="stylesheet">
</head>
<body>
<?php
    $gender = $_POST["gender"];  ❶
    $email_ok = $_POST["email_ok"];  ❷
    if ($email_ok == "예")
      $email = "수신";  ❸
    else
      $email = "비수신";
?>
    <ul>
      <li>성별 : <?= $gender?></li>
      <li>이메일 : <?= $email?></li>  ❹
    </ul>
</body>
</html>
```

❶ [예제 7-7]의 ❶과 ❷ 중에서 선택한 항목의 value 속성 값이 전역 변수 $_POST["gender"]의 값이 된다. 실행 결과를 보면 성별에서 여성을 선택했기 때문에 $_POST["gender"]의 값이 '여'가 되고 이 값이 변수 $gender에 저장된다.

❷ 마찬가지로 $_POST["email_ok"]의 값이 '아니요'가 된다.

❸ if ~ else ~ 구문을 이용하여 변수 $email_ok 값에 따라 변수 $email에 수신 또는 비수신을 저장한다.

❹ 성별과 이메일 수신 여부를 화면에 출력한다.

5 체크박스에서 선택된 데이터 처리

라디오 버튼과 달리 체크박스는 여러 항목 중에서 동시에 여러 개를 선택하도록 할 때 사용한다. 사용자가 체크박스의 항목을 선택하면 어떻게 처리되는지 살펴보자.

예제 7-9 체크박스 생성하기 07/checkbox.html

```
<html>
<head>
<meta charset="utf-8">
<link href="style.css" rel="stylesheet">
</head>
<body>
<form name="form1" method="post" action="view5.php"> ❶
    <h3>당신의 취미는?</h3>
    <ul>
      <li>영화감상 <input type="checkbox" name="hobby[]" value="영화감상"></li> ❷
      <li>맛집탐방 <input type="checkbox" name=" hobby[]" value="맛집탐방"
              checked></li> ❸
      <li>독서 <input type="checkbox" name=" hobby[]" value="독서"></li>
      <li>요가 <input type="checkbox" name=" hobby[]" value="요가"></li> ❹
      <li>축구 <input type="checkbox" name=" hobby[]" value="축구"></li> ❺
      <li><input type="submit" value="확인"></li> ❻
    </ul>
</form>
</body>
</html>
```

실행 결과

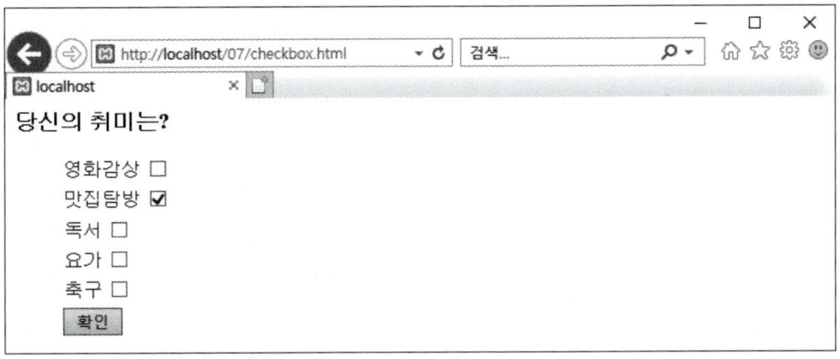

❷~❻ 체크박스를 생성하려면 <input> 태그의 type 속성을 checkbox로 설정해야 한다. 그리고 중복 선택이 가능하도록 name 속성은 배열(hobby[])로 설정하고, value 속성에는 화면에 출력할 각 항목을 설정한다. 체크박스에서 선택된 항목의 value 속성 값은 $_POST["hobby"]로 전달된다.

❸ checked 속성은 초깃값을 의미하며 실행 결과를 보면 맛집탐방이 초깃값이다.

다음과 같이 체크박스의 항목 몇 개를 선택해보자.

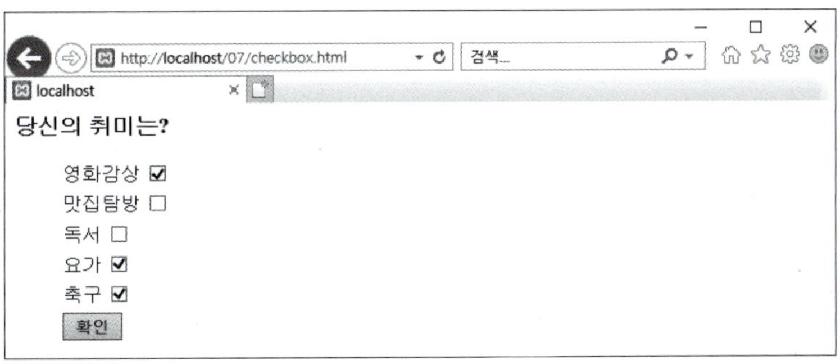

체크박스의 항목을 선택하고 〈확인〉을 클릭하면 [예제 7-9]의 ❶에서 action 속성에 설정한 view5.php 파일로 이동한다.

이때 view5.php 파일의 소스코드는 다음과 같다.

예제 7-10 체크박스에서 선택된 데이터 처리하기 07/view5.php

```
<html>
<head>
<meta charset="utf-8">
<link href="style.css" rel="stylesheet">
</head>
<body>
    <ul>
       <li>나의 취미 :
           <?php
               $num = count($_POST["hobby"]); ❶

               for ($i = 0; $i < $num; $i++) { ❷
                   echo $_POST["hobby"][$i]; ❸
                   if ($i != $num - 1) ❹
                       echo ", "; ❺
               }
           ?>
       </li>
    </ul>
</body>
</html>
```

❶ $_POST["hobby"]에는 [예제 7-9]에서 체크박스의 name 속성으로 설정한 hobby[]의 value 속성 값이 배열 형태로 저장된다. 즉 체크박스 항목의 value 속성 값이 $_POST ["hobby"][0], $_POST["hobby"][1], …에 차례대로 전달된다. count() 함수는 배열의 개수를 세는 데 사용하고, 변수 $num에는 선택된 체크박스 항목의 개수가 저장된다.

❷ 배열의 개수만큼 ❸~❺를 반복 수행하는 for문이다.

❸ 체크박스에서 선택된 항목의 value 속성 값을 화면에 출력한다.

❹ 항목 사이에 쉼표(,)를 넣어 출력하기 위해 if 구문을 이용한다. 항목의 마지막이 아니라면 항목 사이에 쉼표를 출력하라는 의미이다.

❻ 선택 박스에서 선택된 데이터 처리

선택 박스는 회원 가입 양식, 게시판, 쇼핑몰 등에서 주로 사용된다. 선택 박스에서 선택된 데이터가 어떻게 처리되는지 알아보자.

예제 7-11 이메일 선택 박스 생성하기 07/select.html

```
<html>
<head>
<meta charset="utf-8">
<link href="style.css" rel="stylesheet">
</head>
<body>
<form name="form1" method="post" action="view6.php"> ❶
    <ul>
      <li>이메일 : <input type="text" name="email1"> @ ❷
          <select name="email2">                                  ┐
              <option value="" selected>선택하세요!</option>        │
              <option value="naver.com">naver.com</option>        │ ❸
              <option value="google.com">gmail.com</option>       │
              <option value="hanmail.net">hanmail.net</option>    │
          </select>                                               ┘
      </li>
      <li><input type="submit" value="확인"></li>
    </ul>
</form>
</body>
</html>
```

실행 결과

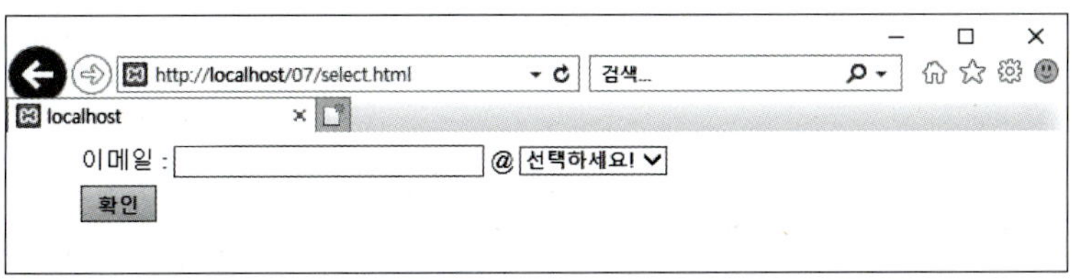

❶ <확인>을 클릭하면 action 속성에 설정된 view6.php 파일로 이동한다.

❷ 이메일을 입력할 수 있는 텍스트 입력 창으로 name 속성이 email1로 설정되어 있다.

❸ 선택 박스를 생성하려면 〈select〉와 〈option〉 태그를 사용한다. 〈select〉 태그의 name 속성은 email2로 설정되어 있다. 선택 박스에서 선택한 항목이 $_POST["email2"]로 전달되는데, 〈option〉 태그의 해당 항목이 선택되면 value 속성 값이 $_POST["email2"]로 전달된다. 예를 들어 세 번째 항목인 gmail.com을 선택하면 $_POST["email2"]의 값이 해당 항목의 value 속성 값인 gmail.com이 된다.

다음과 같이 이메일 입력 창에 rubato를 입력하고 선택 박스에서 hanmail.net을 선택해보자.

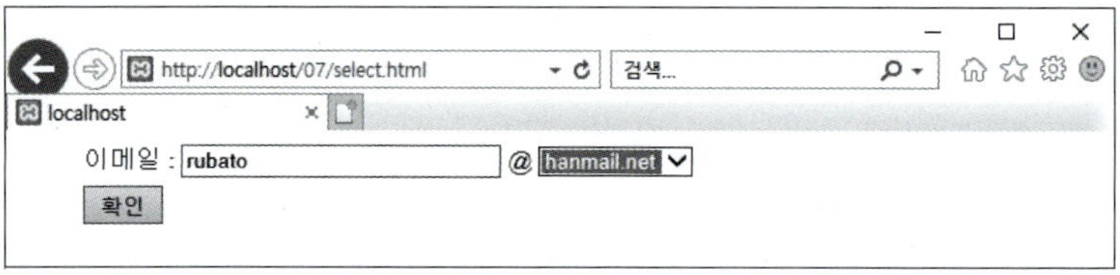

〈확인〉을 클릭하면 [예제 7-11]의 ❶에서 action 속성에 설정한 view6.php 파일로 이동한다.

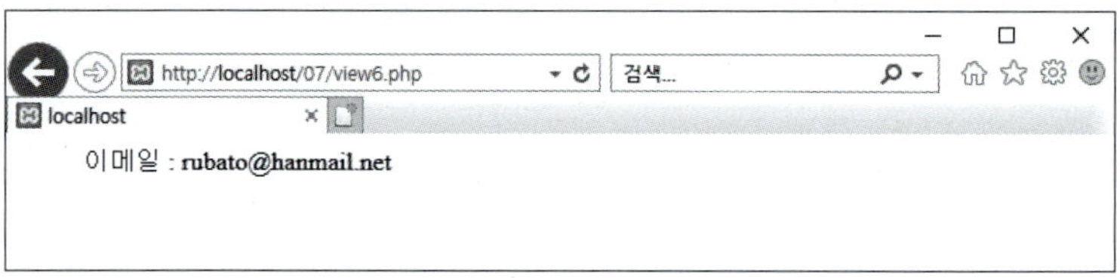

이때 view6.php 파일의 소스코드는 다음과 같다.

예제 7-12 이메일 선택 박스에서 선택된 데이터 처리하기 07/view6.php

```
<html>
<head>
<meta charset="utf-8">
<link href="style.css" rel="stylesheet">
</head>
<?php
    $email1 = $_POST["email1"]; ........ ❶
    $email2 = $_POST["email2"]; ........ ❷
```

```
?>
<body>
    <ul>
      <li>이메일 : <?php echo $email1."@".$email2; ?></li> ❸
    </ul>
</body>
</html>
```

❶ 텍스트 입력 창에서 사용자가 입력한 문자열인 rubato가 $_POST["email1"]의 값이 되고 이 값이 $email1에 저장된다.

❷ 선택 박스에서 선택된 항목의 value 속성 값인 hanmail.net이 $_POST["email2"]로 전달된다.

❸ rubato@hanmail.net이 출력된다.

7 hidden으로 입력된 데이터 처리

<input> 태그의 type 속성 값을 hidden으로 설정하면 웹 페이지에 데이터를 표시하지 않고 숨긴 상태로 웹 서버의 해당 파일에 데이터를 전달할 수 있다. 예제를 통해 hidden으로 데이터를 전달하는 방법을 알아보자.

예제 7-13 hidden 입력 생성하기 07/hidden.html

```
<html>
<head>
<meta charset="utf-8">
</head>
<body>
<form name="form1" method="post" action="view7.php"> ❶
    <input type="hidden" name="userid" value="admin"> ❷
    <input type="submit" value="확인"> ❸
</form>
</body>
</html>
```

실행 결과

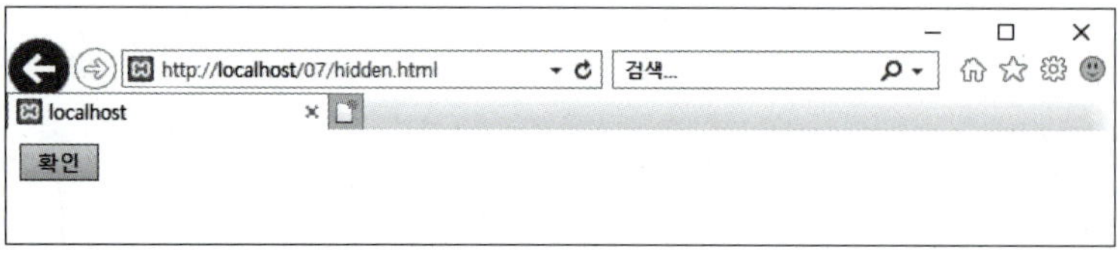

❶ ❸의 〈확인〉을 클릭하면 action 속성에 설정된 view7.php로 이동한다.

❷ 〈input〉 태그의 type 속성을 hidden으로 설정하면 실행 결과와 같이 웹 브라우저 화면에 내용이 나타나지 않는다. 이때 $_POST["userid"]에는 admin이 전달된다.

다음은 〈확인〉을 눌렀을 때 나타나는 view7.php의 화면이다.

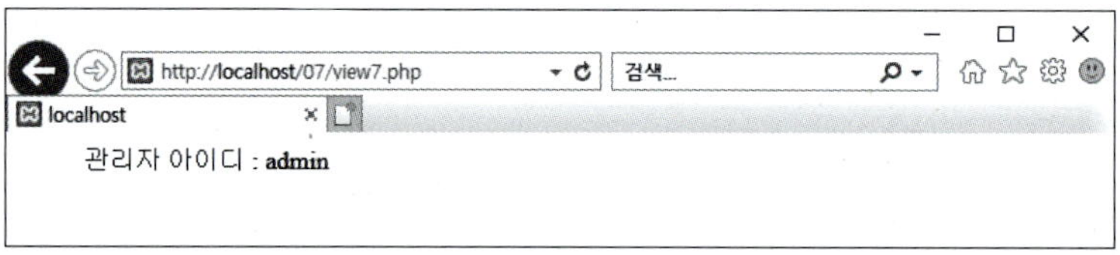

view7.php 파일의 소스코드는 다음과 같다.

예제 7-14 hidden으로 입력된 데이터 처리하기 07/view7.php

```
<html>
<head>
<meta charset="utf-8">
<link href="style.css" rel="stylesheet">
</head>
<?php
    $userid = $_POST["userid"]; ········ ❶
?>
<body>
    <ul>
       <li>관리자 아이디 : <?= $userid?></li> ········ ❷
    </ul>
</body>
</html>
```

❶ [예제 7-13]의 ❷에서 hidden의 vaule 속성에 설정한 admin이 $_POST["userid"]로 전달되어 $userid에 저장된다.

❷ hidden으로 전달받은 데이터를 화면에 출력한다.

8 파일 업로드

웹에서 파일을 업로드하려면 〈form〉 태그의 enctype 속성을 multipart/form-data로 설정해야 한다. 그리고 〈input〉 태그의 type 속성을 file로 설정해야 업로드할 파일을 선택하는 양식을 생성할 수 있다.

예제 7-15 이미지 파일 업로드하기 07/file_upload.html

```
<html>
<head>
<meta charset="utf-8">
<link href="style.css" rel="stylesheet">
</head>
<body>
<form name="form1" method="post" action="view8.php"
        enctype="multipart/form-data">                          ❶
    <ul>
      <li>이미지 업로드 : <input type="file" name="upload"></li>  ❷
      <li>설명 : <textarea name="comment" rows="3" cols="60"></textarea></li>  ❸
      <li><input type="submit" value="확인"></li>                ❹
    </ul>
</form>
</body>
</html>
```

실행 결과

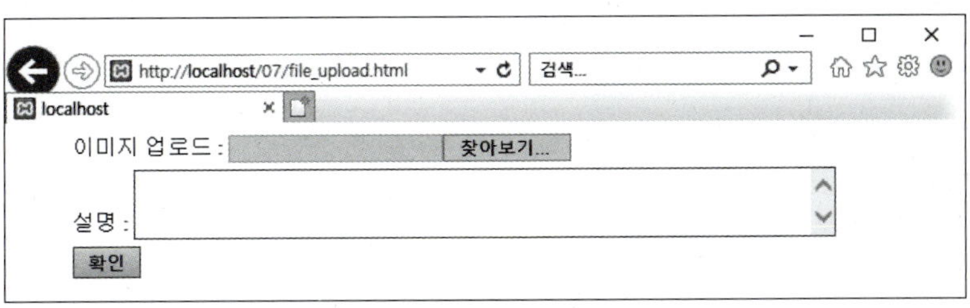

❶ 파일을 업로드하기 위해 〈form〉 태그의 enctype 속성을 multipart/form-data로 설정한다.

❷ 업로드할 파일을 선택하는 양식을 생성하기 위해 〈input〉 태그의 type 속성을 file로 설정한다. name 속성을 upload로 설정하면 업로드한 파일이 $_POST["upload"] 배열에 저장된다.

❸ 업로드된 이미지에 대한 설명을 입력할 수 있는 텍스트 영역을 생성하기 위해 〈textarea〉 태그를 사용하고 name 속성은 comment로 설정한다.

❹ 〈확인〉을 클릭하면 ❶의 view8.php 파일로 이동한다.

💡 $_POST["upload"]의 자세한 내용은 view8.php 파일에 대한 설명을 참고하라.

〈찾아보기...〉를 클릭하여 이미지 파일(JPG, GIF, PNG) 중 하나를 선택하고 텍스트 영역에 이미지에 대한 설명을 입력해보자.

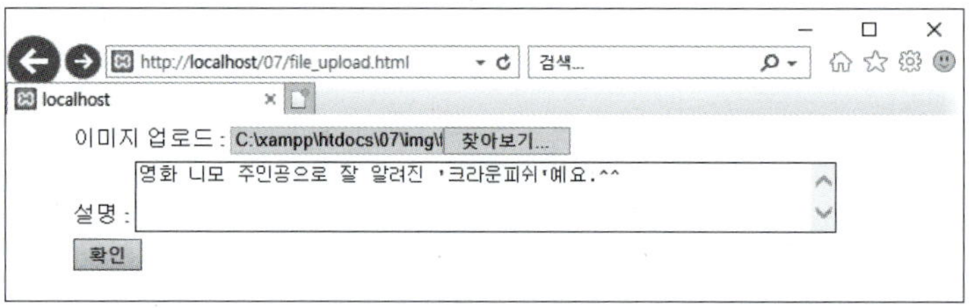

[예제 7-15]의 ❶에서 action 속성에 설정한 view8.php 파일로 이동하여 다음과 같은 화면이 나타난다.

이때 view8.php 파일의 소스코드는 다음과 같다.

예제 7-16 파일 업로드 처리하기 07/view8.php

```
<html>
<head>
<meta charset="utf-8">
<link href="style.css" rel="stylesheet">
</head>
<body>
<?php
    $file_dir = "C:/xampp/htdocs/07/data/"; ❶
    $file_path = $file_dir.$_FILES["upload"]["name"]; ❷
    if (move_uploaded_file($_FILES["upload"]["tmp_name"], $file_path)) { ❸
      $img_path = "data/".$_FILES["upload"]["name"]; ❹
?>
    <ul>
      <li><img src="<?= $img_path?>"></li> ❺
      <li><?= $_POST["comment"]?></li> ❻
    </ul>
<?php
    }
    else {
      echo "파일 업로드 오류가 발생했습니다!!!";
    }
?>
</body>
</html>
```

❶ 업로드된 이미지 파일을 저장할 경로가 $file_dir에 설정되어 있다.

❷ $_FILES["upload"]["name"]은 업로드된 파일명을 나타낸다. 따라서 $file_path에는 저장할 폴더와 파일명을 포함한 경로가 저장된다.

❸ move_uploaded_file($_FILES["upload"]["tmp_name"], $file_path)는 업로드된 파일을 설정한 파일 경로에 저장한다는 의미이다. 여기서 $_FILES["upload"]["tmp_name"]은 서버에 임시로 저장된, 업로드된 파일명이고, $file_path는 ❶에서 설정한, 업

로드된 파일을 저장할 경로를 의미한다.

❹ $img_path는 ❺에서 〈img〉 태그의 src 속성으로 설정한 폴더와 이미지 파일명을 포함한 경로를 의미한다.

❺ 업로드된 이미지를 〈img〉 태그를 이용하여 화면에 보여준다.

❻ $_POST["comment"]는 [예제 7-15]의 ❸에서 name 속성에 설정한 comment, 즉 사용자가 텍스트 영역에 입력한 내용을 의미한다.

❸에서 사용한 move_uploaded_file() 함수의 형식은 다음과 같다.

```
move_uploaded_file(파일명, 경로)
```

- 파일명: 업로드된 파일명
- 경로: 저장할 경로

move_uploaded_file() 함수는 HTTP POST를 이용하여 업로드된 파일을 지정된 경로에 저장할 때 사용한다. 만약 해당 경로에 동일한 파일이 있으면 덮어쓰기를 한다.

[예제 7-15]의 ❷와 같이 업로드할 파일의 name 속성을 upload로 설정하면 업로드된 파일을 처리하는 쪽에서 $_FILES에 설정할 수 있는 변수는 다음과 같다.

- $_FILES["upload"]["name"]: 업로드된 파일명
- $_FILES["upload"]["type"]: 업로드된 파일의 데이터형
- $_FILES["upload"]["size"]: 업로드된 파일의 크기(바이트)
- $_FILES["upload"]["tmp_name"]: 서버에 저장된 파일명
- $_FILES["upload"]["error"]: 업로드 시 발생한 오류 코드

03 GET 방식

앞에서는 웹 페이지의 폼 양식에 사용자가 입력한 데이터를 처리하는 방법 중 POST 방식에 대해 알아보았다. POST 방식과 더불어 GET 방식 또한 웹 페이지에서 HTTP로 데이터를 전달할 때 흔히 사용된다. 다음 예제에서는 GET 방식으로 데이터를 전달하는 방법을 살펴보자.

예제 7-17 GET 방식으로 데이터 전달하기 07/board1.php

```
<html>
<head>
<meta charset="utf-8">
</head>
<body>
<?php
    $table = $_GET["table"]; ··························· ❶

    if ($table == "free")
      $board_title = "자유게시판";
    elseif ($table == "download")
      $board_title = "자료실";
    elseif ($table == "notice")                    ······ ❷
      $board_title = "공지사항";
    else
      $board_title = "문의게시판";
?>
    <h1><?= $board_title?></h1> ························ ❸
</body>
</html>
```

[예제 7-17]의 파일인 board1.php에 접속할 때 GET 방식으로 데이터를 전달해보자. 웹 브라우저 주소 창에 다음 주소를 입력한다.

```
http://localhost/07/board1.php?table=free
```

주소 창에 입력한 URL 주소를 보면 board1.php 뒤에 ?와 table=free가 있는데, 이는 table이라는 키를 이용하여 free라는 데이터를 board1.php에 전달한다는 의미이다. 이것이 웹 페이지에서 GET 방식으로 데이터를 전달하는 방법이다.

GET 방식의 사용 형식을 정리하면 다음과 같다.

```
URL?키1=값&키2=값&키3=값
```

키가 여러 개일 때는 &(앰퍼샌드)를 사용한다.

이제 [예제 7-17]의 소스코드를 살펴보자.

❶ GET에 의해 전달되는 데이터는 전역 변수 $_GET에 저장된다. $_GET["table"]의 값은 URL 주소를 입력할 때 사용한 table 키에 입력된 free이다. 따라서 변수 $table의 값은 free가 된다.

❷ if ~ elseif ~ else ~ 구문을 이용하여 $table의 값에 따라 게시판의 제목을 의미하는 $board_title을 설정한다. 현재 $table의 값이 free이므로 $board_title의 값은 자유게시판이다.

❸ $board_title에 〈h1〉 태그를 적용하여 '자유게시판'이 출력된다.

이번에는 웹 페이지에서 링크를 통해 GET 방식으로 데이터를 전달하는 방법을 알아보자.

예제 7-18 링크 시 GET 방식으로 데이터 전달하기 07/board2.php

```
<html>
<head>
<meta charset="utf-8">
</head>
<body>
<?php
    $table1 = "free";                                                  ❶
    $table2 = "qna";
?>
    <h3>자유게시판</h3>
    <a href="board_view.php?table=<?=$table1?>&type=list"> 목록보기</a>   ❷
    <br>
    <a href="board_view.php?table=<?=$table1?>&type=write"> 글쓰기</a>    ❸

    <h3>질의응답 게시판</h3>
    <a href="board_view.php?table=<?=$table2?>&type=list"> 목록보기</a>   ❹
    <br>
    <a href="board_view.php?table=<?=$table2?>&type=write"> 글쓰기</a>    ❺
</body>
</html>
```

실행 결과

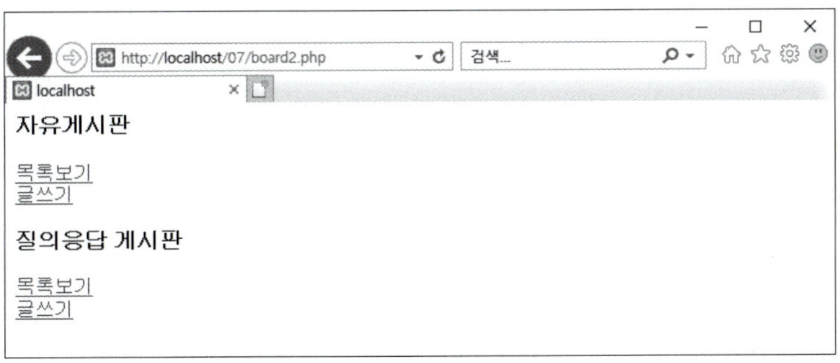

❶ $table1에는 자유게시판을 의미하는 free를 저장하고, $table2에는 질의응답 게시판을 의미하는 qna를 저장한다.

❷ '목록보기' 링크를 클릭하면 board_view.php로 이동한다. 이때 table과 type의 키 값은 각각 free와 list이며, 이 값은 이동하는 페이지로 전달된다.

❸ ❷와 마찬가지로 table과 type의 키 값인 free와 write가 board_view.php에 전달된다.

❹ table과 type의 키 값인 qna와 list가 board_view.php에 전달된다.

❺ table과 type의 키 값인 qna와 write가 board_view.php에 전달된다.

실행 결과에서 자유게시판의 '목록보기' 링크를 클릭하면 다음과 같은 화면이 나타난다.

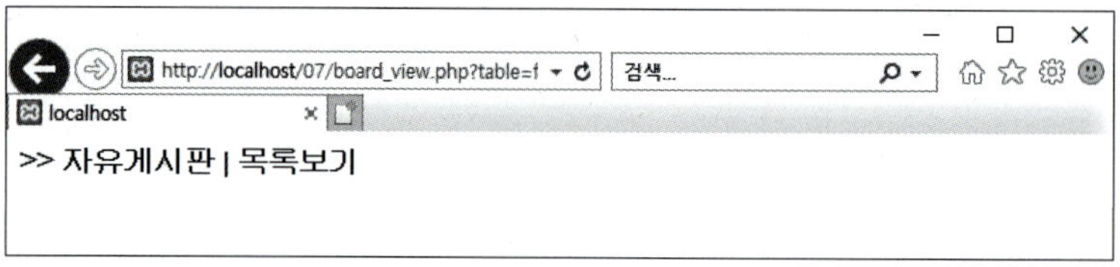

이때 board_view.php 파일의 소스코드는 다음과 같다.

예제 7-19 링크 시 GET 방식으로 전달받은 데이터 처리하기 07/board_view.php

```
<html>
<head>
<meta charset="utf-8">
</head>
<body>
<?php
    $table = $_GET["table"]; ❶
    $type = $_GET["type"]; ❷

    if ($table == "free")
      $board_title = "자유게시판"; ❸
    if ($table == "qna")
      $board_title = "질의응답 게시판"; ❹

    if ($type == "list")
      $type_title = "목록보기"; ❺
    if ($type == "write")
      $type_title = "글쓰기"; ❻
```

```
?>
    <h3>
      <?php
          echo ">> ".$board_title." | ".$type_title; ·············· ❼
      ?>
    </h3>
</body>
</html>
```

❶ $_GET["table"]의 값은 [예제 7-18]의 ❷에 의해 table의 키로 전달된 free이다.

❷ $_GET["type"]의 값은 [예제 7-18]의 ❷에 의해 type의 키로 전달된 list이다.

❸ $table의 값이 free이면 $board_title은 자유게시판이 된다.

❹ $table의 값이 qna이면 $board_title은 질의응답 게시판이 된다.

❺ $type의 값이 list이면 $type_title의 값은 목록보기가 된다.

❻ $type의 값이 write이면 $type_title의 값은 글쓰기가 된다.

❼ echo문으로 결과를 출력한다.

[예제 7-18]의 실행 결과에서 자유게시판의 '글쓰기' 링크와 질의응답 게시판의 '목록보기', '글쓰기' 링크를 클릭했을 때 나타나는 웹 브라우저 화면과 [예제 7-19]의 소스코드를 차근차근 살펴보면 링크 시 GET 방식으로 데이터를 전달하는 방법을 이해할 수 있을 것이다.

요약

01 HTTP

HTTP는 웹 브라우저와 웹 서버가 서로 소통하기 위한 프로토콜, 즉 통신 규약이다. 우리가 흔히 말하는 웹도 HTTP가 제공하는 서비스를 바탕으로 이루어진다.

02 POST 방식과 GET 방식

웹 브라우저에서 웹 서버로 데이터를 전달하는 데에는 POST와 GET 방식이 있다.

- POST 방식: 회원 가입 양식이나 게시판에 글을 쓸 때처럼 사용자가 폼 양식에 입력한 데이터를 웹 서버로 전달할 때 사용하며, 이미지와 같은 바이너리 파일도 웹 서버로 전달할 수 있다.
- GET 방식: 링크를 보낼 때 URL 주소 뒤에 데이터를 입력하여 웹 서버로 전달한다.

03 폼 양식의 데이터 처리

웹 페이지에서 사용자가 텍스트 입력 창, 비밀번호 입력 창, 라디오 버튼, 체크박스, 선택 박스, 텍스트 영역, 파일 선택 창과 같은 폼 양식을 통해 입력한 데이터는 POST 방식으로 웹 서버에 전달된다.

01 다음은 웹 페이지에서 아이디와 비밀번호를 입력하는 폼 양식의 소스코드이다.

```
<body>
<form name="form1" method="post" action="view2.php">
    <ul>
      <li>아  이  디 : <input type="text" name="id"></li>
      <li>비밀번호 : <input type="text" name="pass"></li>
      <li><input type="submit" value="확인"></li>
    </ul>                                              ❶
</form>
</body>
```

❶의 〈확인〉 버튼을 눌렀을 때 사용자가 입력한 데이터를 처리하는 view2.php 파일의 소스코드는 다음과 같다. 빈칸을 채워 프로그램을 완성하시오.

```
<body>
<?php
    $id = ____________["id"];
    $pass = $_POST["______________"];
?>
    <ul>
      <li>아  이  디 : <?= $id?></li>
      <li>비밀번호 : <?= ______________?></li>
    </ul>
</body>
```

02 다음은 웹 페이지에서 체크박스 폼 양식으로 사용자가 취미를 선택하게 하는 프로그램의 소스코드이다.

```
<body>
<form name="form1" method="post" action="view5.php">
    <h3>당신의 취미는?</h3>
    <ul>
      <li>영화감상 <input type="checkbox" name="hobby[]" value="영화감상"></li>
      <li>맛집탐방 <input type="checkbox" name=" hobby[]" value="맛집탐방"
            checked></li>
      <li>독서 <input type="checkbox" name=" hobby[]" value="독서"></li>
      <li>요가 <input type="checkbox" name=" hobby[]" value="요가"></li>
      <li>축구 <input type="checkbox" name=" hobby[]" value="축구"></li>
      <li> <input type="submit" value="확인"></li>        ❶
    </ul>
</form>
</body>
```

❶의 〈확인〉 버튼을 눌렀을 때 사용자가 체크박스에서 선택한 항목을 화면에 출력하는 파일의 소스코드는 다음과 같다. 빈칸을 채워 프로그램을 완성하시오.

```
<body>
    <ul>
      <li>나의 취미 :
          <?php
            $num = count(__________["hobby"]);

            for ($i=0; $i<$num; $i++) {
                echo $_POST["__________"][__________];
                if($i != $num - 1)
                    echo ", ";
            }
          ?>
      </li>
    </ul>
</body>
```

03 다음은 웹 페이지에서 라디오 버튼 폼 양식으로 사용자가 이메일 수신 여부를 선택하게 하는 프로그램의 소스코드이다.

```
<body>
<form name="form1" method="post" action="view4.php">
    <ul>
      <li>성별 : 남성 <input type="radio" name="gender" value="남" checked>
              여성 <input type="radio" name="gender" value="여">
      </li>
      <li>이메일 : 수신 <input type="radio" name="email_ok" value="예">
             비수신 <input type="radio" name="email_ok" value="아니요" checked>
      </li>
      <li><input type="submit" value="확인"></li>     ❶
    </ul>
</form>
</body>
```

❶의 〈확인〉 버튼을 눌렀을 때 사용자가 라디오 버튼에서 선택한 항목을 화면에 출력하는 파일의 소스코드는 다음과 같다. 빈칸을 채워 프로그램을 완성하시오.

```
<body>
<?php
    ___________ = $_POST["gender"];
    $email_ok = $_POST["email_ok"];
    if (___________ == "예")
      $email = "수신";
    else
      $email = "비수신";
?>
    <ul>
      <li>성별 : <?= $gender?></li>
      <li>이메일 : <?= ___________?></li>
    </ul>
</body>
```

04 업로드 파일의 name 속성을 "upload"로 설정했을 때 업로드된 파일을 처리하는 쪽에서 사용하는 다음 변수의 의미를 간단히 설명하시오.

① $_FILES["upload"]["name"]

② $_FILES["upload"]["type"]

③ $_FILES["upload"]["size"]

④ $_FILES["upload"]["tmp_name"]

⑤ $_FILES["upload"]["error"]

05 게시판의 목록 보기 페이지(board_list.php)를 브라우저 화면에 가져오기 위해 사용하는 URL 주소가 다음과 같을 때, board_view.php 소스코드의 빈칸을 채워 프로그램을 완성하시오

```
http://localhost/board_list.php?table=free
```

```
<body>
<?php
    $table = __________["table"];
    if(__________ == "free")
       $board_title = "자유게시판";
    else
       $board_title = "공지사항";
?>
    <h1><?= ________________?></h1>
</body>
```

CHAPTER 08
쿠키와 세션

학습목표

- 쿠키와 세션의 동작 원리를 이해할 수 있다.
- 쿠키를 생성해서 사용하고 삭제할 수 있다.
- 세션을 시작하고 등록할 수 있다.
- 등록된 세션을 사용하고 삭제할 수 있다.

01 쿠키

쿠키cookie는 사용자가 웹 페이지에 접속할 때 웹 서버가 사용자의 컴퓨터에 저장하는 작은 양의 데이터이다. 웹 페이지에서는 쿠키를 확인하여 로그인 상태나 장바구니에 상품이 담겨 있는지를 확인할 수 있다. 웹 서버는 쿠키를 사용자의 컴퓨터에 저장한 뒤 쿠키가 필요할 때 사용자의 컴퓨터에 요청하고 사용자의 컴퓨터는 저장된 쿠키를 웹 서버에 전송한다.

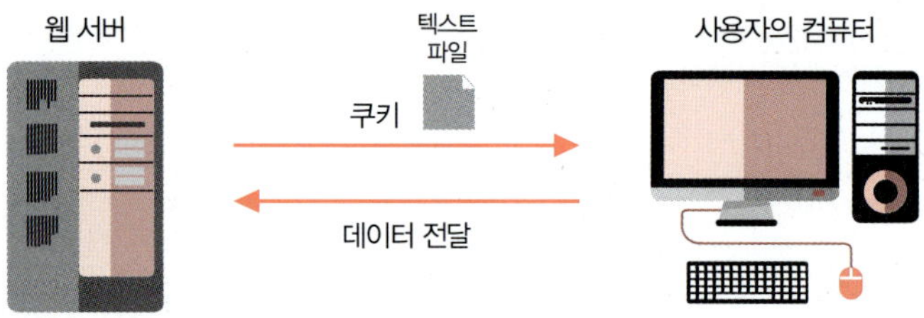

그림 8-1 쿠키의 개념

구분	웹 서버	사용자의 컴퓨터
데이터의 위치		○
쿠키의 위치		○
데이터 가공		○

그림 8-2 쿠키와 데이터(가공)의 위치

쿠키는 사용자의 컴퓨터에 텍스트 파일 형태로 저장되며 주로 다음과 같은 목적으로 사용한다.

- 특정 웹 사이트를 재방문하거나 웹 사이트 내의 다른 페이지로 이동할 때 다시 로그인할 필요가 없다.
- 사용자의 컴퓨터에서 아이디나 비밀번호를 기억한다.
- 사용자의 웹 페이지 이용 패턴을 분석한다.

이러한 목적 외에도 다양한 방식으로 쿠키를 응용할 수 있다.

1 쿠키 생성

아주 간단히 쿠키를 생성하는 방법을 알아보자.

예제 8-1 쿠키 생성하기 08/cookie_set.php

```
<?php
    $a = setcookie("userid", "rubato");                         ❶
    $b = setcookie("username","김채린", time()+60);             ❷

    if ($a and $b)                                               ❸
    {
       echo "쿠키 'userid'와 'username' 생성 완료!<br>";        ❹
       echo "쿠키 'username'은 60초(1분)간 지속됨!";
    }
?>
```

실행 결과

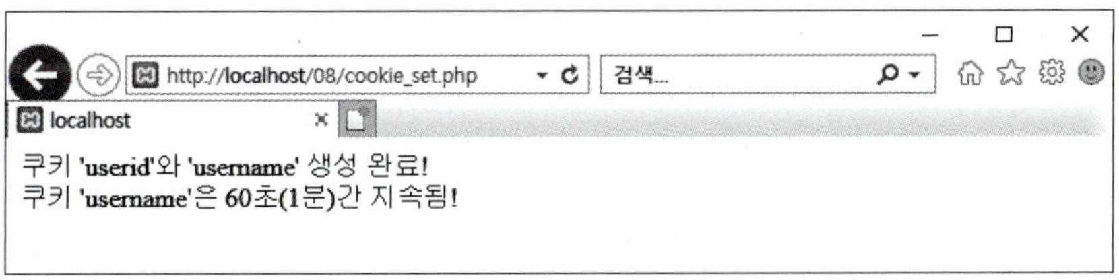

❶ setcookie() 함수를 이용하여 userid라는 쿠키에 문자열 'rubato'를 저장한다. setcookie() 함수의 실행이 성공하면 true를 반환하고 실패하면 false를 반환한다. $a를 확인함으로써 쿠키가 제대로 생성되었는지 알 수 있다.

❷ username이라는 쿠키에 '김채린'을 저장한다. 이 쿠키는 60초(1분)간 유효하다. 쿠키가 제대로 생성되면 $b는 true 값을 가진다.

❸ if문의 조건식인 $a and $b가 참이면 ❹를 실행한다.

❹ 특별한 문제가 없는 한 쿠키가 생성되고 echo문의 내용이 출력된다.

쿠키는 userid, rubato, username, 김채린과 같이 텍스트 형태이다. 이러한 쿠키 정보는 사용자의 컴퓨터에 저장된다.

[예제 8-1]에서 사용한 setcookie() 함수와 time() 함수를 자세히 살펴보자. setcookie() 함수는 HTTP 헤더에 보낼 쿠키를 정의한다. 이 함수의 형식과 반환 값, 인자는 다음과 같다.

setcookie() 함수	
형식	bool setcookie(string name, string value, int expire, string path)
인자	name: 쿠키 이름이며 대문자와 소문자를 구분한다.
	value: 쿠키 값이며 사용자의 컴퓨터에 저장된다.
	expire: 쿠키 유효 시간이며 초 단위로 표시된다. 예: time()+60*60*24*30→30일 동안 쿠키 값 유지
	path: 쿠키를 이용할 수 있는 경로를 의미한다. • 기본 값: 현재 디렉터리 • /: 전체 도메인에서 쿠키 사용 가능 • /home/: [home] 디렉터리와 하위 디렉터리에서 쿠키 사용 가능
반환 값	성공: true, 실패: false

현재 시간을 얻을 때 사용하는 time() 함수는 현재 시간을 초 단위로 계산한 값을 정수형으로 반환한다.

time() 함수	
형식	int time()
반환 값	성공: 현재 시간

2 쿠키 사용

setcookie() 함수로 생성한 쿠키를 사용하는 방법을 알아보자.

예제 8-2 쿠키 사용하기 08/cookie_use.php

```
<?php
    if (isset($_COOKIE["userid"]) && isset($_COOKIE["username"])) ❶
    {
       $userid = $_COOKIE["userid"]; ❷
       $username = $_COOKIE["username"]; ❸

       echo "userid 쿠키 : " . $userid."<br>";      ❹
       echo "username 쿠키 : " . $username."<br>";
    }
    else
    {
       echo "쿠키가 생성되지 않았다!";
    }
?>
```

실행 결과

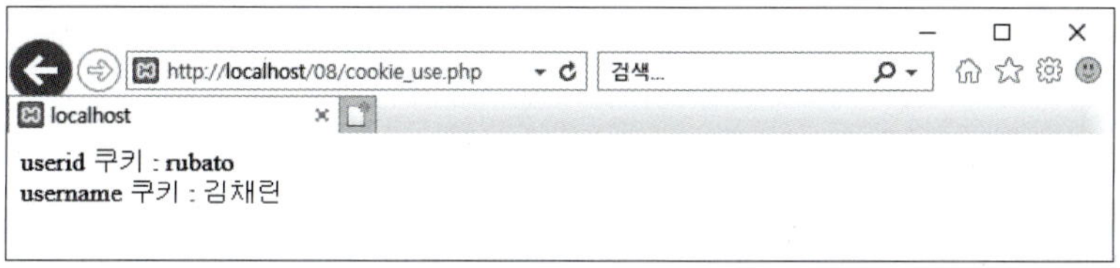

❶ $_COOKIE["userid"]는 [예제 8-1]의 ❶에서 setcookie() 함수로 생성한 userid 쿠키를, $_COOKIE["username"]은 [예제 8-1]의 ❷에서 생성한 username 쿠키를 의미한다. 그리고 isset() 함수는 변수 값이 설정되어 있는지 판단하여 설정되어 있으면 참, 설정되어 있지 않으면 거짓을 반환한다. if문의 조건식은 userid, username 쿠키가 설정되어 있으면 ❷~❹를 실행한다.

❷ userid 쿠키의 값인 $_COOKIE["userid"]를 $userid에 저장한다.

❸ username 쿠키의 값인 $_COOKIE["username"]을 $username에 저장한다.

❹ $userid와 $username의 값을 출력한다.

3 쿠키 삭제

앞의 예제에서 사용한 userid, username 쿠키를 삭제하는 방법은 알아보자.

예제 8-3 쿠키 삭제하기 08/cookie_delete.php

```
<?php
    setcookie("userid", "", time() - 3600); ❶
    setcookie("username", "", time() - 3600); ❷
?>
<html>
<head>
<meta charset="utf-8">
</head>
<body>
<?php
    {
       echo "userid와 username 쿠키가 삭제되었다!";
    }
?>
</body>
</html>
```

실행 결과

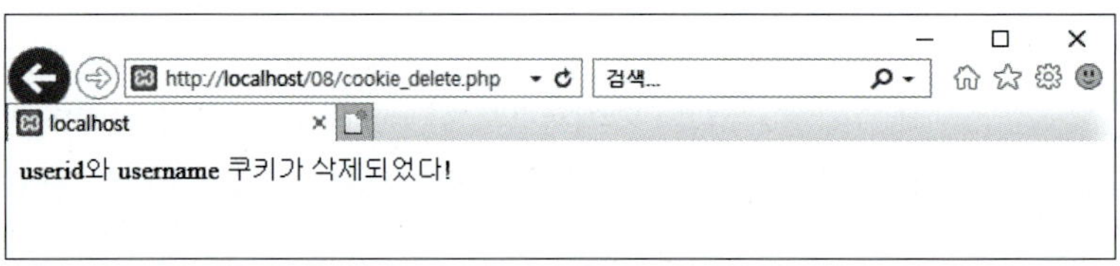

❶ setcookie() 함수를 이용하여 userid 쿠키에 null 값인 " "를 설정하면 userid 쿠키를 삭제할 수 있다. 이때 쿠키 유효 시간을 현재 시간보다 1시간 짧게 설정한다. 문법상으로는 쿠키 유효 시간을 과거 시간으로 설정하는 것이다.

❷ 같은 방식으로 username 쿠키를 삭제한다.

02 세션

사용자의 컴퓨터에 정보가 저장되는 쿠키와 달리 세션session은 보안을 이유로 사용자의 컴퓨터와 웹 서버에 모두 정보를 저장한다. 웹 사이트를 방문하는 사용자의 컴퓨터에는 세션 IDSession ID, SID 정보를 저장하고, 웹 서버에는 사용자의 컴퓨터 세션 ID에 대응되는 세션 정보를 저장한다. 사용자의 컴퓨터 세션 ID가 유출되더라도 별다른 정보가 없고 주요 정보가 웹 서버에 저장되어 있기 때문에 쿠키보다 보안성이 강하다.

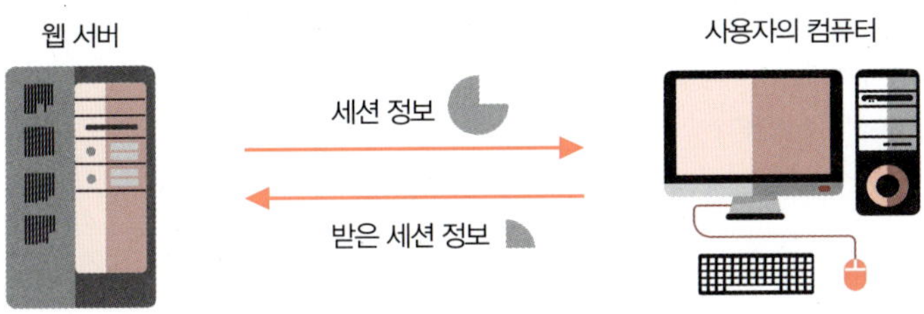

그림 8-3 세션의 개념

구분	웹 서버	사용자의 컴퓨터	비고
데이터의 위치	○		
세션 정보의 위치	○	○	서로 대응되는 정보(같지 않음)
데이터 가공	○		

그림 8-4 세션과 데이터(가공)의 위치

1 세션 시작과 등록

세션을 시작하고 등록하는 방법을 알아보자.

예제 8-4 세션 시작하고 등록하기 08/session_set.php

```
<html>
<head>
<meta charset="utf-8">
</head>
<body>
<?php
    session_start(); ······························ ❶
    echo "세션 시작!!!<br>";

    $_SESSION['userid'] = "ocella";       ┐
    $_SESSION['username']  = "박영준";    ┘ ········ ❷
    echo '세션 등록 완료!!!<br>';

    echo $_SESSION['userid']."<br>";      ┐
    echo $_SESSION['username']."<br>";    ┘ ········ ❸
?>
</body>
</html>
```

실행 결과

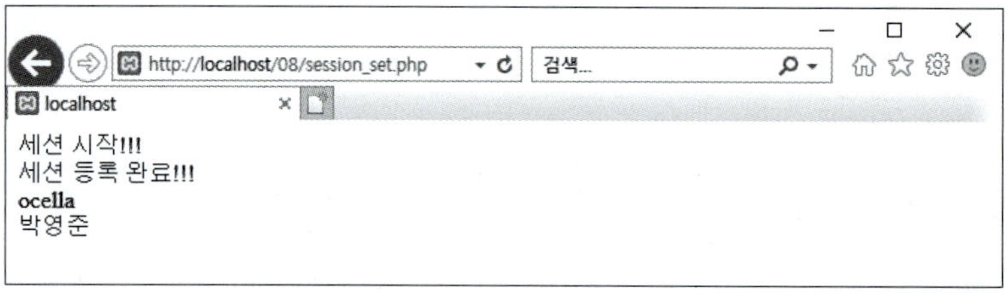

❶ **세션 초기화** 세션을 사용하려면 반드시 session_start()로 초기화해야 한다.

❷ **세션 등록** 세션 변수 userid와 username을 등록하는데, 이때 배열 형태의 전역 변수인 $_SESSION[]의 인덱스에 세션 변수의 이름을 넣어 등록한다. userid를 등록하기 위해 $_SESSION['userid']에 ocella를 입력하고, username을 등록하기 위해 $_SESSION['username']에 '박영준'을 입력한다.

❸ **세션 변수 출력** 등록한 2개의 세션 변수를 출력한다.

session_start() 함수는 세션을 생성하고 현재의 세션 ID를 활성화하는 역할을 한다.

session_start() 함수	
형식	bool session_start()
반환 값	항상 true

2 세션 사용

앞에서 등록한 세션을 사용하는 방법을 알아보자.

예제 8-5 세션 사용하기 08/session_use.php

```
<?php
    session_start(); ❶

    $userid = $_SESSION["userid"];
    $username = $_SESSION["username"]; ❷
?>
<html>
<head>
<meta charset="utf-8">
</head>
<body>
<h3>등록된 세션의 사용</h3>
<ul>
    <li>등록된 세션(userid) : <?= $userid?></li>
    <li>등록된 세션(username) : <?= $username?></li> ❸
</ul>
</table>
</body>
</html>
```

실행 결과

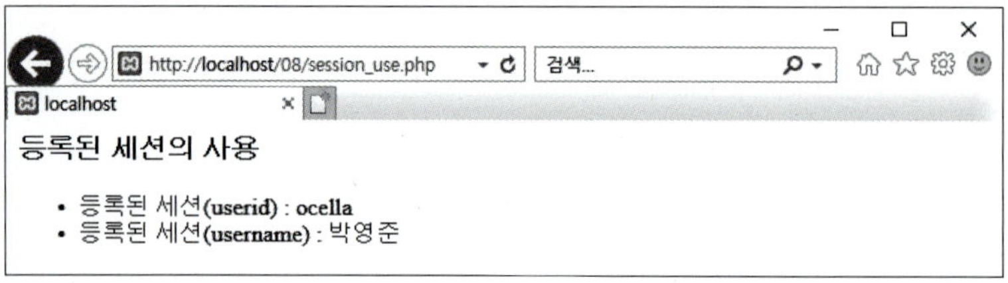

❶ session_start()로 세션을 시작한다.

❷ 등록된 세션인 userid($_SESSION["userid"])와 username($_SESSION["username"])을 각각 $userid와 $username에 저장한다.

❸ <li> 태그를 이용하여 변수 $userid와 $username을 리스트 형태로 출력한다.

3 세션 삭제

등록해서 사용했던 세션을 unset() 함수로 삭제하는 방법을 알아보자.

예제 8-6 세션 삭제하기 08/session_delete.php

```
<?php
    session_start(); ................................ ❶
    unset($_SESSION["username"]); ................... ❷
?>
<html>
<head>
<meta charset="utf-8">
<link href="../css/style.css" rel="stylesheet">
</head>
<body>
<ul>
    <li><?= "userid 세션 : ".$_SESSION["userid"]."<br>" ?></li> ........ ❸
    <li><?= "username 세션 : ".$_SESSION["username"]."<br>" ?></li> ...... ❹
    <li><?= "username 세션이 삭제되었습니다!" ?></li>
</ul>
</body>
</html>
```

실행 결과

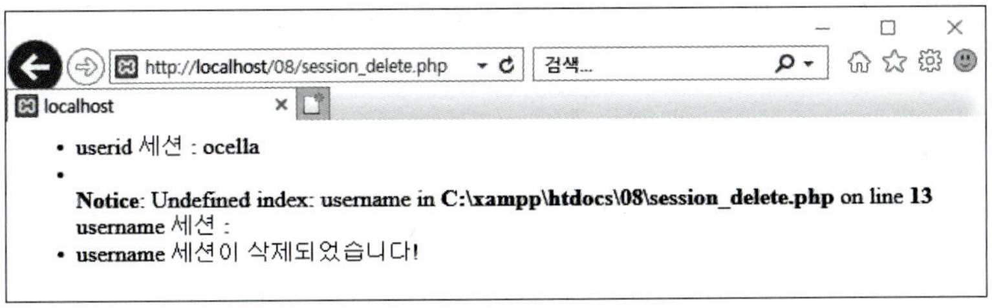

❶ session_start()로 세션을 시작한다.

❷ unset() 함수를 사용하여 username 세션을 삭제한다.

❸ 실행 결과의 첫 번째 줄에 userid 세션의 값을 출력한다.

❹ username 세션의 값을 출력한다. 하지만 ❷에서 username 세션이 삭제되었으므로 $_SESSION의 username 인덱스가 정의되지 않았다는 오류 메시지가 나타난다.

unset() 함수는 입력 값으로 주어지는 세션 변수나 변수의 존재를 파괴할 때 사용한다. mixed는 다양한 변수형이 사용될 수 있다는 것을 의미한다.

unset() 함수	
형식	unset(mixed $var, …)

세션 변수를 한꺼번에 삭제할 때는 session_unset()을 사용한다.

요약

01 쿠키

사용자가 웹 페이지에 접속할 때 웹 서버가 사용자의 컴퓨터에 저장하는 텍스트 파일을 쿠키라고 한다.

02 쿠키 생성

쿠키를 생성하는 데에는 setcookie() 함수를 사용한다.

03 쿠키 삭제

쿠키를 삭제하려면 setcookie() 함수의 쿠키 변수에 null 값(" ")을 입력한다.

04 세션

사용자의 컴퓨터에 정보가 저장되는 쿠키와 달리 세션은 사용자의 컴퓨터와 웹 서버에 모두 정보를 저장하여 보안성이 강하다.

05 세션 시작

세션을 사용하려면 session_start() 함수로 세션 변수를 초기화해야 한다.

06 세션 등록

$_SESSION['세션 변수명']으로 세션을 등록할 수 있다.

07 세션 삭제

unset($_SESSION["세션 변수명"])으로 세션을 삭제할 수 있다.

연습문제

01 다음은 쿠키와 세션에 관한 설명이다. 맞으면 O, 틀리면 × 표시를 하시오.

① 쿠키는 웹 페이지에 접속할 때 웹 서버가 사용자의 컴퓨터에 저장하는 데이터이다. (　　)

② 쿠키를 사용하면 사용자의 컴퓨터에서 아이디와 비밀번호를 기억할 수 있다. (　　)

③ 세션은 쿠키보다 사용법이 간단하지만 보안성이 더 취약하다. (　　)

④ 세션은 쿠키와 달리 사용자의 컴퓨터와 웹 서버에 세션 정보를 저장한다. (　　)

⑤ 세션은 쿠키보다 보안성이 더 강하다. (　　)

02 쿠키과 세션에 관한 물음에 답하시오.

① 쿠키를 생성할 때 사용하는 함수는 무엇인가?

② 세션을 초기화하는 데 사용하는 함수는 무엇인가?

③ 세션을 삭제하는 데 사용하는 함수는 무엇인가?

03 생성된 쿠키인 userid를 불러오는 데 사용하는 변수는 무엇인가?

① $_COOKIE["userid"]　　② $_POST["userid"]

③ $_GET["userid"]　　④ $_SERVER["userid"]

04 등록된 세션인 userid를 불러오는 데 사용하는 변수는 무엇인가?

① $_COOKIE["userid"]　　② $_POST["userid"]

③ $_SESSION["userid"]　　④ $_SERVER["userid"]

05 다음은 setcookie()에 의해 등록된 userid, username 쿠키를 사용하는 프로그램이다. 빈칸을 채워 프로그램을 완성하시오.

```
<?php
    if(isset($_COOKIE["userid"]) && isset($_COOKIE["username"]))
    {
        $userid = ___________["userid"];
        $username = ___________["username"];

        echo "userid 쿠키 : " . ___________."<br>";
        echo "username 쿠키 : " . ___________."<br>";
    }
    else
    {
        echo "쿠키가 생성되지 않았다!";
    }
?>
```

06 다음은 세션을 시작하여 세션 변수를 등록하는 프로그램이다. 빈칸을 채워 프로그램을 완성하시오.

```
<?php
    session_start();
    echo "세션 시작!!!<br>";

    ___________['userid'] = "ocella";
    ___________ ['username']  = "박영준";
    echo '세션 등록 완료!!!<br>';

    echo $_SESSION['userid']."<br>";
    echo $_SESSION['username']."<br>";
?>
```

07 다음은 등록된 세션을 웹 페이지에서 사용하는 프로그램이다. 빈칸을 채워 프로그램을 완성하시오.

```
<?php
   ____________________;
   $userid = ___________["userid"];
   $username = ___________ ["username"];
?>
<html>
<head>
<meta charset="utf-8">
</head>
<body>
<h3>등록된 세션의 사용</h3>
<ul>
    <li>등록된 세션(userid) : <?= ___________?></li>
    <li>등록된 세션(username) : <?= ___________?></li>
</ul>
</body>
</html>
```

PART 02

PHP와 MySQL 프로그래밍

CHAPTER 09
MySQL 데이터베이스

CHAPTER 10
MySQL 조작

PART 02 PHP와 MySQL 프로그래밍

CHAPTER 09

MySQL 데이터베이스

학습목표

- 데이터베이스에 대해 이해할 수 있다.
- MySQL 서버를 구동할 수 있다.
- phpMyAdmin을 사용할 수 있다.
- 데이터베이스를 생성할 수 있다.
- DB 테이블을 다룰 수 있다.

01 데이터베이스

앞의 예제에서는 변수에 데이터를 저장하여 화면에 출력하는 방식을 사용했다. 이러한 데이터는 프로그램을 종료하거나 컴퓨터의 전원을 끄면 모두 사라진다. 그러나 컴퓨터의 전원이 꺼져도 어딘가에 데이터를 저장할 필요가 있을 때는 데이터베이스를 사용한다. 데이터베이스는 프로그램에서 사용하는 데이터의 저장, 검색, 수정, 삭제 등을 가능하게 하는 일종의 소프트웨어 프로그램이다.

1 데이터베이스 관리 시스템

데이터베이스 관리 시스템DataBase Management System, DBMS은 응용 프로그램이 요청한 사항을 데이터베이스와 통신하면서 처리한다.

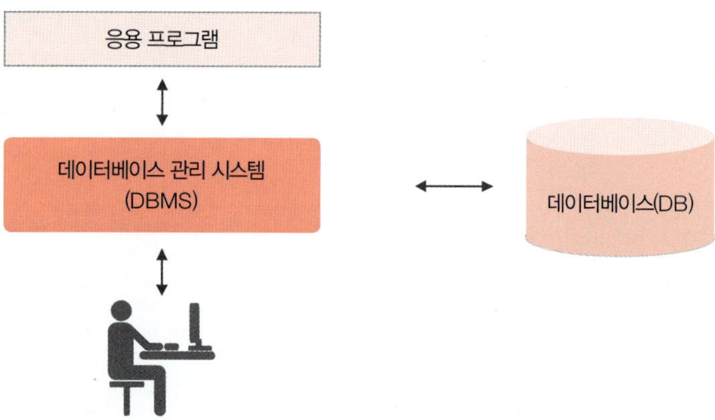

그림 9-1 DBMS의 개념

이 책에서 다루는 MySQL은 DBMS의 일종이며 이 외에도 MSSQL, Oracle, Infomix 등 다양한 DBMS가 있다. 예전에는 주로 대형 메인 프레임에 DBMS를 적용했지만 요즘은 HP, 오라클 등의 중소형 시스템과 PC에도 많이 사용되고 있다.

MySQL은 DBMS 중에서도 관계형 데이터베이스 관리 시스템Relational DataBase Management

System, RDBMS에 속한다. RDBMS는 간단히 말해 테이블 형태로 데이터를 저장하고 이 데이터 간의 관계를 정의하는 것이다. MySQL은 PHP를 이용하여 웹 프로그램을 개발할 때 주로 사용하는 데이터베이스이다.

RDBMS의 모든 데이터는 2차원 테이블에 저장된 후 검색, 수정, 삭제된다. RDBMS의 세 가지 기본 구성 요소는 테이블table, 필드field, 레코드record이다.

필드(열)

테이블

레코드(행)

일련번호	이름	학번	수강 과목	성적
1	황예린	201903114001	PHP	98
2	김수겸	201903114002	파이썬	76
3	이수진	201903114003	컴퓨터 구조	87
4	나여진	201903114004	알고리즘 기초	94

그림 9-2 RDBMS의 기본 구성 요소

테이블은 데이터베이스에서 데이터를 저장하고 관리하는 기본 단위이며 필드와 레코드로 구성된다. 필드는 테이블의 열column을, 레코드는 행row을 나타낸다.

SQLStructured Query Language은 데이터베이스의 데이터를 조회하거나 갱신할 수 있도록 만들어진 데이터베이스 표준 언어이다. 대화 형식으로 데이터베이스에 직접 접근해서 사용하거나 PHP와 연동하여 PHP 프로그램 내에서 SQL 명령을 사용할 수도 있다.

2 MySQL

SQL에 기반한 MySQL은 다양한 분야에서 널리 사용되는 RDBMS이다. 1998년 1월에 처음 발표된 MySQL은 리눅스, 유닉스, 윈도우 등 사실상 모든 플랫폼에서 사용할 수 있다. MySQL은 PHP, 파이썬, C, C++, 자바 등의 많은 프로그래밍 언어를 지원하는 응용 프로그램 인터페이스Application Programming Interface, API를 제공한다. 일반 웹 사이트뿐만 아니라 전자상거래, 분산 응용 프로그램 등에서 광범위하게 사용되며 상용 소프트웨어나 다른 기술의 일부에 내장되는 경우도 많다.

MySQL의 장점은 다음과 같이 정리할 수 있다.

- 가장 많이 사용하는 데이터베이스이다. 무료로 사용할 수 있지만 상업적인 목적으로 사용하려면 라이선스를 구매해야 한다.
- DBMS 중에서도 처리 속도가 상당히 빠른 편이다.
- 설치 및 사용 방법이 쉬워 초보자가 쉽게 접근할 수 있다.
- 대용량 데이터도 손쉽게 처리할 수 있다.
- 보안성이 뛰어나다.

최근에는 MySQL과 거의 완벽하게 호환되면서 성능이 향상된 MariaDB가 출시되었다. MariaDB는 MySQL을 인수한 오라클이 MySQL 라이선스를 불확실하게 만들자 이에 반발한 개발자들이 Maria 재단을 세워 MySQL의 호환성을 최대한 유지한 채 성능을 향상해서 만든 데이터베이스이다. MariaDB는 기능 면에서 MySQL과 완벽하게 호환되기 때문에 MySQL과 동일시할 수 있다. 그러므로 이 책에서는 MySQL과 MariaDB를 혼용해서 설명할 것이다.

MariaDB의 공식 홈페이지는 https://mariadb.org이다.

02 MySQL 서버와 phpMyAdmin

1 MySQL 서버 구동

MySQL 서버를 구동하기 전에 한글이 제대로 표시되도록 문자셋을 설정해야 한다. 웹 페이지에서 한글이 깨지지 않게 하려면 <meta> 태그를 이용하여 문자셋을 UTF-8로 설정하는데, MySQL에서도 이와 마찬가지로 세계 표준인 UTF-8로 문자셋을 설정하는 것이 바람직하다.

MySQL에서 문자셋을 UTF-8로 설정하려면 C:₩xampp₩mysql₩bin 폴더에 있는 my.ini 파일을 변경해야 한다. 다음과 같이 서브라임 텍스트에서 해당 폴더의 my.ini 파일을 불러온다.

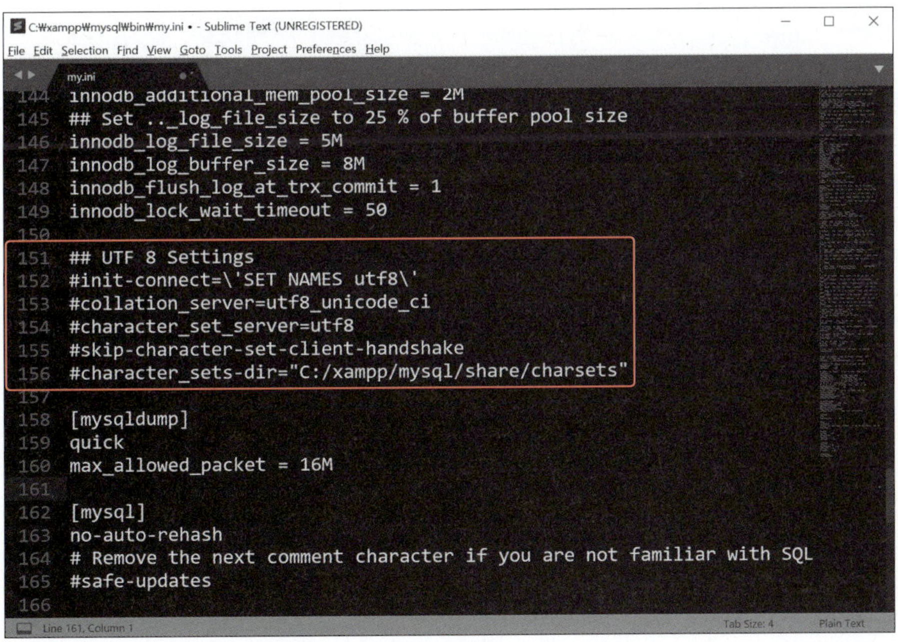

그림 9-3 C:₩xampp₩mysql₩bin 폴더의 my.ini 파일

[그림 9-3]에서 '## UTF 8 Settings' 아래의 다섯 줄을 다음과 같이 수정하고 Ctrl + S를 눌러 my.ini 파일을 저장한다.

```
...
## UTF 8 Settings
init-connect= SET NAMES utf8
collation_server=utf8_general_ci
character_set_server=utf8
skip-character-set-client-handshake
character_sets-dir="C:/xampp/mysql/share/charsets"
...
```

my.ini 파일을 수정하여 저장했다면 XAMPP 컨트롤 패널을 열고 MySQL의 [Start] 메뉴를 클릭한다.

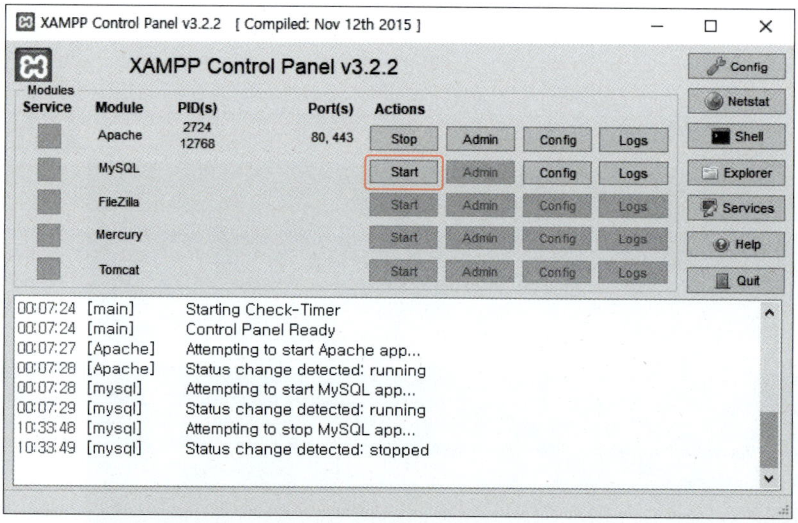

그림 9-4 MySQL 서버 프로그램 시작 전의 XAMPP 컨트롤 패널

다음과 같이 MySQL 서버의 모듈이 초록색으로 표시되면 MySQL 서버 프로그램이 제대로 구동된 것이다.

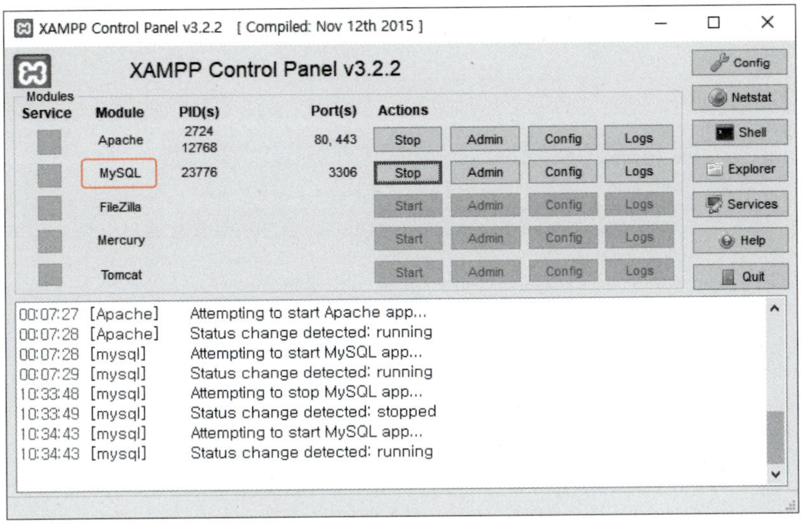

그림 9-5 MySQL 서버 프로그램이 구동 중인 XAMPP 컨트롤 패널

2 phpMyAdmin 시작

MySQL 서버 프로그램을 구동한 다음에는 클라이언트 측에서 사용할 MySQL 프로그램이 필요하다. 여기서는 1장에서 XAMPP를 설치할 때 함께 설치된 phpMyAdmin 프로그램을 사용한다. 웹 브라우저 주소 창에 http://localhost를 입력하여 XAMPP에 접속하고 화면 오른쪽 상단의 [phpMyAdmin] 메뉴를 클릭한다.

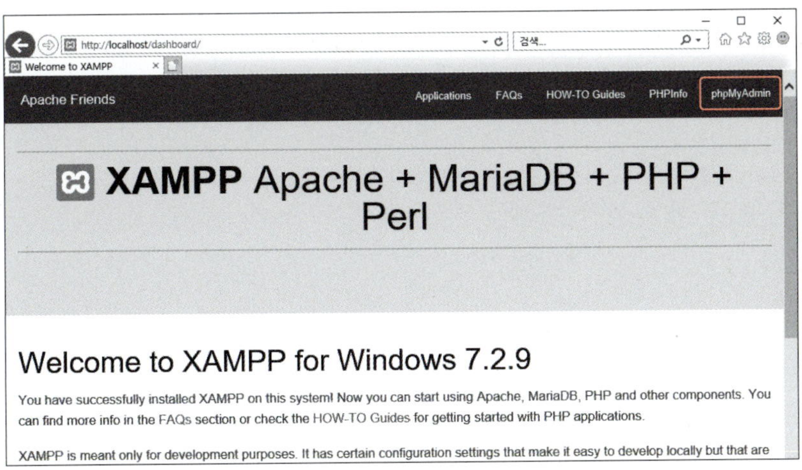

그림 9-6 XAMPP 메인 화면

다음과 같이 phpMyAdmin 페이지가 나타난다. 이 화면에서 MySQL 실습을 진행할 것이다.

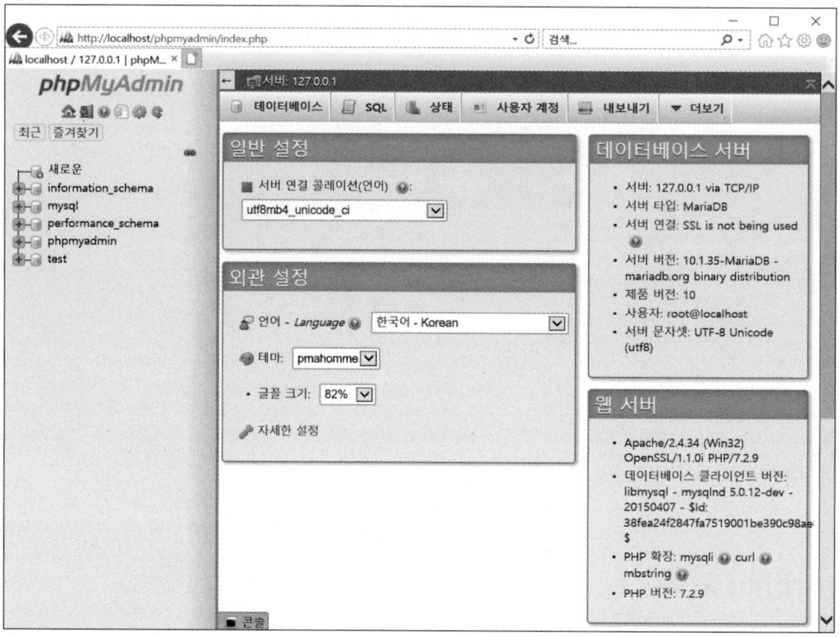

그림 9-7 phpMyAdmin 메인 화면

03 데이터베이스 생성

MySQL 계정에서 데이터를 관리할 때 가장 기본적인 작업인 데이터베이스 생성 및 삭제 방법을 알아보자. phpMyAdmin을 이용하여 새로운 데이터베이스를 생성하기 위해 메인 화면 상단의 [데이터베이스] 메뉴를 클릭한다.

'새 데이터베이스 만들기'에서 데이터베이스 이름과 데이터 정렬 방식을 다음과 같이 설정한 후 〈만들기〉를 클릭한다.

- 데이터베이스 이름: sample
- 데이터 정렬 방식: utf8_general_ci

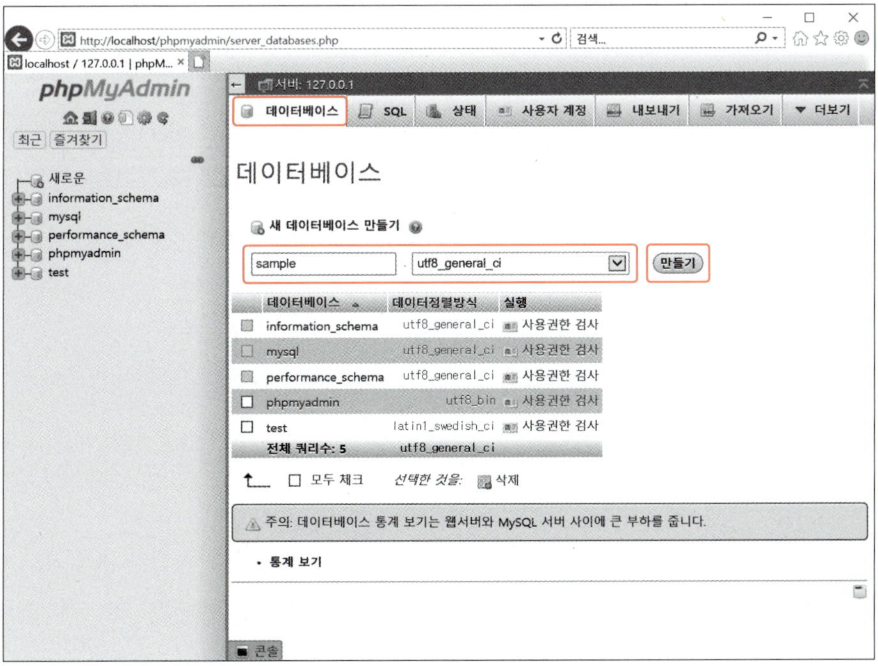

그림 9-8 새로운 데이터베이스 생성

화면 왼쪽 상단의 phpMyAdmin 로고를 클릭한 뒤 메인 화면의 [데이터베이스] 메뉴를 클릭하면 sample 데이터베이스가 생성된 것을 확인할 수 있다.

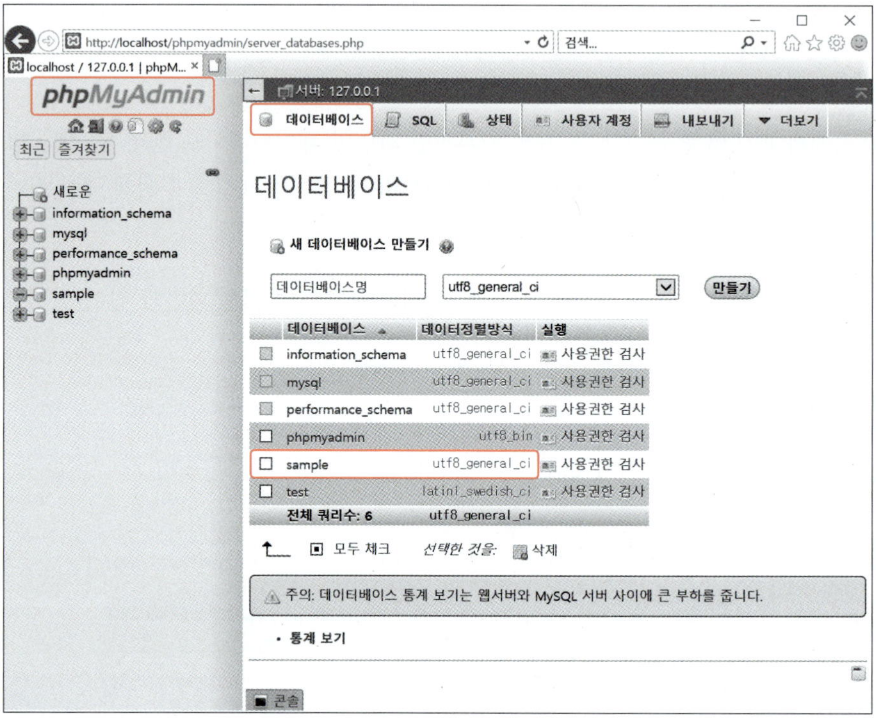

그림 9-9 sample 데이터베이스 생성

04 데이터베이스 테이블 관리

MySQL과 같은 RDBMS에서는 데이터베이스 테이블에 데이터를 저장하고 관리한다. 데이터베이스 테이블을 생성, 수정, 삭제하는 SQL 명령을 알아보자.

1 데이터베이스 테이블 설계

여기서는 MySQL 데이터베이스를 이용하여 회원 정보를 관리하는 방법을 살펴보겠다. 먼저 회원 정보를 관리하기 위한 '회원 정보 테이블'을 다음과 같이 설계한다. 테이블명은 mem이다.

필드명	데이터형	null	추가 사항	설명
num	int	not null	auto_increment, primary key	일련번호
id	char(20)	not null		아이디
pass	char(20)	not null		비밀번호
name	char(20)	not null		이름
age	int			나이

회원 정보 테이블에서는 회원의 일련번호, 아이디, 비밀번호, 이름, 나이를 저장하기 위한 필드명을 각각 num, id, pass, name, age로 설정한다. num 필드는 회원 한 사람의 데이터, 즉 레코드에 붙이는 고유번호를 의미한다.

■ **데이터형**

정수형 숫자를 의미하는 int는 해당 필드에 저장되는 데이터가 정수임을 나타낸다. char형은 문자를 저장하기 위한 데이터형을 의미하고, char(20)은 영문이나 숫자를 20자(한글은 10자)까지 저장할 수 있는 공간을 말한다.

■ null

null은 데이터 값이 없는 데이터형을 의미하며 “” 또는 ‘’로 표기한다. 필드를 not null로 설정하면 ‘null이면 안 된다’는 의미이다. not null로 설정된 필드의 경우 레코드에 데이터를 입력할 때 해당 필드를 비워두면 안 되고 반드시 값을 채워야 한다. 예를 들어 웹 사이트에서 회원 가입을 할 때의 필수 항목을 not null로 설정한다. 회원 정보 테이블에서는 num, id, pass, name 필드가 필수 항목이므로 not null로 설정한다.

■ 추가 사항

auto_increment는 레코드에 데이터를 입력할 때 필드 값이 자동으로 증가하는 것을 의미한다. num 필드가 auto_increment로 설정되어 있는데, 이는 레코드에 데이터를 입력할 때 num 필드에 값을 입력하지 않아도 0부터 1씩 값이 자동으로 증가하고 그 값이 num 필드에 저장된다는 의미이다.

그리고 primary key(주 키)는 테이블의 필드 중 중복되면 안 되는 필드, 즉 레코드를 식별하는 데 사용되는 필드를 의미한다. 웹 사이트에서 회원 가입 양식을 작성할 때 주로 아이디나 일련번호를 사용하여 레코드를 식별하는데 여기서는 num 필드를 주 키로 설정한다. 참고로 DB 테이블을 설계할 때 auto_increment가 적용된 필드가 있다면 반드시 그 필드를 주 키로 사용해야 한다.

2 데이터베이스 테이블 생성

앞에서 설계한 DB 테이블(mem)을 phpMyAdmin 화면에서 SQL 명령을 이용하여 만드는 방법을 알아보자.

```
create table 테이블명 (
    필드명1 데이터형,
    필드명2 데이터형,
    필드명3 데이터형,
    …
    primary key(필드명)
);
```

create table 명령은 필드명1, 필드명2, …를 구조로 가진 DB 테이블인 ‘테이블명’을 생성한다. primary key(필드명)은 '필드명'이 주 키라는 의미이다.

phpMyAdmin 화면에서 mem 테이블을 만들어보자. 데이터베이스를 생성했던 [그림 9-9]의 phpMyAdmin 화면을 사용한다. 왼쪽의 데이터베이스 목록에서 sample 데이터베이스를 선택한 후 하단의 [콘솔] 메뉴를 클릭하여 콘솔을 연다.

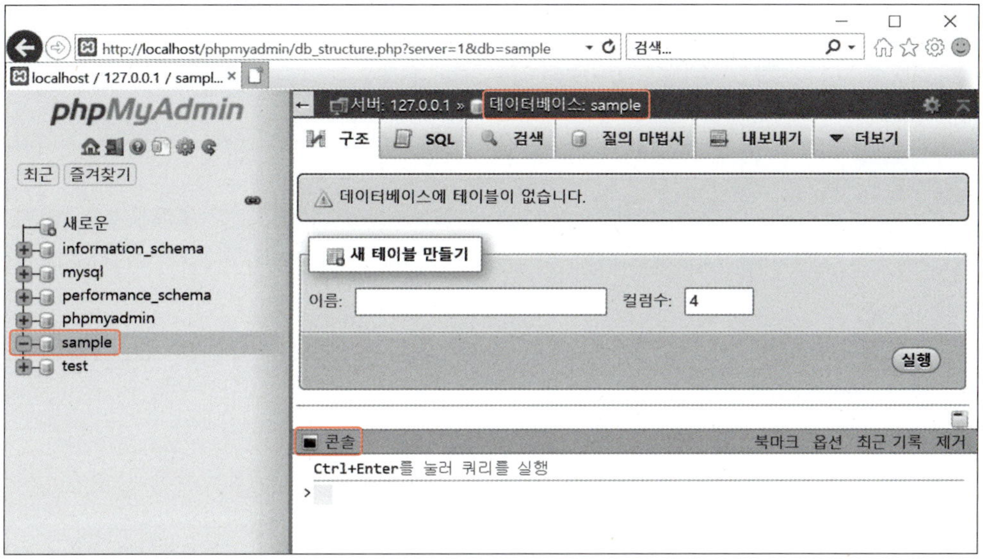

그림 9-10 phpMyAdmin 화면에서 sample 데이터베이스 선택

DB 테이블은 데이터베이스 내에 저장되기 때문에 DB 테이블을 생성하기 전에 반드시 해당 데이터베이스를 선택해야 한다. 여기서는 DB 테이블을 생성하기 위해 sample 데이터베이스를 선택했다.

mem 테이블을 생성하기 위해 phpMyAdmin 콘솔에서 다음 SQL 명령을 입력한 후 Ctrl + Enter를 눌러 실행한다.

```
> create table mem (
      num int not null auto_increment,
      id char(20) not null,
      pass char(20) not null,
      name char(20) not null,
      age int,
      primary key(num)
);
```

화면의 왼쪽 목록을 보면 sample 데이터베이스 아래에 mem 테이블이 생성된 것을 확인할 수 있다.

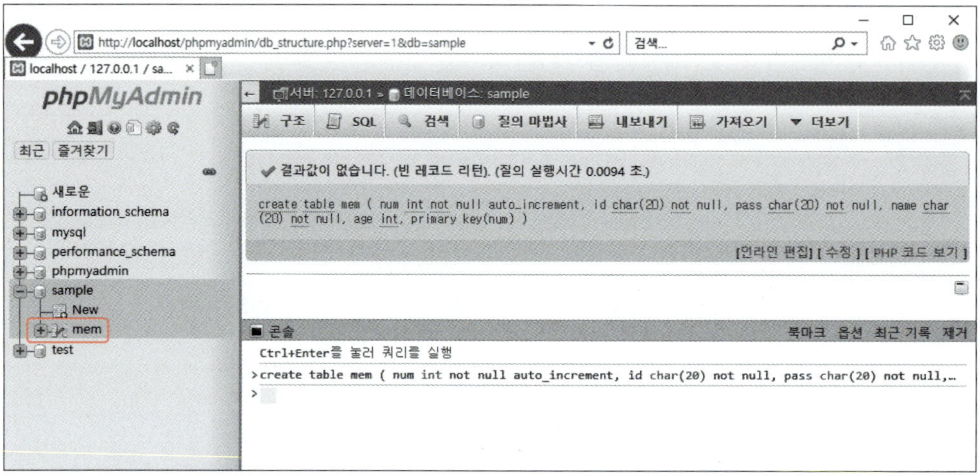

그림 9-11 mem 테이블 생성

3 데이터베이스 테이블의 구조

desc 명령은 '테이블명'의 테이블 필드 구조를 보여준다.

```
desc 테이블명;
```

앞에서 생성한 mem 테이블의 구조를 다음 명령으로 확인해보자.

```
> desc mem;
```

화면을 보면 mem 테이블은 num, id, pass, name, age라는 5개 필드로 구성되었으며 num, id, pass, name 필드는 not null로, num 필드는 주 키, auto_increment로 설정되어 있다.

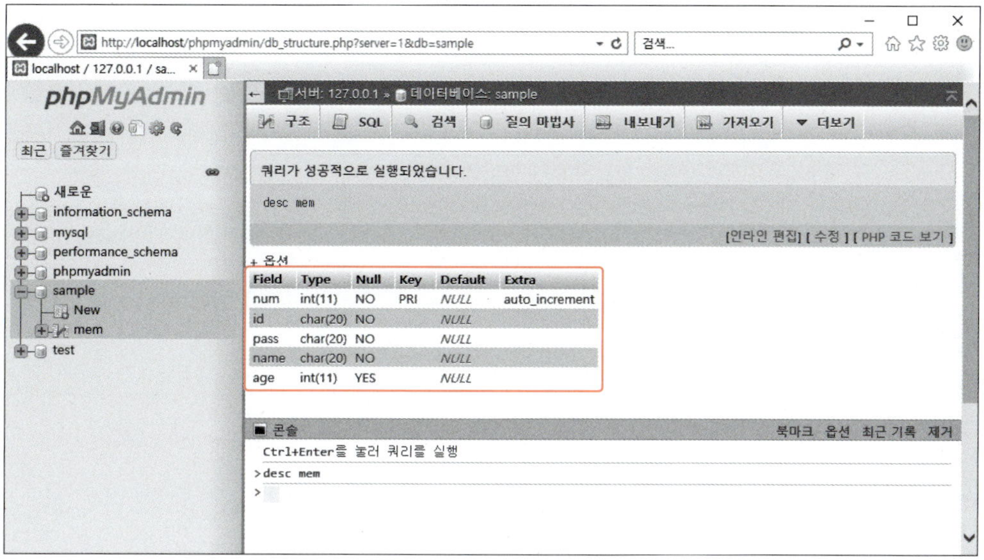

그림 9-12 mem 테이블의 구조

4 데이터베이스 테이블 필드 관리

데이터베이스를 이용하여 데이터를 관리하다 보면 설계한 테이블을 수정해야 하는 경우가 종종 발생한다. 앞에서 만든 회원 정보 테이블을 수정하면서 관련 명령어를 익혀보자.

4.1 새로운 필드 추가하기

다음은 테이블에 새로운 필드를 추가하는 명령이다. [first 또는 after 필드명]을 사용하면 필드명의 앞 또는 다음에 새로운 필드를 추가할 수 있다.

```
alter table 테이블명 add 새로운_필드명 필드_데이터형 [first 또는 after 필드명];
```

앞에서 생성한 mem 테이블에 email 필드를 char(30) 데이터형으로 추가하려면 다음과 같이 입력해야 한다.

```
> alter table mem add email char(30);
```

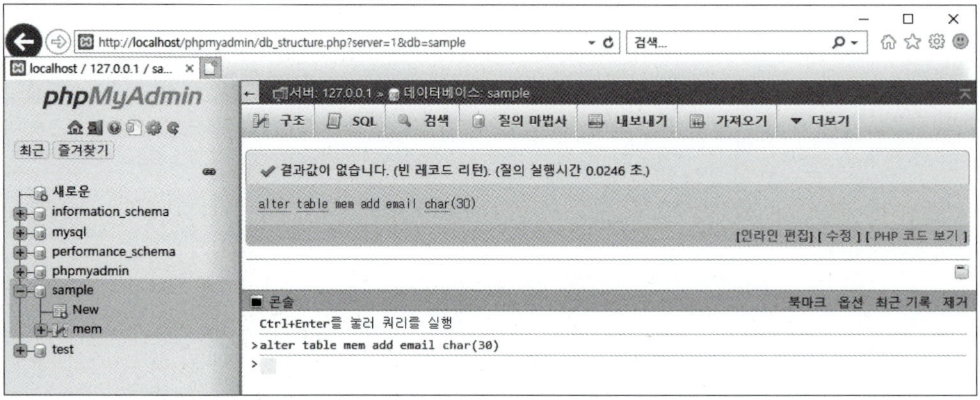

그림 9-13 mem 테이블에 email 필드 추가

email 필드가 제대로 추가되었는지는 다음 명령으로 확인할 수 있다.

```
> desc mem;
```

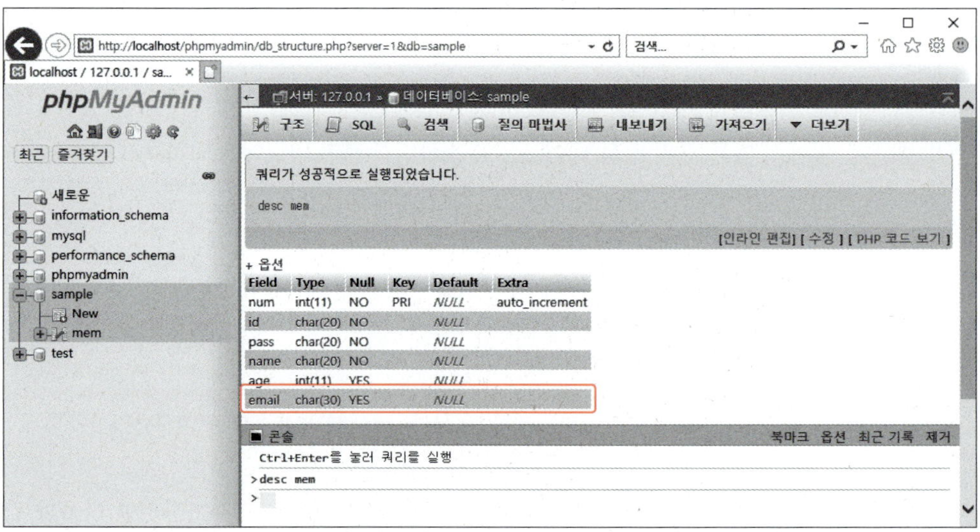

그림 9-14 mem 테이블에 추가된 email 필드 확인

4.2 필드 삭제하기

다음은 테이블에서 특정 필드를 삭제하는 명령이다.

```
alter table 테이블명 drop 삭제할_필드명1, 삭제할_필드명2;
```

mem 테이블에서 email 필드를 삭제한 뒤 확인하는 명령은 다음과 같다.

```
> alter table mem drop email;
> desc mem;
```

4.3 필드 수정하기

다음은 테이블의 특정 필드를 새로운 필드로 수정하는 명령이다.

```
alter table 테이블명 change 수정할_필드명 새로운_필드명 필드_데이터형;
```

mem 테이블의 필드 중에서 age int를 phone char(20)으로 변경한 뒤 확인하는 명령은 다음과 같다.

```
> alter table mem change age phone char(20);
> desc mem;
```

4.4 필드 데이터형 수정하기

다음은 테이블에서 특정 필드의 데이터형을 수정하는 명령이다.

```
alter table 테이블명 modify 필드명 수정할_데이터형;
```

mem 테이블에서 phone 필드의 데이터형 char(20)을 int로 변경한 뒤 확인해보자.

```
> alter table mem modify phone int;
> desc mem;
```

5 데이터베이스 테이블 이름 관리

다음은 이미 존재하는 DB 테이블의 이름을 변경하는 명령이다.

```
alter table 수정할_테이블명 rename 새로운_테이블명;
```

앞에서 만든 mem 테이블의 이름을 mem2로 변경해보자.

```
> alter table mem rename mem2;
```

화면의 왼쪽 목록을 보면 sample 데이터베이스 아래에 mem2 테이블이 있다.

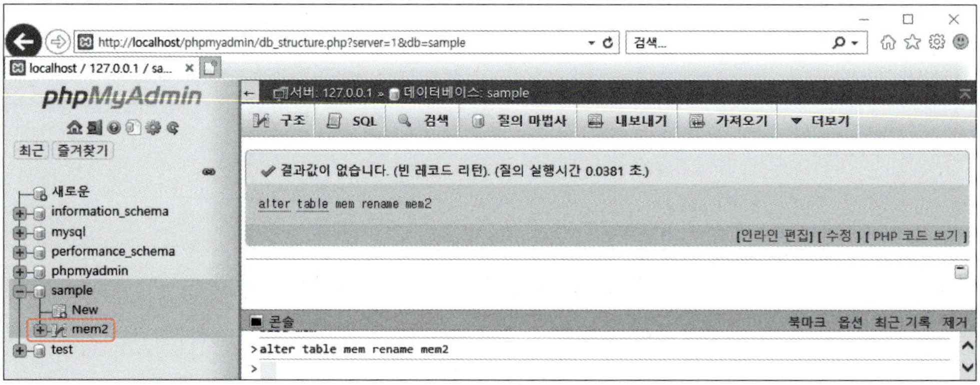

그림 9-15 테이블 이름을 mem에서 mem2로 변경

6 데이터베이스 테이블 삭제

다음은 데이터베이스의 테이블을 삭제하는 명령이다.

```
drop table 테이블명;
```

mem2 테이블을 삭제하는 명령은 다음과 같다.

```
> drop table mem2;
```

화면의 왼쪽 목록을 보면 sample 데이터베이스 아래에 있던 mem2 테이블이 삭제되어 보이지 않는다.

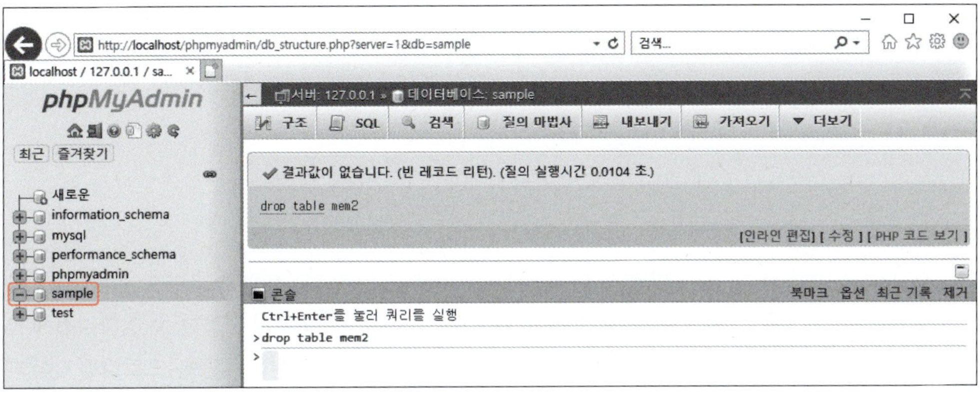

그림 9-16 mem2 테이블 삭제

요약

01 데이터베이스

데이터베이스는 프로그램에서 사용하는 데이터의 저장, 검색, 수정, 삭제 등을 가능하게 하는 일종의 소프트웨어 프로그램이다.

02 MySQL

SQL에 기반한 MySQL은 다양한 분야에서 널리 사용되는 RDBMS이다. 1998년 1월에 처음 발표된 MySQL은 리눅스, 유닉스, 윈도우 등 사실상 모든 플랫폼에서 사용할 수 있다. MySQL은 PHP, 파이썬, C, C++, 자바 등의 많은 프로그래밍 언어를 지원하는 응용 프로그램 인터페이스(API)를 제공한다.

03 데이터베이스 테이블 생성

```
create table 테이블명 (
    필드명1 데이터형,
    필드명2 데이터형,
    필드명3 데이터형,
    ...
    primary key(필드명)
);
```

04 데이터베이스 테이블 구조 확인

```
desc 테이블명;
```

05 데이터베이스 테이블 필드 관리

• 새로운 필드 추가

```
alter table 테이블명 add 새로운_필드명 필드_데이터형 [first 또는 after 필드명];
```

• 필드 삭제

```
alter table 테이블명 drop 삭제할_필드명1, 삭제할_필드명2;
```

• 필드 수정

```
alter table 테이블명 change 수정할_필드명 새로운_필드명 필드_데이터형;
```

• 필드 데이터형 수정

```
alter table 테이블명 modify 필드명 수정할_데이터형;
```

06 데이터베이스 테이블 이름 관리

```
alter table 수정할_테이블명 rename 새로운_테이블명;
```

07 데이터베이스 테이블 삭제

```
drop table 테이블명;
```

01 다음은 MySQL에 관한 설명이다. 맞으면 ○, 틀리면 × 표시를 하시오.

① MySQL 데이터베이스 관리 시스템의 하나이다. (   )

② 주로 대형 서버 컴퓨터에 사용하고 중소 시스템이나 PC에는 잘 사용하지 않는다. (   )

③ MySQL은 테이블을 기본 구조로 하는 관계형 데이터베이스 관리 시스템에 속한다. (   )

④ PHP로 웹 프로그래밍을 할 때 데이터베이스로 MySQL을 많이 사용한다. (   )

⑤ SQL은 데이터베이스를 조회하거나 데이터를 갱신할 수 있는 데이터베이스 표준 언어이다. (   )

⑥ phpMyAdmin의 문자셋은 세계 표준인 euc-kr로 설정하는 것이 바람직하다. (   )

⑦ MySQL은 처리 속도가 빠르고 성능이 우수한 편이지만 초보자가 익히기 어렵다. (   )

02 MySQL 데이터베이스에서 DB 테이블을 관리하는 SQL 명령에 관한 물음에 답하시오.

① 데이터베이스를 생성하는 명령을 쓰시오.

② DB 테이블명이 member일 때 이 테이블의 구조를 보는 데 사용하는 명령을 쓰시오.

③ member 테이블에 age 필드를 int 데이터형으로 추가하는 명령을 쓰시오.

④ member 테이블에서 age 필드를 삭제하는 명령을 쓰시오.

⑤ member 테이블의 이름을 members로 변경하는 명령을 쓰시오.

⑥ member 테이블의 name 필드를 char(20)으로 변경하는 명령을 쓰시오.

03 다음은 회사 사원의 인적 사항을 관리하기 위한 DB 테이블(테이블명: employee)의 구조이다.

필드명	데이터형	설명
num	int	일련번호
id	char(20)	아이디
name	char(10)	이름
gender	char(1)	성별(남성: M, 여성: F)
age	int	나이
department	char(20)	근무 부서
hp	char(20)	휴대전화 번호
address	char(100)	집 주소

① employee 테이블을 생성하는 명령의 빈칸을 채우시오.

```
create table employee (
    num int,
    _______ char(20),
    name char(10),
    gender ________,
    age int
    department char(20),
    ________ char(20),
    address char(100),
    primary key(__________) );
```

② employee 테이블의 구조를 보는 데 사용하는 명령을 쓰시오.

③ employee 테이블에 email 필드를 char(30) 데이터형으로 추가하는 명령을 쓰시오.

④ employee 테이블의 이름을 member로 변경하는 명령을 쓰시오.

⑤ age 필드를 삭제하는 명령을 쓰시오.

⑥ employee 테이블을 삭제하는 명령을 쓰시오.

CHAPTER 10

MySQL 조작

학습목표

- SQL 명령을 일괄 실행할 수 있다.
- DB 테이블에 데이터를 삽입할 수 있다.
- 테이블의 구조와 데이터를 확인할 수 있다.
- 테이블의 데이터를 검색, 수정, 삭제할 수 있다.
- 레코드를 정렬할 수 있다.
- MySQL 사용자 계정을 생성할 수 있다.
- 데이터베이스를 백업하고 복원할 수 있다.

01 SQL 명령 일괄 실행

9장에서는 phpMyAdmin 콘솔에서 직접 SQL 명령을 입력한 다음 Ctrl + Enter를 눌러 실행하여 결과를 확인하는 방식으로 실습을 진행했다. 그런데 이러한 방식은 DB 테이블 생성처럼 명령이 긴 경우 중간에 명령을 잘못 입력하면 처음부터 다시 입력해야 하는 불편함이 있다. 이럴 때는 텍스트 파일에 SQL 명령을 저장하고 일괄 실행하는 방법을 이용하면 된다. 다음과 같이 두 단계를 거쳐 SQL 명령을 일괄 실행한 뒤 결과를 확인해보자.

[1단계] 텍스트 파일에 SQL 명령을 저장한다.

[2단계] 저장한 파일을 phpMyAdmin에서 불러와 일괄 실행한다.

이러한 일괄 실행 방식을 이용하여 친구의 주소와 전화번호를 관리하는 DB 테이블인 friend를 만들어보자.

[1단계] 텍스트 파일에 DB 테이블을 생성하는 명령 저장하기

서브라임 텍스트 등의 문서 편집기에서 DB 테이블을 생성하는 SQL 명령을 다음과 같이 입력하고 friend.sql 파일로 저장한다.

```
create table friend (
        num int not null auto_increment,
        name char(20) not null,
        tel char(20) not null,
        address char(80),
        primary key(num)
);
```

이 SQL 명령은 friend 테이블을 num, name, tel, address라는 4개의 필드로 구성한다는 의미이다. 이때 num, name, tel은 필수 항목이므로 not null로 설정하고, num 필드는 레코드를 식별하는 주 키, 자동으로 증가하는 auto_increment로 설정한다.

[2단계] phpMyAdmin에서 friend.sql 파일 불러오기

phpMyAdmin 메인 화면의 왼쪽 목록에 있는 sample 데이터베이스를 클릭한다. 화면 상단의 [가져오기] 메뉴를 클릭한 후 '업로드 파일' 항목의 〈찾아보기〉를 클릭하여 friend.sql 파일을 선택한다. 스크롤을 내려 메인 화면 아래에 있는 〈실행〉을 클릭한다.

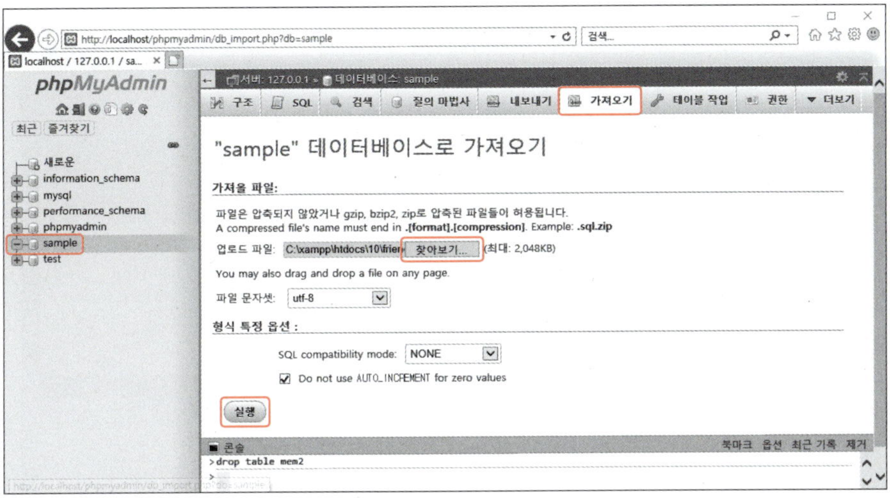

그림 10-1 일괄 실행 파일(friend.sql) 불러오기

화면의 왼쪽 목록에서 sample 데이터베이스 아래에 일괄 실행으로 생성된 friend 테이블을 확인할 수 있다.

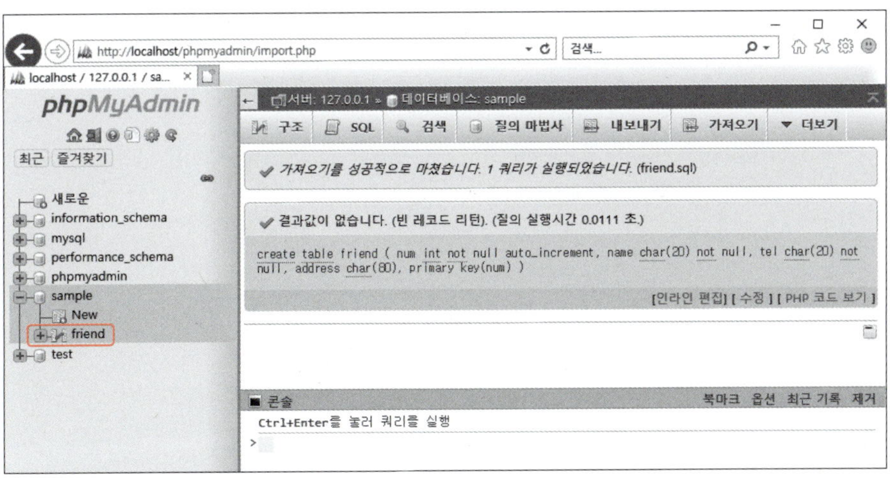

그림 10-2 일괄 실행으로 생성된 friend 테이블

다음 명령을 이용하여 friend 테이블의 구조를 살펴보자.

```
> desc friend;
```

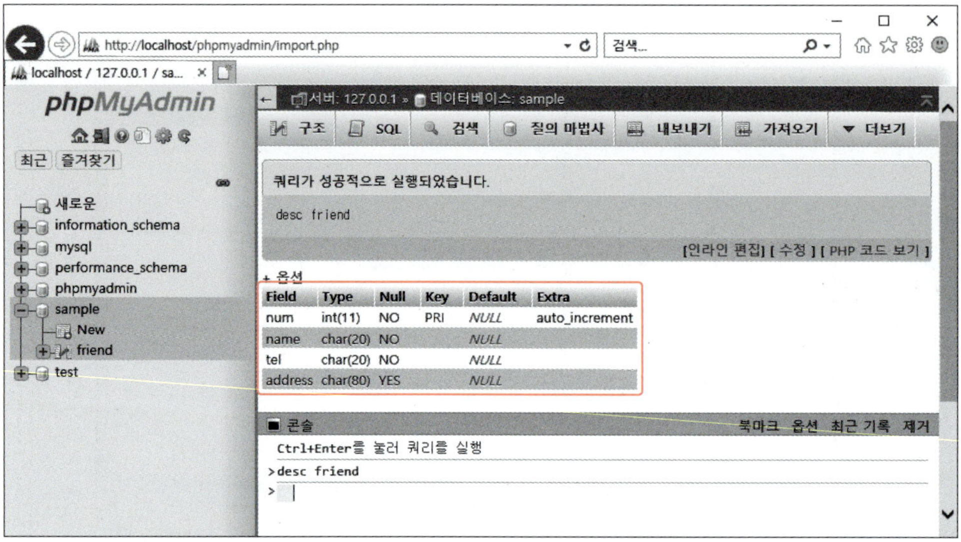

그림 10-3 friend 테이블의 구조

화면을 보면 friend 테이블은 num, name, tel, address 필드로 구성되었으며 num 필드는 주 키, auto_increment로 설정되어 있다.

02 테이블에의 데이터 삽입

테이블에 데이터를 삽입하려면 다음과 같은 형식으로 insert into 명령을 사용해야 한다.

```
insert into 테이블명 (필드명1, 필드명2, …) values (필드값1, 필드값2, …);
```

이는 이름이 '테이블명'인 DB 테이블의 '필드명1, 필드명2, …' 필드에 각각 '필드값1, 필드값2, …'를 삽입하는 명령이다. 이 명령을 이용하여 다음과 같이 friend 테이블에 데이터를 삽입해보자. 이때 phpMyAdmin 콘솔에 명령을 입력한 뒤 Ctrl + Enter를 눌러 쿼리를 실행한다.

```
> insert into friend (name, tel, address) values ('송예진', '031-123-4567', '경
기도 용인시 수지구 정평로 30');
```

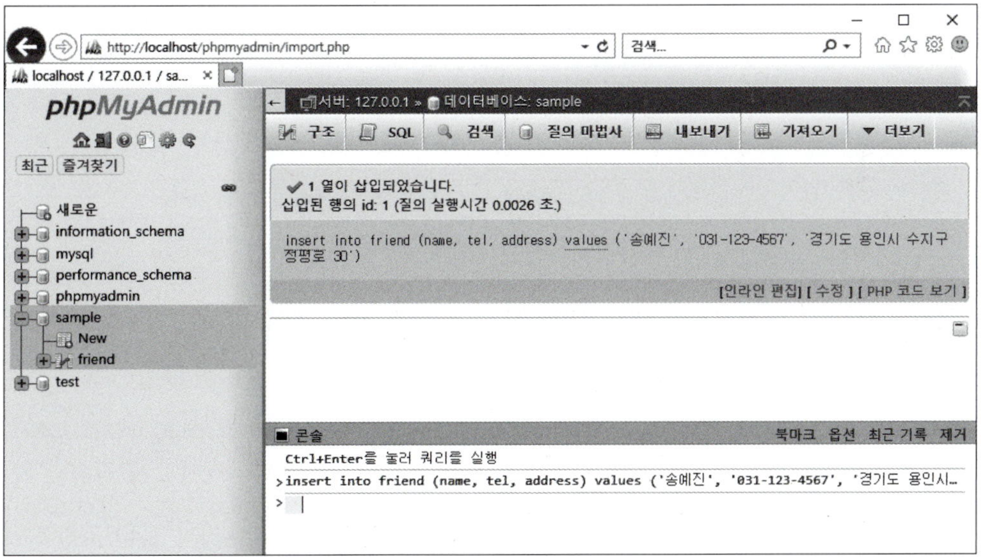

그림 10-4 friend 테이블에의 데이터 삽입

friend 테이블의 num 필드는 auto_increment로 설정되어 있으므로 데이터를 입력할 때 1씩 자동으로 증가한 값이 num 필드에 저장된다. 따라서 insert into 명령으로 데이터를 입력할 때 num 필드에는 직접 값을 할당하지 않는다.

같은 방법으로 friend 테이블에 레코드를 하나 더 삽입해보자.

```
> insert into friend (name, tel, address) values ('김수정', '031-333-4444', '양평군 지평면 묵방길 123번지');
```

삽입한 2개의 레코드가 friend 테이블에 잘 저장되었는지 확인하기 위해 다음 명령을 실행한다.

```
> select * from friend;
```

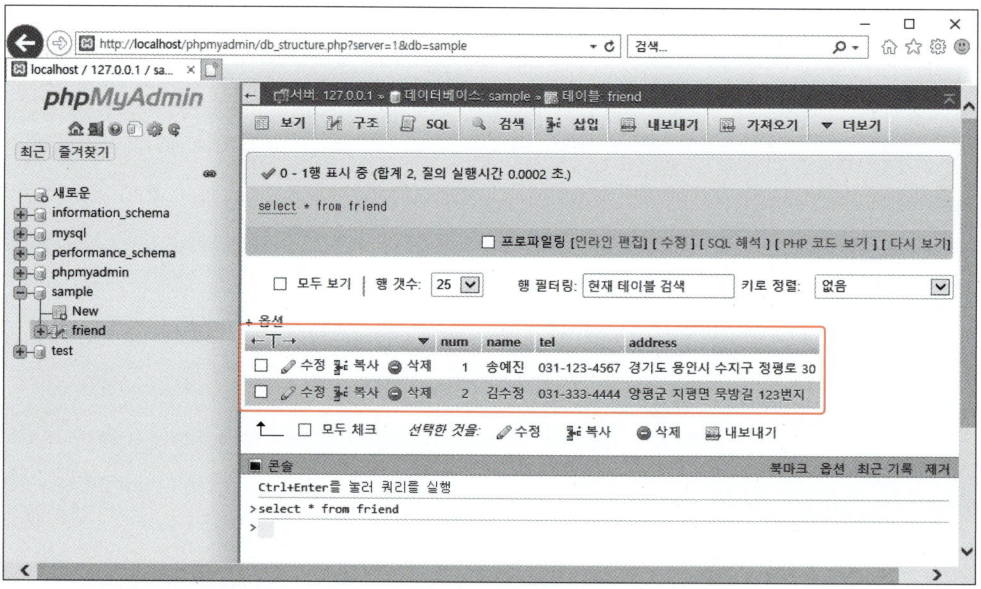

그림 10-5 전체 필드의 모든 데이터 검색

select * from friend 명령은 friend 테이블의 전체 필드(num, name, tel, address)에 저장된 모든 데이터를 출력한다.

select 명령을 이용하여 데이터를 검색하는 방법은 뒤에서 자세히 설명하겠다.

03 테이블 생성 후 데이터 삽입

다음과 같이 회원 정보를 관리하는 DB 테이블을 만들고 데이터를 삽입한 후 데이터가 제대로 입력되었는지 확인하는 과정을 알아보자.

- DB 테이블 설계
- SQL 명령 일괄 실행으로 테이블 생성 및 데이터 삽입
- 테이블 구조 확인
- 테이블에 저장된 데이터 확인

1 테이블 설계

회원 정보를 관리하기 위한 DB 테이블을 다음과 같이 설계하자. 테이블명은 member이다.

필드명	데이터형	null	추가 사항	설명
num	int	not null	primary key, auto_increment	일련번호
id	char(20)	not null		아이디
name	char(20)	not null		이름
gender	char(1)	null		성별(남성: M, 여성: W)
post_num	char(8)	null		우편번호
address	char(80)	null		주소
tel	char(20)	null		전화번호
age	int	null		나이

member 테이블은 8개의 필드(num, id, name, gender, post_num, address, tel, age)로 구성된다. 데이터형은 num과 age의 경우 정수형인 int이고 나머지는 문자형인 char이다. num, id, name 필드는 필수 항목으로서 not null로 설정하고, num 필드는 주 키를 의미하

는 primary key, 자동 증가하는 auto_increment로 설정한다.

2 SQL 명령 일괄 실행

SQL 명령이 저장된 파일을 일괄 실행하여 member 테이블을 생성하고 레코드를 삽입해보자. 일괄 실행에 사용할 SQL 명령을 저장할 member.sql 파일의 내용은 다음과 같다.

```
create table member (
        num int not null auto_increment,
        id char(20) not null,
        name char(20) not null,
        gender char(1),
        post_num char(8),
        address char(80),
        tel char(20),
        age int,
        primary key(num)
);

insert into member (id, name, gender, post_num, address, tel, age) values
  ('yjhwang', '황영주', 'M', '100-011', '서울시 중구 충무로1가', '234-8879', 35);
insert into member (id, name, gender, post_num, address, tel, age) values
  ('khshul', '설기형', 'M', '607-010', '부산시 동래구 명륜동', '764-3784', 33);
insert into member (id, name, gender, post_num, address, tel, age) values
  ('chpark', '박철호', 'M', '503-200', '광주시 남구 지석동', '298-9730', 34);
insert into member (id, name, gender, post_num, address, tel, age) values
  ('shlee', '이상훈', 'M', '503-201', '광주시 남구 도금동', '838-4347', 32);
insert into member (id, name, gender, post_num, address, tel, age) values
  ('jyjang', '장영숙', 'W', '606-065', '부산시 영도구 봉래동5가', '399-9809', 24);
insert into member (id, name, gender, post_num, address, tel, age) values
  ('yjbae', '배용진', 'M', '122-014', '서울시 은평구 응암4동', '857-5683', 30);
insert into member (id, name, gender, post_num, address, tel, age) values
  ('hbpark', '박혜빈', 'W', '427-760', '경기도 과천시 중앙동', '234-7677', 22);
insert into member (id, name, gender, post_num, address, tel, age) values
  ('mskim', '김문수', 'M', '429-020', '경기도 시흥시 신천동', '370-6003', 63);

...
```

phpMyAdmin 화면 상단의 [가져오기] 메뉴를 클릭한 뒤 업로드 파일로 member.sql을 선택하고 하단의 〈실행〉을 클릭한다.

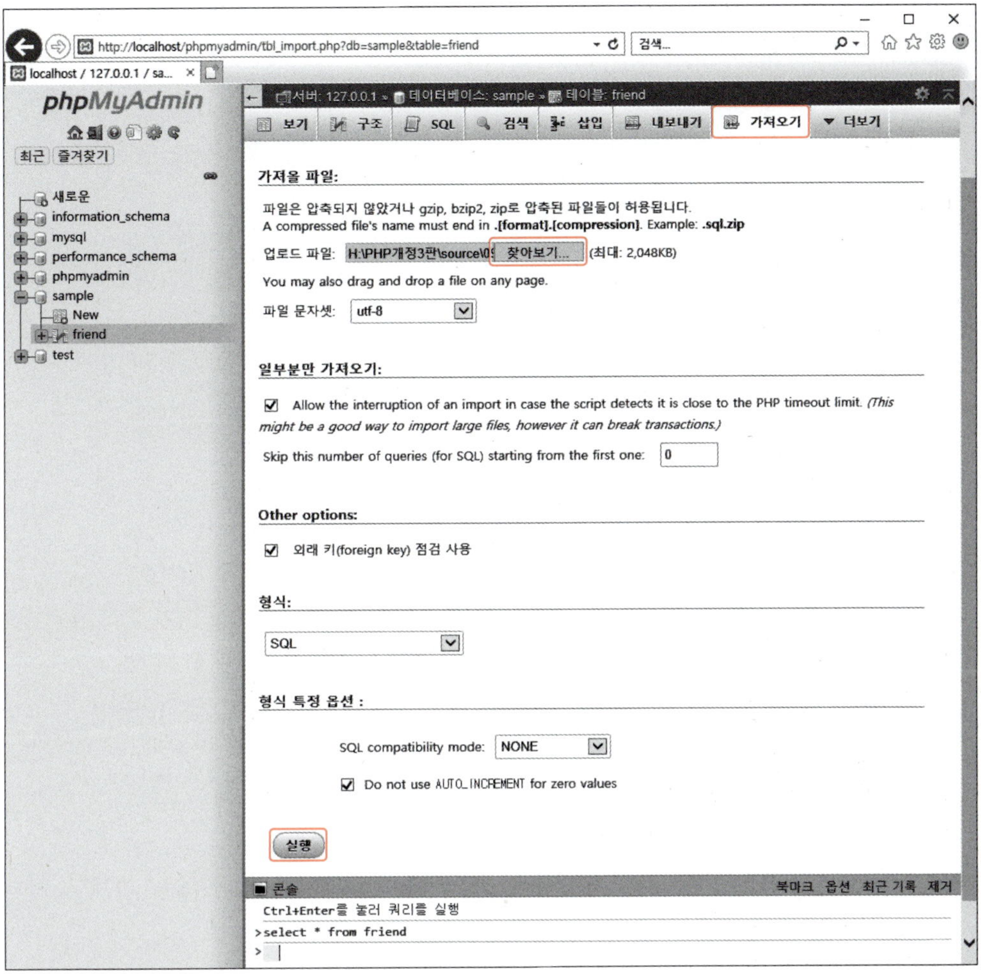

그림 10-6 phpMyAdmin에서의 member.sql 파일 일괄 실행

다음과 같이 화면 상단에 '가져오기를 성공적으로 마쳤습니다. 36 쿼리가 실행되었습니다.'라는 메시지가 나타나면 오류 없이 실행된 것이다.

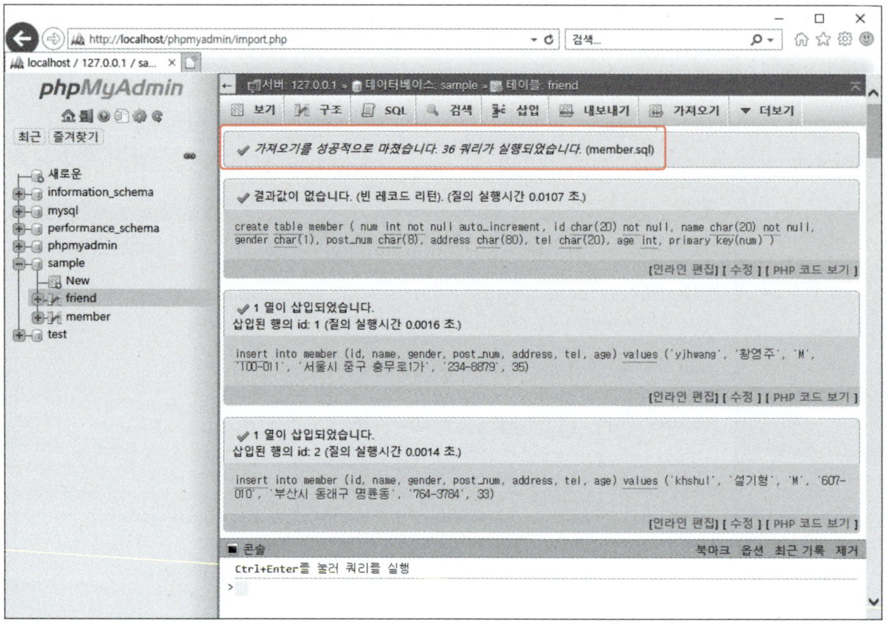

그림 10-7 member.sql 일괄 실행 완료

3 테이블 구조 확인

phpMyAdmin 콘솔에 다음 명령을 입력하여 member 테이블의 구조를 확인해보자.

```
> desc member;
```

desc member 명령은 meber 테이블의 필드 구조를 보여준다. 앞에서 설계한 대로 member 테이블이 생성되었음을 알 수 있다.

Field	Type	Null	Key	Default	Extra
num	int(11)	NO	PRI	*NULL*	auto_increment
id	char(20)	NO		*NULL*	
name	char(20)	NO		*NULL*	
gender	char(1)	YES		*NULL*	
post_num	char(8)	YES		*NULL*	
address	char(80)	YES		*NULL*	
tel	char(20)	YES		*NULL*	
age	int(11)	YES		*NULL*	

그림 10-8 member 테이블의 구조 확인

4 테이블 데이터 확인

member 테이블에 저장된 데이터를 확인하기 위해 phpMyAdmin 콘솔에 다음 명령을 입력해보자.

```
> select * from member;
```

select * from member 명령은 member 테이블을 구성하는 35개 레코드의 전체 데이터를 보여준다.

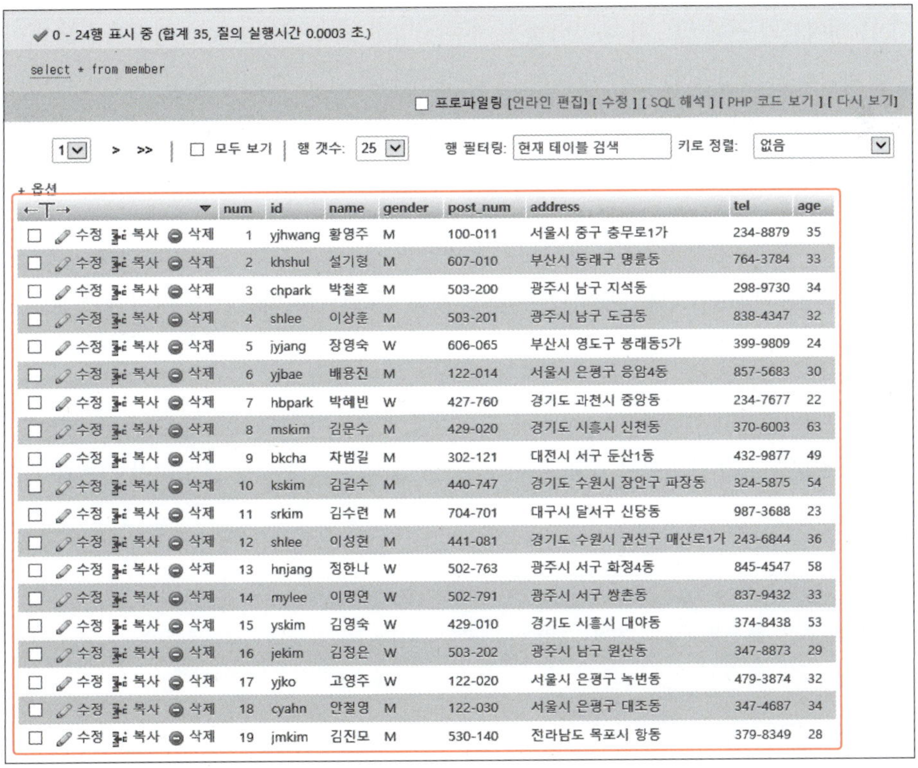

0 - 24행 표시 중 (합계 35, 질의 실행시간 0.0003 초.)

select * from member

프로파일링 [인라인 편집] [수정] [SQL 해석] [PHP 코드 보기] [다시 보기]

1 > >> | 모두 보기 | 행 갯수: 25 행 필터링: 현재 테이블 검색 키로 정렬: 없음

+ 옵션

←T→	num	id	name	gender	post_num	address	tel	age
수정 복사 삭제	1	yjhwang	황영주	M	100-011	서울시 중구 충무로1가	234-8879	35
수정 복사 삭제	2	khshul	설기형	M	607-010	부산시 동래구 명륜동	764-3784	33
수정 복사 삭제	3	chpark	박철호	M	503-200	광주시 남구 지석동	298-9730	34
수정 복사 삭제	4	shlee	이상훈	M	503-201	광주시 남구 도금동	838-4347	32
수정 복사 삭제	5	jyjang	장영숙	W	606-065	부산시 영도구 봉래동5가	399-9809	24
수정 복사 삭제	6	yjbae	배용진	M	122-014	서울시 은평구 응암4동	857-5683	30
수정 복사 삭제	7	hbpark	박혜빈	W	427-760	경기도 과천시 중앙동	234-7677	22
수정 복사 삭제	8	mskim	김문수	M	429-020	경기도 시흥시 신천동	370-6003	63
수정 복사 삭제	9	bkcha	차범길	M	302-121	대전시 서구 둔산1동	432-9877	49
수정 복사 삭제	10	kskim	김길수	M	440-747	경기도 수원시 장안구 파장동	324-5875	54
수정 복사 삭제	11	srkim	김수련	M	704-701	대구시 달서구 신당동	987-3688	23
수정 복사 삭제	12	shlee	이성현	M	441-081	경기도 수원시 권선구 매산로1가	243-6844	36
수정 복사 삭제	13	hnjang	정한나	W	502-763	광주시 서구 화정4동	845-4547	58
수정 복사 삭제	14	mylee	이명연	W	502-791	광주시 서구 쌍촌동	837-9432	33
수정 복사 삭제	15	yskim	김영숙	W	429-010	경기도 시흥시 대야동	374-8438	53
수정 복사 삭제	16	jekim	김정은	W	503-202	광주시 남구 월산동	347-8873	29
수정 복사 삭제	17	yjko	고영주	W	122-020	서울시 은평구 녹번동	479-3874	32
수정 복사 삭제	18	cyahn	안철영	M	122-030	서울시 은평구 대조동	347-4687	34
수정 복사 삭제	19	jmkim	김진모	M	530-140	전라남도 목포시 항동	379-8349	28

그림 10-9 member 테이블의 전체 데이터 확인

04 데이터 검색과 관리

조건에 맞는 데이터를 검색하고 레코드를 정렬, 수정, 삭제하는 방법을 알아보자.

1 전체 필드와 데이터 검색

다음은 DB 테이블의 전체 필드와 데이터를 보여주는 명령 형식으로, select 명령은 DB 테이블에 있는 데이터를 검색한다. 다음 명령은 '테이블명'이라는 DB 테이블에 있는 전체 데이터를 검색하라는 의미이다.

```
select * from 테이블명;
```

앞의 실습에서 사용한 friend 테이블의 전체 필드와 데이터를 검색하는 명령은 다음과 같다.

```
> select * from friend;
```

검색 결과를 보면 friend 테이블은 num, name, tel, address 필드로 구성되었으며 테이블에는 2개의 레코드가 있다.

←T→				num	name	tel	address
☐	수정	복사	삭제	1	송예진	031-123-4567	경기도 용인시 수지구 정평로 30
☐	수정	복사	삭제	2	김수정	031-333-4444	양평군 지평면 묵방길 123번지

그림 10-10 friend 테이블의 전체 데이터 검색

다음은 앞의 실습에서 사용한 member 테이블의 전체 필드와 데이터를 검색하는 명령이다.

```
> select * from member;
```

이 명령의 실행 결과는 [그림 10-8]과 같다.

❷ 특정 필드의 전체 레코드 검색

다음은 DB 테이블에서 특정 필드의 전체 레코드를 검색하는 명령 형식이다.

```
select 필드명1, 필드명2, … from 테이블명;
```

member 테이블의 전체 레코드에서 name, tel, address 필드의 데이터만 검색하는 명령은 다음과 같다.

```
> select name, tel, address from member;
```

위의 명령은 member 테이블에 저장된 전체 35개 레코드에서 name, tel, address 필드에 해당하는 데이터만 보여준다.

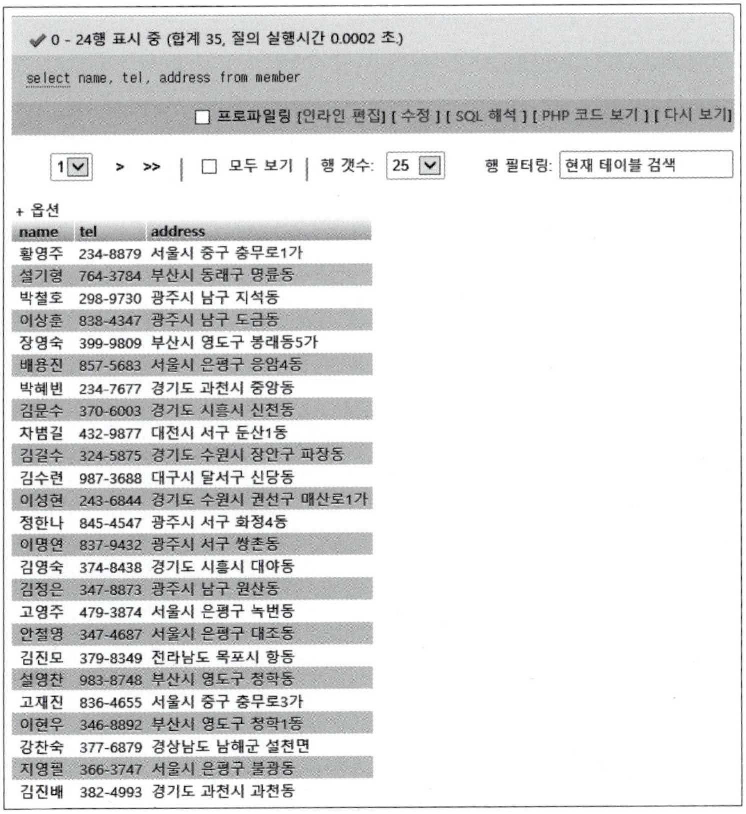

name	tel	address
황영주	234-8879	서울시 중구 충무로1가
설기형	764-3784	부산시 동래구 명륜동
박철호	298-9730	광주시 남구 지석동
이상훈	838-4347	광주시 남구 도금동
장영숙	399-9809	부산시 영도구 봉래동5가
배용진	857-5683	서울시 은평구 응암4동
박혜빈	234-7677	경기도 과천시 중앙동
김문수	370-6003	경기도 시흥시 신천동
차범길	432-9877	대전시 서구 둔산1동
김길수	324-5875	경기도 수원시 장안구 파장동
김수련	987-3688	대구시 달서구 신당동
이성현	243-6844	경기도 수원시 권선구 매산로1가
정한나	845-4547	광주시 서구 화정4동
이명연	837-9432	광주시 서구 쌍촌동
김영숙	374-8438	경기도 시흥시 대야동
김정은	347-8873	광주시 남구 원산동
고영주	479-3874	서울시 은평구 녹번동
안철영	347-4687	서울시 은평구 대조동
김진모	379-8349	전라남도 목포시 항동
설영찬	983-8748	부산시 영도구 청학동
고재진	836-4655	서울시 중구 충무로3가
이현우	346-8892	부산시 영도구 청학1동
강찬숙	377-6879	경상남도 남해군 설천면
지영필	366-3747	서울시 은평구 불광동
김진배	382-4993	경기도 과천시 과천동

그림 10-11 member 테이블에서 name, tel, address 필드의 데이터만 검색

3 특정 조건에 맞는 레코드 검색

다음은 조건식을 만족하는 레코드를 검색하는 명령 형식이다.

```
select 필드명1, 필드명2, … from 테이블명 where 조건식;
```

위의 명령은 '테이블명'이라는 DB 테이블에서 where 다음의 '조건식'을 만족하는 레코드의 필드명1, 필드명2, …를 검색한다.

member 테이블에서 특정 조건에 해당되는 회원을 검색하는 방법을 살펴보자.

예제 10-1 여성 회원의 아이디, 이름, 주소, 성별 검색하기

```
> select id, name, address, gender from member where gender='W';
```

실행 결과

id	name	address	gender
jyjang	장영숙	부산시 영도구 봉래동5가	W
hbpark	박혜빈	경기도 과천시 중앙동	W
hnjang	정한나	광주시 서구 화정4동	W
mylee	이명연	광주시 서구 쌍촌동	W
yskim	김영숙	경기도 시흥시 대야동	W
jekim	김정은	광주시 남구 원산동	W
yjko	고영주	서울시 은평구 녹번동	W
cskang	강찬숙	경상남도 남해군 설천면	W
jepark	박지은	경상남도 거창군 거창읍	W
jhlee	이지현	대구시 달서구 월성동	W
jymoon	문진영	대전시 서구 둔산2동	W
jyjun	전지연	서울시 중구 충무로2가	W
jsyou	유지수	광주시 서구 치평동	W
dsshin	신달성	전라남도 신안군 장산면	W
sjshin	신수진	부산시 영도구 봉래동5가	W

예제 10-2 50세 이상인 남성 회원의 이름, 전화번호, 성별, 나이 검색하기

```
> select name, tel, gender, age from member where age>=50 and gender='M';
```

실행 결과

name	tel	gender	age
김문수	370-6003	M	63
김길수	324-5875	M	54
지영필	366-3747	M	52
강부영	798-3243	M	62

예제 10-3 20대 회원의 이름, 성별, 주소, 나이 검색하기

```
> select name, gender, address, age from member where age>=20 and age<=29;
```

실행 결과

name	gender	address	age
장영숙	W	부산시 영도구 봉래동5가	24
박혜빈	W	경기도 과천시 중앙동	22
김수련	M	대구시 달서구 신당동	23
김정은	W	광주시 남구 원산동	29
김진모	M	전라남도 목포시 항동	28
고재진	M	서울시 중구 충무로3가	28
강찬숙	W	경상남도 남해군 설천면	21
박지은	W	경상남도 거창군 거창읍	26
이지현	W	대구시 달서구 월성동	27
전지연	W	서울시 중구 충무로2가	28
고진길	M	서울시 은평구 응암3동	27

예제 10-4 30대 또는 50대 남성 회원의 이름, 전화번호, 나이, 성별 검색하기

```
> select name, tel, age, gender from member where ( (age>=30 and age<=39) or
(age>=50 and age<=59) ) and gender='M';
```

실행 결과

name	tel	age	gender
황영주	234-8879	35	M
설기형	764-3784	33	M
박철호	298-9730	34	M
이상훈	838-4347	32	M
배용진	857-5683	30	M
김길수	324-5875	54	M
이성현	243-6844	36	M
안철영	347-4687	34	M
이현우	346-8892	32	M
지영필	366-3747	52	M

예제 10-5 이름이 '안철영'인 회원의 일련번호, 이름, 전화번호, 주소, 우편번호, 나이, 성별 검색하기

```
> select num, name, tel, address, post_num, age, gender from member where
name='안철영';
```

실행 결과

←T→	num	name	tel	address	post_num	age	gender
☐ 수정 복사 삭제	18	안철영	347-4687	서울시 은평구 대조동	122-030	34	M

4 특정 문자열이 포함된 레코드 검색

다음은 '테이블명'이라는 DB 테이블에서 '검색필드'에 포함된 '문자열_수식' 조건을 만족하는 레코드의 필드명1, 필드명2, …를 검색하는 명령 형식이다.

```
select 필드명1, 필드명2, … from 테이블명 where 검색필드 like 문자열_수식;
```

member 테이블에서 특정 문자열이 포함된 회원을 검색하는 방법을 살펴보자.

예제 10-6 성이 박씨인 회원의 이름, 전화번호 검색하기

```
> select name, tel from member where name like '박%';
```

실행 결과

name	tel
박철호	298-9730
박혜빈	234-7677
박지은	328-8743

여기서 '박%'는 '박'으로 시작하는 모든 문자열을 의미한다.

예제 10-7 서울에 거주하는 회원의 일련번호, 이름, 주소, 성별 검색하기

```
> select num, name, address, gender from member where address like '서울%';
```

실행 결과

←T→	num	name	address	gender
☐ 수정 복사 삭제	1	황영주	서울시 중구 충무로1가	M
☐ 수정 복사 삭제	6	배용진	서울시 은평구 응암4동	M
☐ 수정 복사 삭제	17	고영주	서울시 은평구 녹번동	W
☐ 수정 복사 삭제	18	안철영	서울시 은평구 대조동	M
☐ 수정 복사 삭제	21	고재진	서울시 중구 충무로3가	M
☐ 수정 복사 삭제	24	지영필	서울시 은평구 불광동	M
☐ 수정 복사 삭제	30	전지연	서울시 중구 충무로2가	W
☐ 수정 복사 삭제	31	고진길	서울시 은평구 응암3동	M

여기서 '서울%'는 '서울'로 시작하는 모든 문자열을 의미한다.

예제 10-8 은평구에 거주하는 회원의 모든 정보 검색하기

```
> select * from member where address like '%은평구%';
```

실행 결과

←T→	num	id	name	gender	post_num	address	tel	age
☐ 수정 복사 삭제	6	yjbae	배용진	M	122-014	서울시 은평구 응암4동	857-5683	30
☐ 수정 복사 삭제	17	yjko	고영주	W	122-020	서울시 은평구 녹번동	479-3874	32
☐ 수정 복사 삭제	18	cyahn	안철영	M	122-030	서울시 은평구 대조동	347-4687	34
☐ 수정 복사 삭제	24	ypji	지영필	M	122-040	서울시 은평구 불광동	366-3747	52
☐ 수정 복사 삭제	31	jkko	고진길	M	122-013	서울시 은평구 응암3동	234-7466	27

여기서 '%은평구%'는 '은평구'가 포함된 모든 문자열을 의미한다.

예제 10-9 성이 김씨이고 광주에 거주하는 회원의 모든 정보 검색하기

```
> select * from member where address like '%광주%' and name like '김%';
```

실행 결과

←T→	num	id	name	gender	post_num	address	tel	age
☐ 수정 복사 삭제	16	jekim	김정은	W	503-202	광주시 남구 원산동	347-8873	29

5 레코드 정렬

다음은 '테이블명'이라는 DB 테이블에서 '필드명'을 기준으로 오름차순 정렬된 필드명1, 필드명2, …를 검색하는 명령 형식이다.

```
select 필드명1, 필드명2, … from 테이블명 order by 필드명;
```

member 테이블에서 레코드를 검색한 뒤 정렬하는 방법을 살펴보자.

예제 10-10 서울에 사는 회원을 나이순으로 오름차순 정렬한 뒤 이름, 나이, 주소, 전화번호, 성별 출력하기

```
> select name, age, address, tel, gender from member where address like '서울%'
order by age;
```

실행 결과

name	age ▲ 1	address	tel	gender
고진길	27	서울시 은평구 응암3동	234-7466	M
고재진	28	서울시 중구 충무로3가	836-4655	M
전지연	28	서울시 중구 충무로2가	347-2236	W
배용진	30	서울시 은평구 응암4동	857-5683	M
고영주	32	서울시 은평구 녹번동	479-3874	W
안철영	34	서울시 은평구 대조동	347-4687	M
황영주	35	서울시 중구 충무로1가	234-8879	M
지영필	52	서울시 은평구 불광동	366-3747	M

나이순으로 내림차순 정렬하려면 order by age 다음에 desc를 사용한다.

예제 10-11 부산에 사는 회원을 나이순으로 내림차순 정렬한 뒤 이름, 나이, 주소, 전화번호 출력하기

```
> select name, age, address, tel from member where address like '부산%' order
by age desc;
```

실행 결과

name	age ▼ 1	address	tel
신수진	47	부산시 영도구 봉래동5가	389-8930
설영찬	41	부산시 영도구 청학동	983-8748
설기형	33	부산시 동래구 명륜동	764-3784
이현우	32	부산시 영도구 청학1동	346-8892
장영숙	24	부산시 영도구 봉래동5가	399-9809

6 레코드 수정

다음은 '테이블명'이라는 DB 테이블에서 조건식을 만족하는 레코드의 '필드명' 값을 '필드값'으로 변경하는 명령 형식이다.

```
update 테이블명 set 필드명=필드값 where 조건식;
```

member 테이블의 레코드 값을 수정하는 방법을 살펴보자.

예제 10-12 이름이 '고재진'인 레코드의 전화번호를 123-4567로 변경한 뒤 데이터 확인하기

```
> update member set tel='123-4567' where name='고재진';
> select name, tel from member where name="고재진";
```

실행 결과

name	tel
고재진	123-4567

예제 10-13 이름이 '정한나'인 회원의 나이를 확인하고 값을 37로 변경하기

```
> select name, age from member where name='정한나';
> update member set age=37 where name='정한나';
> select name, age from member where name='정한나';
```

실행 결과

name	age
정한나	58

→

name	age
정한나	37

7 레코드 삭제

다음은 '테이블명'이라는 DB 테이블에서 조건식을 만족하는 레코드를 삭제하는 명령 형식이다.

```
delete from 테이블명 where 조건식;
```

member 테이블에서 특정 조건을 만족하는 레코드를 삭제하는 방법을 살펴보자.

예제 10-14 이름이 '김수련'인 레코드를 삭제한 뒤 확인하기

```
> delete from member where name='김수련';
> select * from member where name like '김%';
```

실행 결과

	num	id	name	gender	post_num	address	tel	age
수정 복사 삭제	8	mskim	김문수	M	429-020	경기도 시흥시 신천동	370-6003	63
수정 복사 삭제	10	kskim	김길수	M	440-747	경기도 수원시 장안구 파장동	324-5875	54
수정 복사 삭제	15	yskim	김영숙	W	429-010	경기도 시흥시 대야동	374-8438	53
수정 복사 삭제	16	jekim	김정은	W	503-202	광주시 남구 원산동	347-8873	29
수정 복사 삭제	19	jmkim	김진모	M	530-140	전라남도 목포시 항동	379-8349	28
수정 복사 삭제	25	jbkim	김진배	M	427-600	경기도 과천시 과천동	382-4993	47

예제 10-15 40대 회원의 레코드를 삭제한 뒤 35~53세 회원의 이름, 나이, 성별을 나이순으로 출력하여 확인하기

```
> delete from member where age>=40 and age<=49;
> select name, age, gender from member where age>=35 and age<=53 order by
age;
```

실행 결과

name	age ▲ 1	gender
황영주	35	M
이성현	36	M
정한나	37	W
지영필	52	M
김영숙	53	W
신달성	53	W

member 테이블의 전체 레코드를 삭제하는 명령 형식은 다음과 같다.

```
> delete from member;
```

조건식을 생략한 채 delete from 명령을 실행하면 member 테이블의 전체 레코드를 삭제할 수 있다. 그러나 실수로 테이블의 레코드를 날려버릴 수도 있으니 이 명령은 조심히 사용해야 한다.

05 MySQL 사용자 계정 생성

지금까지는 편의상 관리자 계정인 root로 MySQL 실습을 진행했다. 이제 MySQL의 새로운 사용자 계정을 생성하고 데이터베이스 사용 권한을 설정하는 방법을 알아보자. phpMyAdmin에서 새로운 사용자 계정을 추가한 뒤 데이터베이스 사용 권한을 부여하는 과정은 다음과 같다.

- 새로운 사용자 계정 추가
- 새로운 계정에서 사용할 데이터베이스 권한 설정
- phpMyAdmin에서 새로운 사용자 계정으로 접속

1 새로운 사용자 계정 추가

새로운 사용자 계정을 추가하기 위해 phpMyAdmin 메인 화면 왼쪽 상단의 로고를 클릭한다. 그리고 오른쪽 상단의 [사용자 계정] 메뉴를 클릭한 뒤 [사용자 추가] 메뉴를 클릭한다.

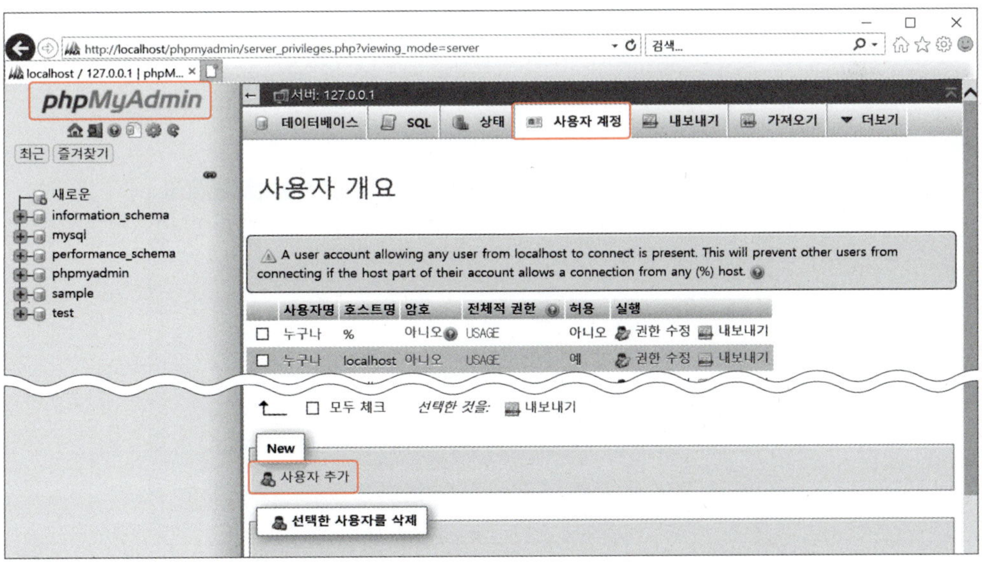

그림 10-12 phpMyAdmin에서의 사용자 추가

NOTE [사용자 추가] 메뉴가 보이지 않는 경우

phpMyAdmin 버전에 따라서 [사용자 추가] 메뉴가 보이지 않는 경우가 있다. 이럴 때는 C:₩xampp₩phpMyAdmin 폴더에 있는 config.inc.php 파일을 텍스트 에디터로 열고 다음 내용을 추가한다.

```
$cfg['Servers'][$i]['DisableIS'] = true;
```

```
/* Authentication type and info */
$cfg['Servers'][$i]['auth_type'] = 'config';
$cfg['Servers'][$i]['user'] = 'root';
$cfg['Servers'][$i]['password'] = '';
$cfg['Servers'][$i]['extension'] = 'mysqli';
$cfg['Servers'][$i]['AllowNoPassword'] = true;
$cfg['Lang'] = '';
$cfg['Servers'][$i]['DisableIS'] = true;
```

config.inc.php 파일을 수정한 후 웹 브라우저 창을 닫고 phpMyAdmin를 다시 실행하면 [사용자 추가] 메뉴를 나타날 것이다.

phpMyAdmin에서 새로운 사용자의 로그인 정보를 등록하는 화면이 나타나면 다음과 같이 입력한다. 나머지 항목은 그대로 둔 채 화면을 아래로 내려 〈실행〉을 클릭한다.

- 사용자명: user1
- 호스트명: localhost
- 암호: 12345
- 재입력: 12345

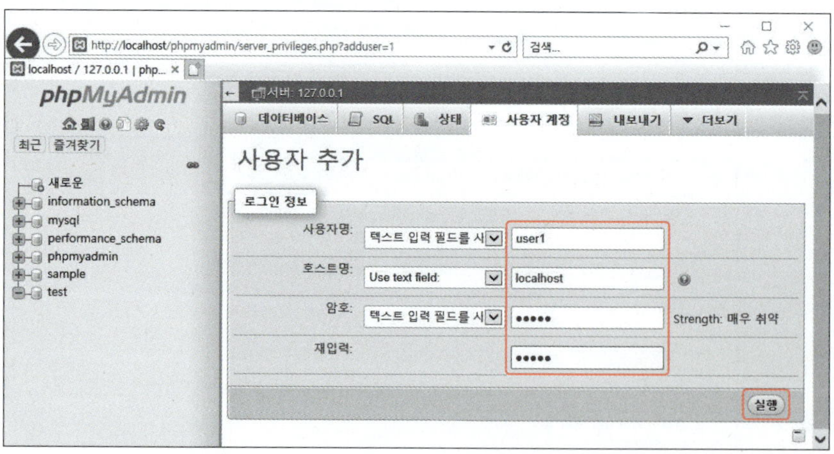

그림 10-13 새로운 사용자의 로그인 정보 등록

'새 사용자를 추가했습니다.'라는 메시지가 나타나면 사용자 계정이 생성된 것이다.

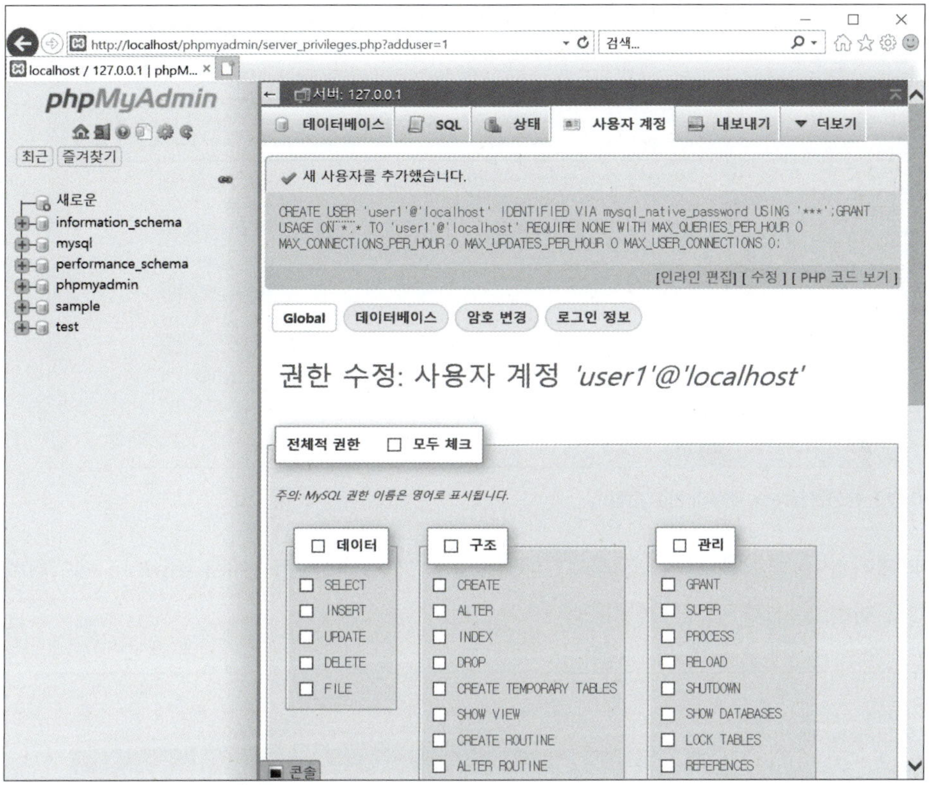

그림 10-14 새로운 사용자 계정 user1 생성

2 데이터베이스 권한 설정

새로운 사용자 계정인 user1을 추가했으니 앞에서 생성한 sample 데이터베이스를 사용할 수 있는 권한을 부여해보자. phpMyAdmin에서 생성한 사용자 계정과 데이터베이스를 불러오려면 먼저 현재의 웹 브라우저를 완전히 닫아야 한다. 웹 브라우저를 새로 열고 주소 창에 'http://locahost'를 입력하여 phpMyAdmin 화면을 다시 불러온다. 화면 상단의 [사용자 계정] 메뉴를 클릭한 뒤 user1 계정의 [권한 수정]을 클릭한다.

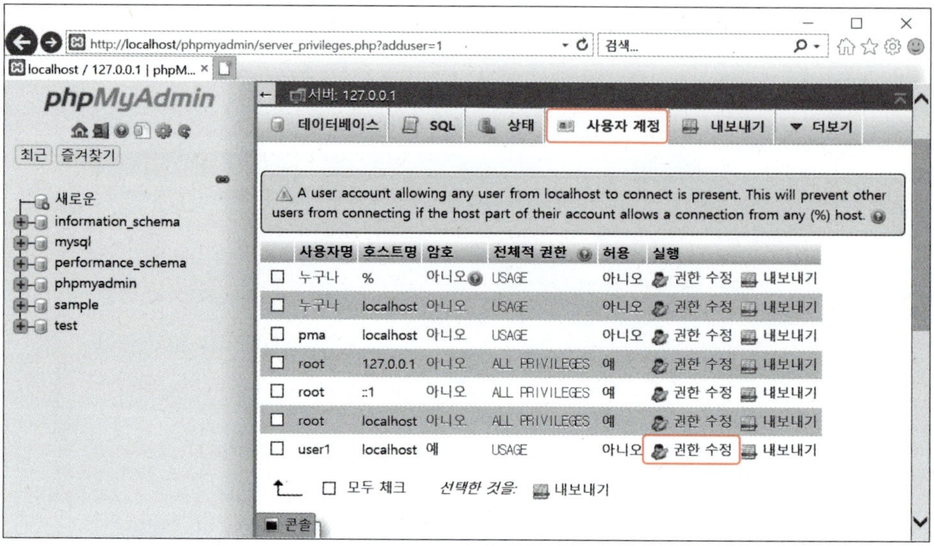

그림 10-15 생성된 user1 계정의 권한 수정

[데이터베이스]를 클릭한 뒤 '다음 데이터베이스들에 대한 권한 추가'에서 sample 데이터베이스를 선택하고 〈실행〉을 클릭한다.

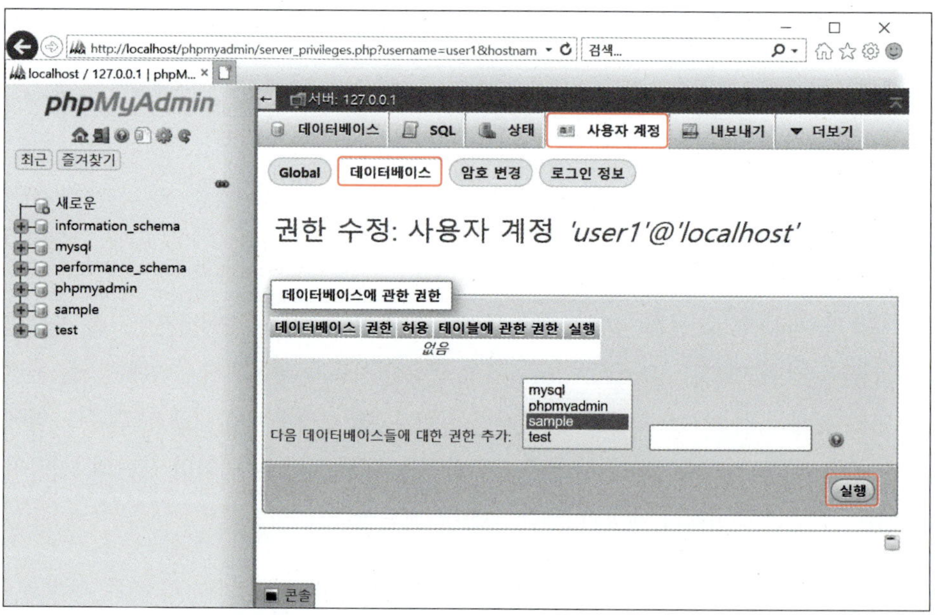

그림 10-16 sample 데이터베이스에 user1 계정의 권한 추가

sample 데이터베이스에 대한 모든 사용 권한을 user1 계정에 부여하기 위해 '데이터베이스에 관한 권한'의 '모두 체크'를 선택하고 〈실행〉을 클릭한다.

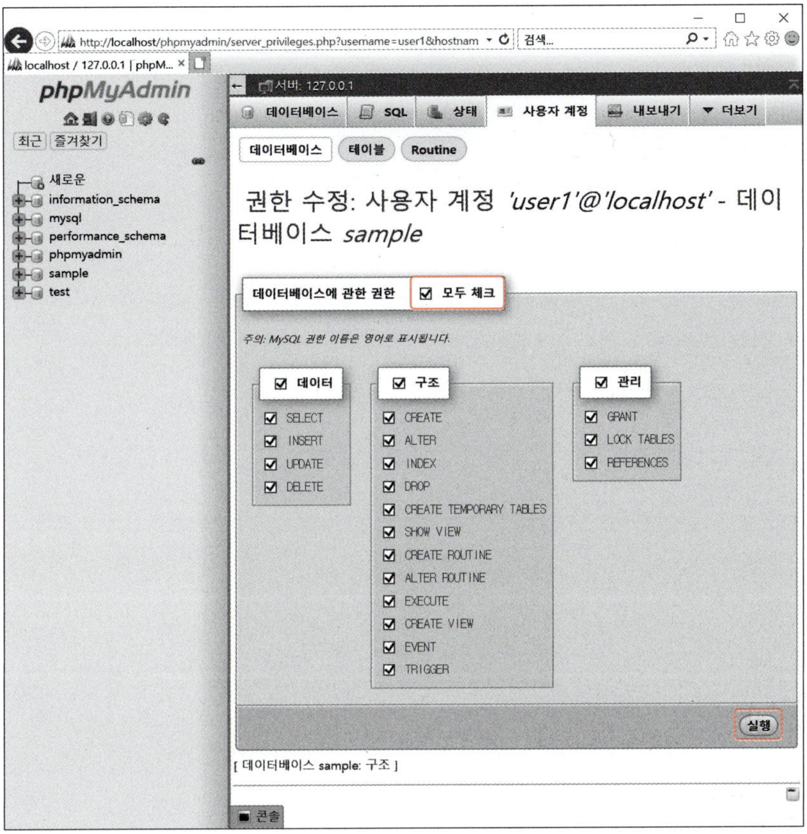

그림 10-17 sample 데이터베이스에 대한 모든 사용 권한 부여

지금까지 새로운 사용자 계정인 user1을 생성하고 sample 데이터베이스 사용 권한을 부여했다. 이제 phpMyAdmin에서 user1 계정으로 접속하는 방법을 알아보자.

3 새로운 사용자 계정으로 접속

phpMyAdmin에서 기본으로 설정된 root 계정 대신 생성한 사용자 계정으로 접속하려면 C:₩xampp₩phpMyAdmin 폴더에 있는 config.inc.php 파일을 다음과 같이 수정해야 한다.

```
/* Authentication type and info */
$cfg['Servers'][$i]['auth_type'] = 'config';
$cfg['Servers'][$i]['user'] = 'root';
$cfg['Servers'][$i]['password'] = '';
```

↓

```
/* Authentication type and info */
$cfg['Servers'][$i]['auth_type'] = 'cookie';
$cfg['Servers'][$i]['user'] = '';
$cfg['Servers'][$i]['password'] = '';
```

그림 10-18 사용자 계정으로 접속하기 위해 config.inc.php 파일 수정

config.inc.php 파일을 수정하고 저장한 후 웹 브라우저 창을 닫고 다시 phpMyAdmin에 접속한다. MySQL 접속 화면이 나타나면 다음과 같이 입력하고 〈실행〉을 클릭한다.

- 사용자명: user1
- 암호: 12345

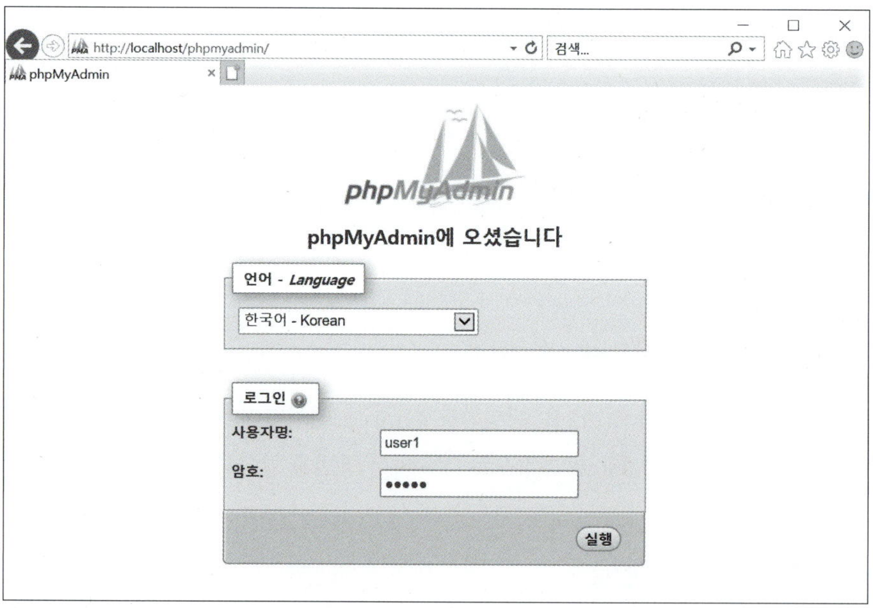

그림 10-19 phpMyAdmin의 사용자 계정 접속 화면

user1 계정으로 접속하면 화면 왼쪽 상단에 (로그아웃) 아이콘이 생긴다. 아래에 있는 데이터베이스 목록 중 sample을 선택하면 sample 데이터베이스에 포함된 DB 테이블 목록을

볼 수 있다.

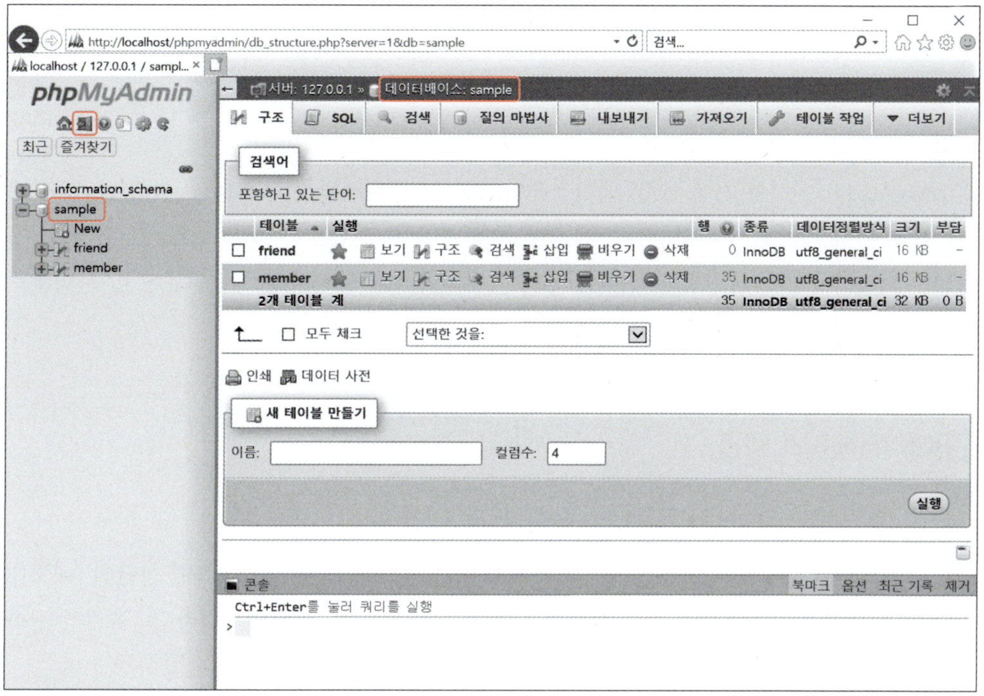

그림 10-20 user1 계정으로 접속한 phpMyAdmin 화면

06 데이터베이스 백업과 복원

phpMyAdmin에서는 사용 중인 데이터베이스를 쉽게 백업하거나 복원할 수 있다. 그런데 경우에 따라서는 리눅스 서버의 셸이나 윈도우의 명령 프롬프트에서 데이터베이스를 백업 및 복원할 필요가 있다. phpMyAdmin과 명령 프롬프트에서 데이터베이스를 백업 및 복원하는 방법을 알아보자.

1 데이터베이스 백업

1.1 phpMyAdmin에서 백업하기

phpMyAdmin에서는 사용 중인 데이터베이스를 쉽게 백업할 수 있다. 화면 상단의 [내보내기] 메뉴를 클릭한 뒤 하단의 〈실행〉을 클릭한다. 팝업 창이 나타나면 〈저장〉을 클릭하여 파일을 저장한다. 이때 파일명은 sample.sql이 된다.

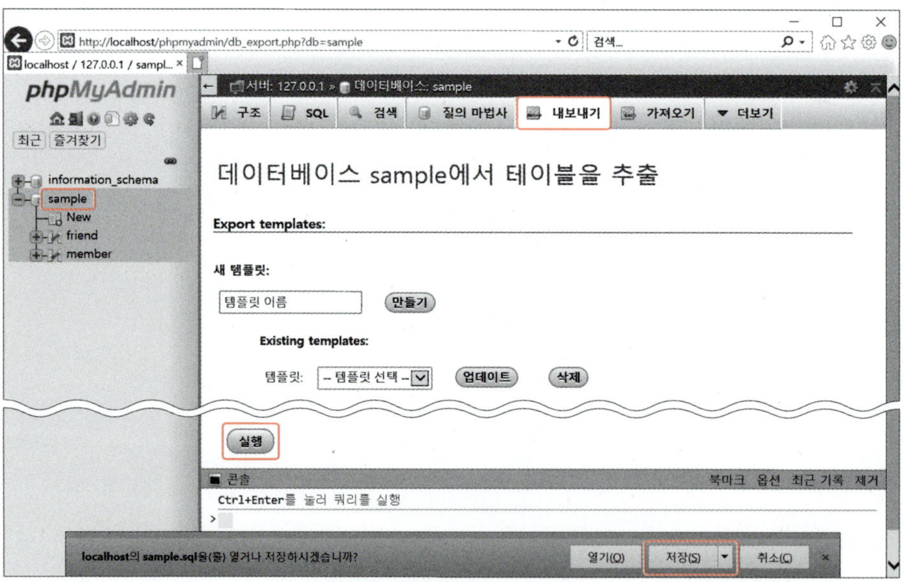

그림 10-21 phpMyAdmin에서의 데이터베이스 백업

1.2 명령 프롬프트에서 백업하기

다음은 MySQL에 저장되어 있는 데이터베이스를 명령 프롬프트에서 백업하는 명령 형식이다.

```
mysqldump -u계정명 -p비밀번호 데이터베이스명 > 백업파일명
```

mysqldump 명령을 이용하여 '계정명'의 '데이터베이스명'에 있는 모든 데이터를 '백업파일명'에 명시된 파일에 저장한다. 예를 들어 user1 계정의 sample 데이터베이스를 sample.sql 파일에 백업하려면 다음과 같이 입력한다.

```
C:\xampp\mysql\bin> mysqldump -uuser1 -p12345 sample > sample.sql
```

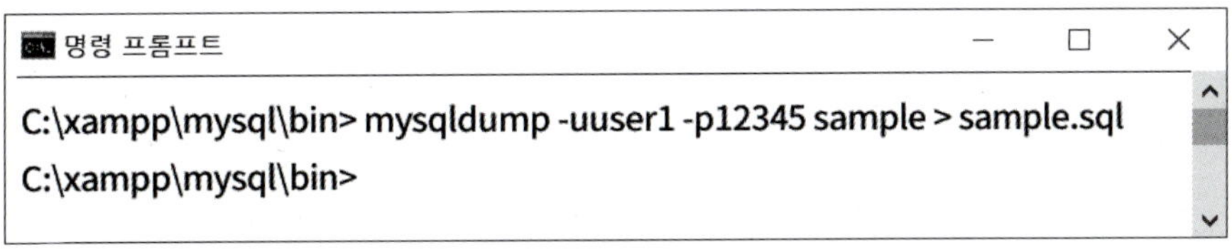

그림 10-22 명령 프롬프트에서의 데이터베이스 백업

2 백업 파일로 데이터베이스 복원

2.1 phpMyAdmin에서 복원하기

데이터베이스를 복원하려면 화면 상단의 [가져오기] 메뉴를 클릭한 다음 〈찾아보기〉를 클릭하여 백업해놓은 데이터베이스 파일을 불러온다. 화면 하단의 〈실행〉을 클릭하면 해당 파일이 복원된다.

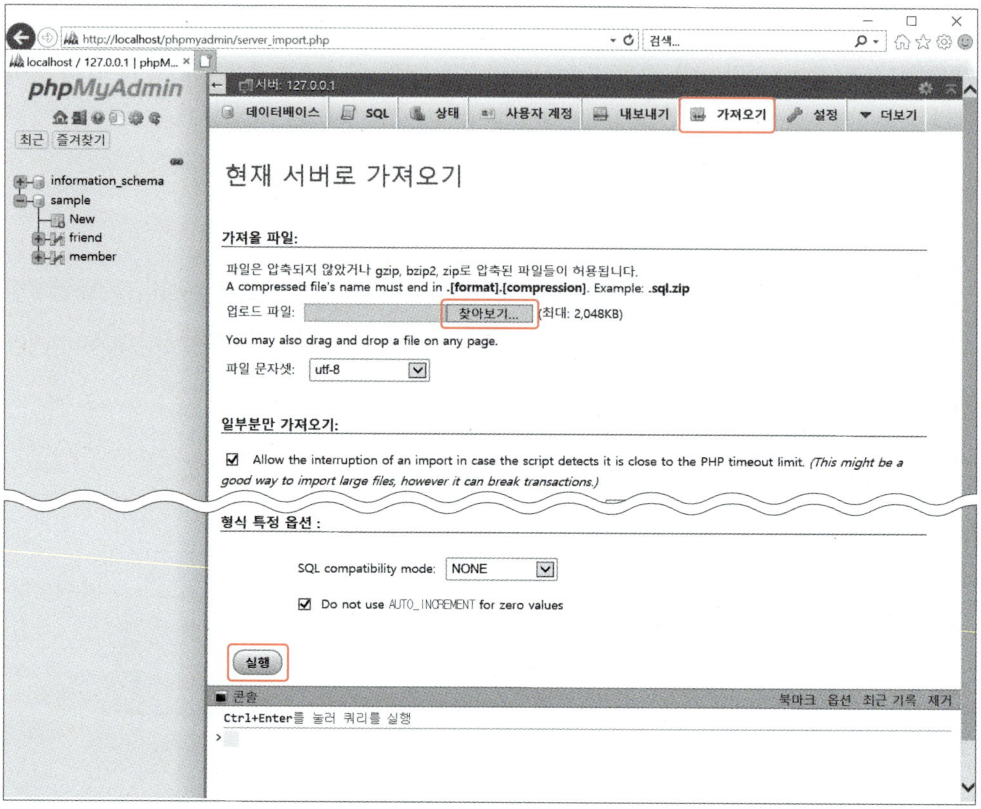

그림 10-23 phpMyAdmin에서의 데이터베이스 복원

2.2 명령 프롬프트에서 복원하기

다음은 백업한 데이터베이스를 명령 프롬프트에서 복원하는 명령 형식이다.

```
mysql -u계정명 -p비밀번호 데이터베이스명 < 백업파일명
```

mysql 접속 명령 뒤에 '< 백업파일명'을 붙이면 '백업파일명'이 데이터베이스에 복원된다. 예를 들어 user1 계정에 sample.sql 파일을 복원하려면 다음과 같이 입력한다.

```
C:\xampp\mysql\bin> mysql -uuser1 -p12345 sample < sample.sql
```

```
명령 프롬프트
C:\xampp\mysql\bin> mysql -uuser1 -p12345 sample < sample.sql
C:\xampp\mysql\bin>
```

그림 10-24 명령 프롬프트에서의 데이터베이스 복원

이때 복원하려는 데이터베이스 백업 파일인 sample.sql은 반드시 작업 폴더인 C:₩xampp₩mysql₩bin에 있어야 한다.

요약

01 테이블에의 데이터 삽입

```
insert into 테이블명 (필드명1, 필드명2, …) values (필드값1, 필드값2, …);
```

02 전체 필드와 데이터 검색

```
select * from 테이블명;
```

03 특정 필드의 전체 레코드 검색

```
select 필드명1, 필드명2, … from 테이블명;
```

04 특정 조건에 맞는 레코드 검색

```
select 필드명1, 필드명2, … from 테이블명 where 조건식;
```

05 특정 문자열이 포함된 레코드 검색

```
select 필드명1, 필드명2, … from 테이블명 where 검색필드 like 문자열_수식;
```

06 레코드 정렬

```
select 필드명1, 필드명2, … from 테이블명 order by 필드명;
```

07 레코드 수정

```
update 테이블명 set 필드명=필드값 where 조건식;
```

08 레코드 삭제

```
delete from 테이블명 where 조건식;
```

09 명령 프롬프트에서의 데이터베이스 백업

```
mysqldump -u계정명 -p비밀번호 데이터베이스명 > 백업파일명
```

10 명령 프롬프트에서의 데이터베이스 복원

```
mysql -u계정명 -p비밀번호 데이터베이스명 < 백업파일명
```

01 다음은 MySQL을 이용하여 회사 사원의 인적 사항을 관리하기 위한 DB 테이블(테이블명: worker)의 구조이다.

필드명	데이터형	null	추가 사항	설명
num	int	not null	primary key, auto_increment	일련번호
id	char(20)	not null		아이디
name	char(10)	not null		이름
gender	char(1)	not null		성별(남성: M, 여성: F)
age	int	not null		나이
department	char(20)	not null		근무 부서
phone	char(20)	not null		휴대전화 번호
address	char(100)			집 주소

① worker 테이블을 일괄 생성하기 위한 worker.sql 파일의 빈칸을 채우시오.

```
create ________ worker (
    num int not null _________________,
    id char(20) not null,
    name char(10) not null,
    __________ char(1) not null,
    age int,
    department char(20) not null,
    phone char(20) not null,
    _____________ char(100),
    primary key(_____________) );
```

② worker 테이블에 다음 데이터를 삽입하는 명령을 쓰시오.

```
chkim, 김창훈, M, 28, 총무부, 010-3838-8577, 경기도 용인시
```

③ worker 테이블의 구조를 보는 데 사용하는 명령을 쓰시오.

④ worker 테이블에 존재하는 모든 레코드의 모든 필드를 보여주는 명령을 쓰시오.

02 1번 문제에서 생성한 worker 테이블에 다음 표의 사원 데이터 필드를 일괄 실행하기 위한 파일을 작성하여 insert.sql로 저장하고 이를 phpMyAdmin에서 실행하시오.

id	name	gender	age	department	phone	address
jhjang	장종훈	M	38	총무부	010-3347-7474	서울시 강동구
jek98	안달훈	M	25	인사부	010-3744-4747	강원도 정선군
lms2	이세영	F	48	경리부	010-3736-4784	전라북도 전주시
apple3	김소영	F	52	총무부	010-2845-8978	전라남도 순천시
sub093	김수정	M	53	홍보부	010-3834-1248	경상북도 상주시
chulsu	김철수	M	23	홍보부	010-1235-3788	경기도 오산시
yckim	김영철	M	32	인사부	010-2222-3334	경기도 용인시
yerin99	김예린	F	25	총무부	010-7777-9999	서울시 강서구
sjjung	정수정	F	35	경리부	010-3636-3563	충청남도 아산시
tuttle7	이예린	F	21	연구소	010-3756-9823	경기도 성남시

03 2번 문제에서 입력한 사원 데이터를 검색하는 SQL 명령에 관한 물음에 답하시오.

① 홍보부에서 근무하는 사원의 모든 필드를 검색하는 명령을 쓰시오.

② 20대(20~29세)인 사원의 아이디, 이름, 집 주소를 검색하는 명령을 쓰시오.

③ 경리부에 근무하고 이름에 '정'이 들어간 사원의 이름, 성별, 근무 부서, 휴대전화 번호를 검색하는 명령을 쓰시오.

④ 경기도에 사는 사원을 나이순으로 오름차순 정렬한 뒤 이름, 집 주소, 성별, 휴대전화 번호를 검색하는 명령을 쓰시오.

⑤ 여성 사원을 나이순으로 내림차순 정렬한 뒤 이름, 성별, 아이디, 휴대전화 번호, 집 주소를 검색하는 명령을 쓰시오.

⑥ 홍보부에서 근무하는 남성 사원의 이름과 휴대전화 번호를 검색하는 명령을 쓰시오.

⑦ 용인시에 사는 사원의 이름과 휴대전화 번호를 검색하는 명령을 쓰시오.

⑧ '김영철'의 휴대전화 번호를 '010-2222-3333'으로 수정하는 명령을 쓰시오.

⑨ 아이디가 'chulsu'인 사원의 나이를 '33'으로 수정하는 명령을 쓰시오.

⑩ 아이디가 'jhjang'인 레코드를 삭제하는 명령을 쓰시오.

⑪ 경리부에서 근무하는 '이세영'의 레코드를 삭제하는 명령을 쓰시오.

04 명령 프롬프트에서 mydb 데이터베이스에 저장된 모든 데이터를 mydb.sql 파일에 백업하는 명령을 쓰시오. 계정은 'user', 비밀번호는 '12345'라고 가정한다.

05 4번 문제에서 백업한 mydb.sql 파일을 명령 프롬프트에서 복원하는 명령을 쓰시오.

PART 03

실전 PHP 웹 프로그래밍

PART 03 실전 PHP 웹 프로그래밍

CHAPTER 11
실습 사이트 소개와 회원 가입 페이지 제작

학습목표

- 실습 사이트의 구성을 이해할 수 있다.
- 메인 페이지의 구성을 이해할 수 있다.
- 회원 가입 페이지를 제작할 수 있다.
- 회원 정보 데이터베이스 테이블을 설계할 수 있다.
- 회원 가입 폼 양식에서 데이터를 전달할 수 있다.
- 회원 가입 정보를 데이터베이스에 저장할 수 있다.
- 아이디의 중복을 확인할 수 있다.

01 실습 사이트 소개

지금부터 제작할 실습 사이트는 저자가 실제로 운영하는 사이트(http://codingschool.info)에 있는 회원 가입, 로그인, 게시판, 쪽지, 포인트 관리 등의 주요 기능을 교육 목적에 맞게 수정한 것이다.

1 사이트의 기능

다음은 실습 사이트의 메인 페이지이다. 이 책의 3부(11~15장)에서 사이트의 기능을 구현하는 방법을 하나씩 배워나갈 것이다.

그림 11-1 실습 사이트의 메인 페이지

구현할 실습 사이트의 주요 기능은 다음과 같다.

- 회원 가입: 회원 가입 양식 페이지에 입력한 회원 정보 저장(11장)
- 로그인/로그아웃: 세션을 이용하여 로그인과 로그아웃 처리(12장)
- 회원 정보 수정: 기존의 회원 정보 수정(12장)
- 쪽지: 회원 상호 간의 메시지 송신과 수신(13장)
- 게시판: 게시판 글쓰기, 목록 보기, 내용 보기, 글 수정/삭제, 파일 첨부(14장)
- 최근 게시글: 게시판의 최근 게시글 가져오기(15장)
- 포인트: 메인 페이지에 포인트 랭킹 표시(15장)
- 관리자 모드: 회원 정보 삭제, 레벨 변경, 포인트 수정(15장)

2 사이트의 구성

실습 사이트의 메인 페이지는 다음과 같은 요소로 구성된다.

그림 11-2 메인 페이지의 구성

위 그림에서 보듯이 사이트의 메인 페이지는 상단 헤더, 메인 콘텐츠, 하단 푸터로 이루어져 있다.

- 상단 헤더(header.php): 사이트 로고, 상단 메뉴[회원 가입(11장), 로그인(12장)], 메인 메뉴[쪽지 만들기(13장), 게시판 만들기(14장), 사이트 완성하기(15장)]
- 메인 콘텐츠(main.php): 메인 이미지, 최근 게시글, 포인트 랭킹
- 하단 푸터(footer.php) : 예제 소스 다운로드 안내, 메일 주소 안내

이러한 PHP 파일 외에 이미지 및 CSS 관련 폴더와 파일이 메인 페이지의 구성에 필요하다. 필요한 모든 것을 다음 표에 정리했다.

표 11-1 메인 페이지 구성에 필요한 파일과 폴더

구분	파일/폴더	설명
이미지	img	이미지 파일 저장 폴더
CSS	css/common.css	사이트에 공통으로 사용되는 CSS 파일
	css/main.css	메인 페이지의 CSS 파일
메인 페이지	index.php	메인 페이지
상단 헤더	header.php	메인 페이지의 상단 헤더
메인 콘텐츠	main.php	메인 페이지의 메인 콘텐츠
하단 푸터	footer.php	메인 페이지의 하단 푸터

img 폴더는 실습 사이트에서 사용되는 모든 이미지 파일을 모아놓은 폴더이다. css 폴더에는 2개의 CSS 파일이 있는데, common.css는 사이트에 공통으로 사용되는 CSS를 정의한 것이고 main.css는 메인 페이지에 사용되는 CSS를 별도로 정의한 것이다.

먼저 메인 페이지인 index.php 파일의 소스코드를 살펴보자.

예제 11-1 메인 페이지 part3/index.php

```
<!DOCTYPE html>
<html>
<head>
<meta charset="utf-8"> ❶
<title>PHP 프로그래밍 입문</title>
<link rel="stylesheet" type="text/css" href="./css/common.css"> ❷
<link rel="stylesheet" type="text/css" href="./css/main.css">
</head>
```

```
<body>
    <header>
      <?php include "header.php";?> ❸
    </header>
    <section>
      <?php include "main.php";?> ❹
    </section>
    <footer>
      <?php include "footer.php";?> ❺
    </footer>
</body>
</html>
```

❶ <meta> 태그를 이용하여 한글 문자셋을 UTF-8로 설정한다.

❷ **CSS 파일 불러오기** 사이트에 공통으로 사용되는 CSS인 common.css와 메인 페이지의 CSS인 main.css를 불러온다.

❸ **상단 헤더 파일 불러오기** 메인 페이지의 상단을 구성하는 상단 헤더(header.php)를 불러온다. 이때 include는 파일을 현재 위치에 삽입하라는 의미이며 다음과 같은 형식으로 사용한다.

```
include "경로/파일명";
```

❹ **메인 콘텐츠 파일 불러오기** 메인 페이지의 중앙에 있는 메인 콘텐츠(main.php)를 불러온다. 여기서는 게시판의 최근 게시글을 불러오고 포인트 랭킹을 표시한다.

❺ **하단 푸터 파일 불러오기** 메인 페이지의 하단을 구성하는 하단 푸터(footer.php)를 불러온다.

상단 헤더 파일은 12장의 로그인과 로그아웃 부분에서, 메인 콘텐츠 파일은 15장에서 자세히 설명하겠다.

3 실습 준비

실습을 원활하게 진행하기 위해 다음 단계를 거쳐 준비한다.

3.1 실습 프로그램 복사하기

1장에서 내려받은 예제 소스 중 part3 폴더를 C:₩xampp₩htdocs에 복사한다. 이 폴더에는 3부의 실습을 진행하는 데 필요한 프로그램이 들어 있다.

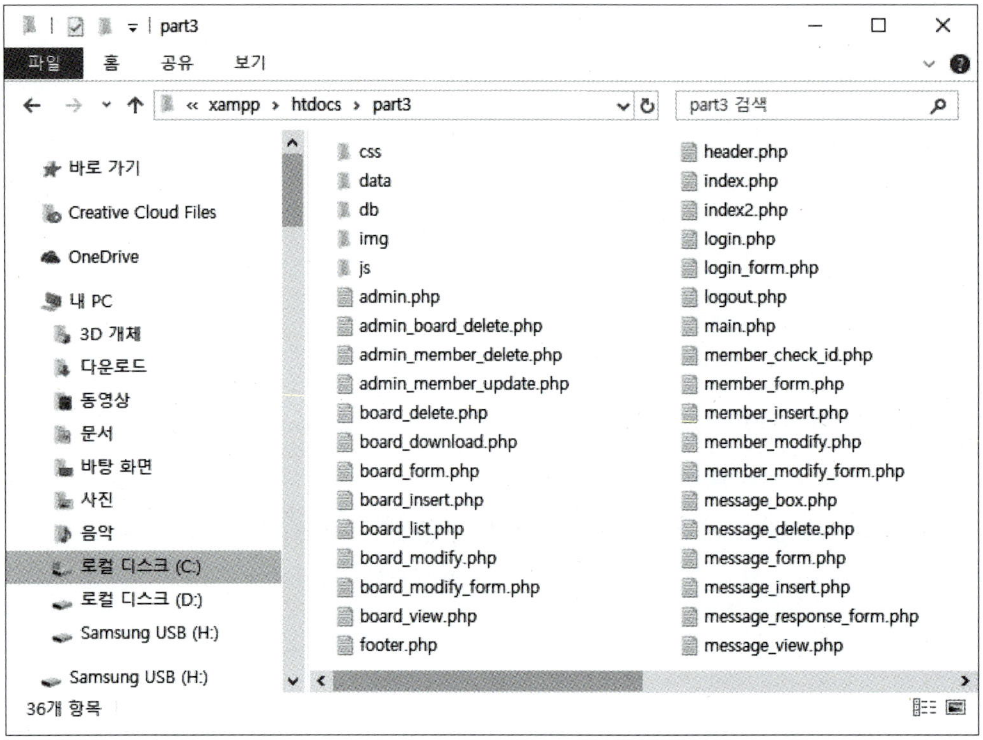

그림 11-3 C:₩xampp₩htdocs₩part3 폴더의 구성

> **NOTE 예제 소스 내려받기**
>
> 앞에서 이미 언급했듯이 실습에 필요한 예제 소스는 다음 홈페이지에서 내려받을 수 있다.
>
> - 한빛아카데미 홈페이지: http://www.hanbit.co.kr/src/4444
> - 코딩스쿨 홈페이지: http://codingschool.info → 자료실

3.2 Apache와 MySQL 서버 프로그램 구동하기

XAMPP 컨트롤 패널에서 Apache와 MySQL 서버 프로그램을 구동한다.

XAMPP 컨트롤 패널에서 Apache와 MySQL 프로그램이 초록색 박스로 표시되면 정상 구동 중이라는 의미이다(9장의 [그림 9-5] 참고).

3.3 웹 페이지 접속하기

실습 사이트의 메인 페이지에 접속하기 위해 웹 브라우저 주소 창에 다음 주소를 입력한다.

```
http://localhost/part3/index.php
```

다음과 같이 화면에 실습 사이트의 메인 페이지가 나타난다.

그림 11-4 실습 사이트의 메인 페이지(index.php)

메인 페이지 중앙의 최근 게시글과 포인트 랭킹 표시 부분은 아직 DB 테이블을 생성하지 않았기 때문에 안내 메시지가 나타났다. 이 부분은 11장에서 회원 DB 테이블 생성과 회원 가입 페이지 제작, 14장에서 게시판 DB 테이블 생성과 게시글 작성이 이루어지면 내용이 채워질 것이다.

02 회원 가입 페이지 제작

웹 사이트에서의 회원 가입은 일반적으로 사용자가 회원 가입 폼 양식에 입력한 정보를 DB에 저장하는 방식으로 이루어진다. 다음은 실습 사이트의 회원 가입 양식으로 아이디, 비밀번호, 비밀번호 확인, 이름, 이메일 주소 등의 정보를 입력받는다.

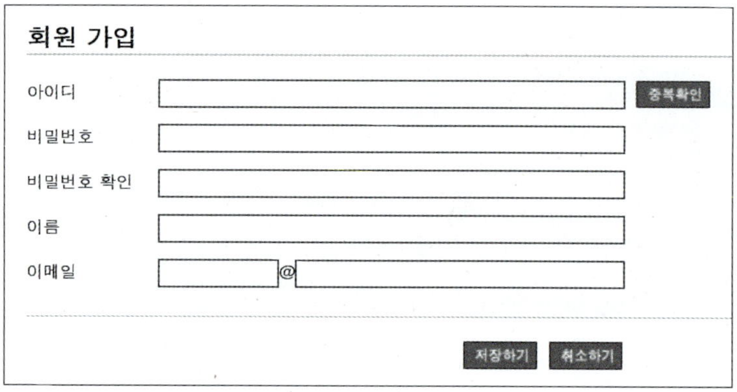

그림 11-5 회원 가입 폼 양식

실습 사이트에서 회원 가입 기능을 구현하는 과정은 다음과 같다.

- 회원 DB 테이블 설계
- 회원 DB 테이블 생성
- 회원 가입 페이지 작성
- 회원 가입 정보 저장

1 회원 DB 테이블 설계

실습 사이트에서 회원 정보를 저장할 DB 테이블을 다음과 같이 설계한다. 회원 DB 테이블의 num, id, pass, name 필드는 필수 입력 항목이므로 not null로 설정한다. 이때 num은 주키와 auto_increment로 설정한다.

표 11-2 회원 DB 테이블(테이블명: members)

필드명	데이터형	null	추가 사항	설명
num	int	not null	primary key, auto_increment	일련번호
id	char(15)	not null		아이디
pass	char(15)	not null		비밀번호
name	char(10)	not null		이름
email	char(80)			이메일 주소
regist_day	char(20)			가입일
level	int			회원의 레벨
point	int			회원의 포인트

2 회원 DB 테이블 생성

10장에서 설명한 SQL 명령 일괄 실행 방법으로 회원 DB 테이블을 생성해보자. 회원 DB 테이블인 members 테이블을 생성하는 명령이 저장된 파일은 다음과 같다.

회원 DB 테이블(members) 생성 파일(part3/db/members.sql)

```
create table members (
        num int not null auto_increment,
        id char(15) not null,
        pass char(15) not null,
        name char(10) not null,
        email char(80),
        regist_day char(20),
        level int,
        point int,
        primary key(num)
);
```

데이터베이스 작업을 위해 웹 브라우저 주소 창에 다음을 입력하여 XAMPP 메인 화면을 연다.

http://localhost

phpMyAdmin에 접속하기 위해 XAMPP 메인 화면 오른쪽 상단의 [phpMyAdmin] 메뉴를 클릭한다.

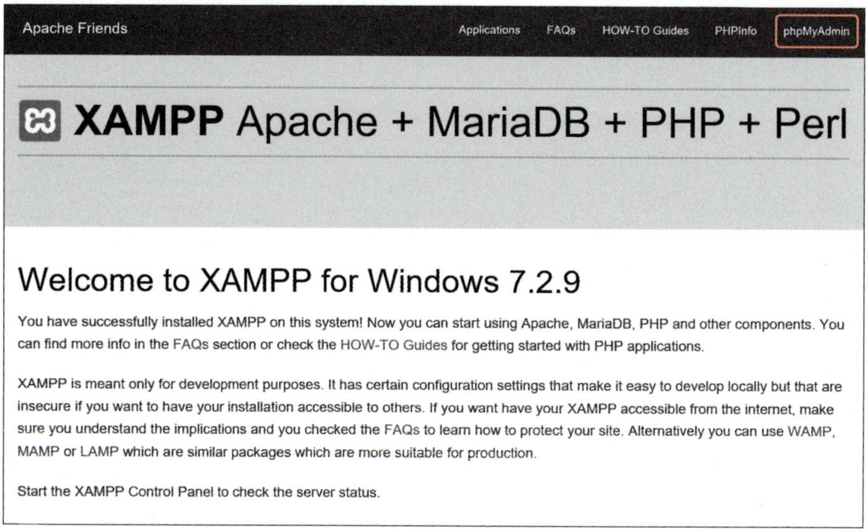

그림 11-6 XAMPP 메인 화면

다음과 같이 phpMyAdmin 로그인 화면이 나타난다.

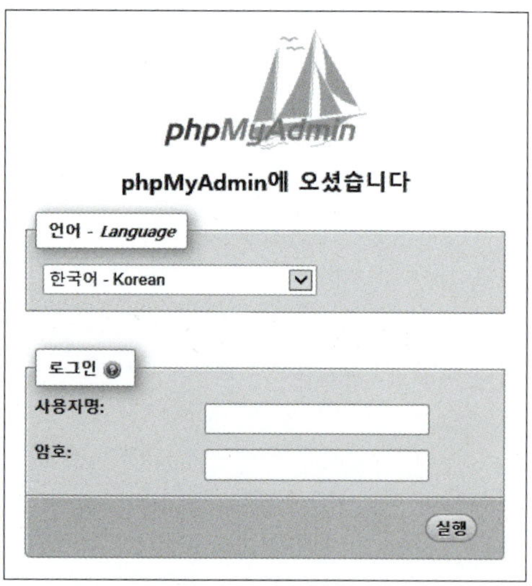

그림 11-7 phpMyAdmin 로그인 화면

앞에서 생성한 user1 계정으로 접속하기 위해 phpMyAdmin 로그인 화면에 다음 정보를 입력한다.

- 사용자명: user1
- 암호: 12345

다음과 같은 화면이 나타나면 왼쪽 목록에서 sample을 클릭한다. 실습에서 사용할 데이터베이스로 sample 데이터베이스를 선택한 것이다.

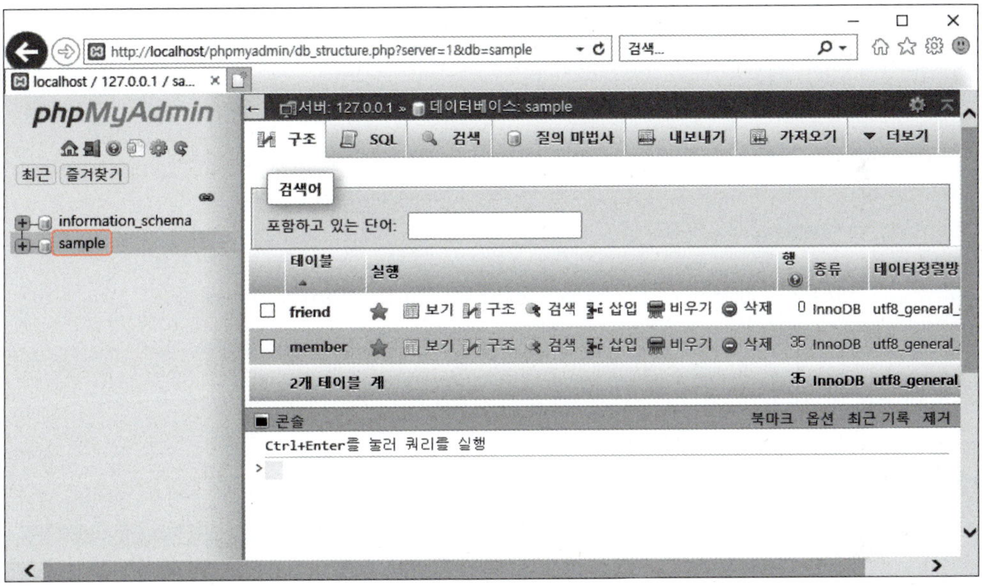

그림 11-8 sample 데이터베이스 선택

회원 DB 테이블을 생성하기 위해 만든 members.sql 파일을 DB로 가져와야 한다. 화면 오른쪽 상단의 [가져오기] 메뉴를 클릭한 뒤 중앙의 〈찾아보기〉를 클릭하여 C:₩xampp₩htdocs₩part3₩db₩members.sql을 선택한다. 그리고 하단의 〈실행〉을 클릭한다.

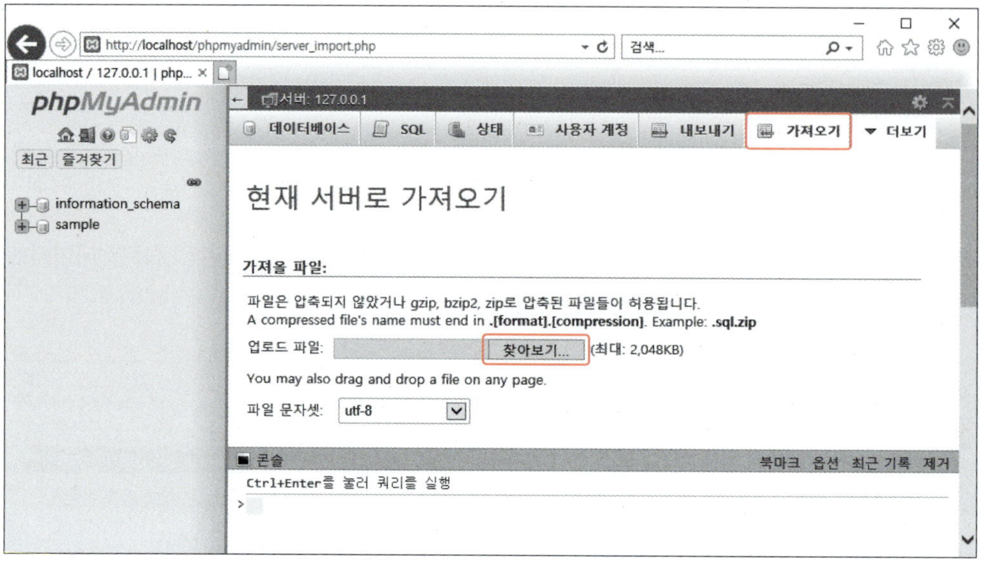

그림 11-9 members.sql 파일 가져오기

members 테이블을 생성했으면 왼쪽 목록에서 members 테이블을 선택한 뒤 화면 상단의 [구조] 메뉴를 클릭하여 테이블의 구조를 살펴보자. 앞에서 설계 및 생성한 것과 내용이 일치함을 확인할 수 있다.

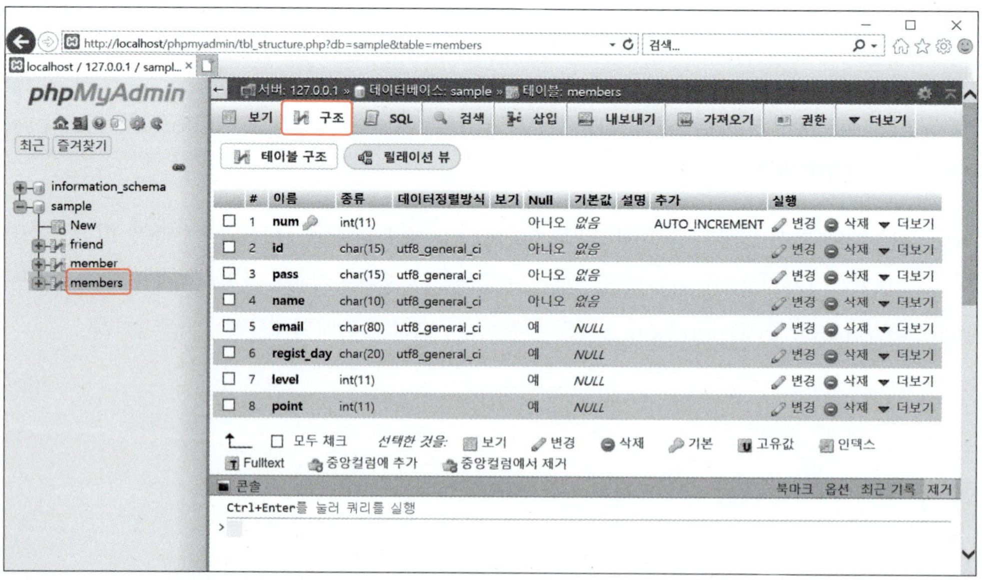

그림 11-10 members 테이블의 구조

3 회원 가입 페이지 작성

웹 브라우저 주소 창에 다음 주소를 입력하면 회원 가입 페이지를 볼 수 있다.

```
http://localhost/part3/member_form.php
```

또는 메인 페이지(index.php) 오른쪽 상단의 [회원 가입(11장)] 메뉴를 클릭해도 된다.

그림 11-11 회원 가입 페이지(member_form.php)

회원 가입 페이지를 구성하는 데 필요한 주요 파일은 다음과 같다.

표 11-3 회원 가입 페이지 구성에 필요한 파일

구분	파일	설명
DB	db/members.sql	회원 DB 테이블 생성
CSS	css/common.css	사이트에 공통으로 사용되는 CSS 파일
	css/member.css	회원 가입 CSS 파일
자바스크립트	js/member.js	회원 가입 페이지의 자바스크립트 파일
회원 가입 페이지	member_form.php	회원 가입 페이지
기능 페이지	member_insert.php	가입 정보를 DB에 저장
	member_check_id.php	아이디 중복 확인

member.css는 회원 가입 페이지에서 사용되는 CSS 파일이고, 자바스크립트 파일인 member.js는 회원 가입 시 입력 창에 데이터가 제대로 입력되었는지 확인하는 것이다. member_insert.php는 사용자가 입력한 회원 가입 정보를 DB에 저장하고, member_check_id.php는 사용하려는 아이디가 기존 아이디와 중복되는지 검사한다.

먼저 회원 가입 페이지인 member_form.php의 소스코드를 살펴보자.

예제 11-2 회원 가입 페이지 part3/member_form.php

```
<!-- 생략 -->
<link rel="stylesheet" type="text/css" href="./css/common.css">
<link rel="stylesheet" type="text/css" href="./css/member.css">
<script>
    function check_input()  ❶
    {
      if (!document.member_form.id.value) {
          alert("아이디를 입력하세요!");
          document.member_form.id.focus();
          return;
      }

      if (!document.member_form.pass.value) {
          alert("비밀번호를 입력하세요!");
          document.member_form.pass.focus();
          return;
      }

      if (!document.member_form.pass_confirm.value) {
          alert("비밀번호 확인을 입력하세요!");
          document.member_form.pass_confirm.focus();
          return;  ❷
      }

      if (!document.member_form.name.value) {
          alert("이름을 입력하세요!");
          document.member_form.name.focus();
          return;
```

```
    }

    if (!document.member_form.email1.value) {
        alert("이메일 주소를 입력하세요!");
        document.member_form.email1.focus();
        return;
    }

    if (!document.member_form.email2.value) {
        alert("이메일 주소를 입력하세요!");
        document.member_form.email2.focus();
        return;
    }                                                          ❷

    if (document.member_form.pass.value !=
        document.member_form.pass_confirm.value) {
        alert("비밀번호가 일치하지 않습니다.\n다시 입력해 주세요!");
        document.member_form.pass.focus();
        document.member_form.pass.select();
        return;
    }                                                          ❸

    document.member_form.submit();                             ❹
}

function reset_form() {
    document.member_form.id.value = "";
    document.member_form.pass.value = "";
    document.member_form.pass_confirm.value = "";
    document.member_form.name.value = "";
    document.member_form.email1.value = "";
    document.member_form.email2.value = "";
    document.member_form.id.focus();
    return;
}                                                              ❺
```

```
    function check_id() {
      window.open("member_check_id.php?id=" + document.member_form.
        id.value, "IDcheck",
      "left=700,top=300,width=350,height=200,scrollbars=no,
        resizable=yes");
    }                                                              ⑥
</script>
<!-- 생략 -->
<div id="join_box">
    <form name="member_form" method="post" action="member_insert.php">   ⑦
      <h2>회원 가입</h2>
      <div class="form id">
          <div class="col1">아이디</div>
          <div class="col2">
              <input type="text" name="id">                      ⑧
          </div>
          <div class="col3">
              <a href="#"><img src="./img/check_id.gif" onclick=
                "check_id()"></a>                                ⑨
          </div>
      </div>
      <div class="clear"></div>

      <div class="form">
          <div class="col1">비밀번호</div>
          <div class="col2">
              <input type="password" name="pass">                ⑩
          </div>
      </div>
      <div class="clear"></div>
      <div class="form">
          <div class="col1">비밀번호 확인</div>
          <div class="col2">
              <input type="password" name="pass_confirm">        ⑪
          </div>
      </div>
      <div class="clear"></div>
      <div class="form">
```

```
            <div class="col1">이름</div>
            <div class="col2">
                <input type="text" name="name">  ⓬
            </div>
        </div>
        <div class="clear"></div>
        <div class="form email">
            <div class="col1">이메일</div>
            <div class="col2">
                <input type="text" name="email1">@<input type="text"
                  name="email2">  ⓭
            </div>
        </div>
        <div class="clear"></div>
        <div class="bottom_line"> </div>
        <div class="buttons">
            <img style="cursor:pointer" onclick="check_input()" src=
              "./img/button_save.gif">   ⓮
            <img id"="reset_button" style="cursor:pointer" src=
              "./img/button_reset.gif" onclick="reset_form()">  ⓯
        </div>
    </form>
</div> <!-- join_box -->
<!-- 생략 -->
```

❶ **check_input() 함수 정의** 자바스크립트 함수인 check_input()을 정의한다. check_input() 함수는 ⓮의 〈저장하기〉 버튼(button_save.gif)을 클릭하면 동작하는 이벤트 핸들러인 onclick="check_input()"에 의해 호출된다.

❷ **폼 양식의 데이터 검사** 회원 가입 페이지의 입력 창(아이디, 비밀번호, 비밀번호 확인, 이름, 이메일)에 사용자가 입력한 데이터가 있는지 검사한다. 이때 아이디 입력 창의 데이터를 검사하는 document.member_form.id.value의 각 요소는 다음과 같은 의미가 있다.

- document: 현재 웹 페이지의 문서 객체인 join_form.php 파일 자체
- member_form: ❼의 <form> 태그 name 속성 값인 member_form
- id: ❽에서 명시한 아이디 입력 창의 name 속성 값인 id

따라서 document.member_form.id.value는 회원 가입 페이지의 아이디 입력 창에 사용자가 입력한 데이터를 의미한다.

if문의 조건식인 !document.member_form.id.value는 사용자가 아이디 입력 창에 데이터를 입력하지 않으면 참이 되어 다음에 기술된 alert("아이디를 입력하세요!");에 의해 화면에 경고 창이 나타난다.

document.member_form.id.focus()는 아이디 입력 창에 마우스 커서가 나타나게 한다.

아이디 입력 검사와 같은 방식으로 사용자가 비밀번호, 비밀번호 확인, 이메일 입력 창에 데이터를 입력했는지 검사하며, 입력하지 않은 경우 경고 창을 띄우고 해당 입력 창에 마우스 커서가 나타난다.

❸ **입력 창의 데이터 일치 검사** 비밀번호와 비밀번호 확인 입력 창에 입력된 데이터가 같은지 비교한다. 데이터가 서로 다르면 '비밀번호가 일치하지 않습니다.₩n다시 입력해 주세요!'라는 메시지의 경고 창을 띄운다. 이때 ₩n은 줄 바꿈을 나타내는 코드이다.

❹ **폼 양식의 데이터 전달** 사용자가 입력한 데이터를 POST 방식으로 전달하는 것으로, ❼의 action 속성에 설정된 member_insert.php에 전달한다.

❺ **입력 데이터 초기화 함수** 회원 가입 페이지 하단의 〈취소하기〉 버튼을 클릭하면 입력 창에 입력되어 있는 데이터를 초기화(reset)하여 사용자가 다시 데이터를 입력할 수 있게 하는 reset_form() 함수를 정의한다. reset_form() 함수는 ⓯의 〈취소하기〉 버튼(button_reset.gif)을 클릭하면 이벤트 핸들러인 onclick="reset_form()"에 의해 호출된다.

❻ **check_id() 함수 정의** check_id() 함수는 회원 가입 페이지에서 아이디 입력 창 옆의 〈중복확인〉 버튼을 클릭하면 입력된 아이디가 중복되는지 검사한다.

check_id() 함수의 아이디 중복 검사 기능은 3절에서 자세히 설명하겠다.

❼ **〈form〉 태그와 action 속성 설정** 사용자가 회원 가입 데이터를 입력한 뒤 하단에 있는 〈저장하기〉 버튼(button_save.gif)을 클릭하면 자바스크립트의 onclick 이벤트 핸들러에 설정된 ❶의 check_input() 함수가 호출된다. chect_input() 함수는 입력 창에 데이터를 모두 입력했는지 검사하고, 이상이 없으면 ❹의 document.member_form.submit()에 의해 ❼의 action 속성에 설정된 member_insert.php로 페이지가 이동한다.

❽ **아이디 입력 창의 name 속성 설정** 사용자가 입력한 아이디는 name 속성으로 설정된 id에 의해 POST 방식인 $_POST["id"]로 ❼의 member_insert.php에 전달된다.

❾ **중복확인 버튼** 아이디 입력 창 옆의 〈중복확인〉 버튼을 클릭하면 onclick 이벤트 핸들러에 설정된 check_id() 함수가 호출된다.

❿~⓭ **비밀번호, 비밀번호 확인, 이름, 이메일 입력 창의 name 속성 설정** ❽과 같은 방식으로 비밀번호, 이름, 이메일의 name 속성에 각각 설정된 pass, name, email1, email2가 $_POST["pass"], $_POST["name"], $_POST["email1"], $_POST["email2"]의 변수가 되어 member_insert.php로 전달된다. 이때 ⓫에서 비밀번호 확인 입력 창에 설정된 name 속성 값인 pass_confirm은 member_insert.php로 전달되지 않고 ❶의 check_input() 함수에서 사용자 비밀번호를 재확인할 때 사용된다.

⓮ **〈저장하기〉 버튼** 사용자가 회원 가입 정보를 입력하고 하단의 〈저장하기〉 버튼(button_save.gif)을 클릭하면 자바스크립트의 onclick 이벤트 핸들러에 설정된 check_input() 함수가 실행된다. 사용자가 입력한 데이터는 ❹의 document.member_form.submit()에 의해 ❼의 action 속성에 설정된 member_insert.php로 전달됨과 동시에 페이지를 이동한다. member_insert.php에서는 사용자가 입력한 데이터를 DB에 저장한다.

4 회원 가입 정보 저장

회원 가입 페이지에 다음과 같이 입력한 다음 〈저장하기〉를 클릭해보자.

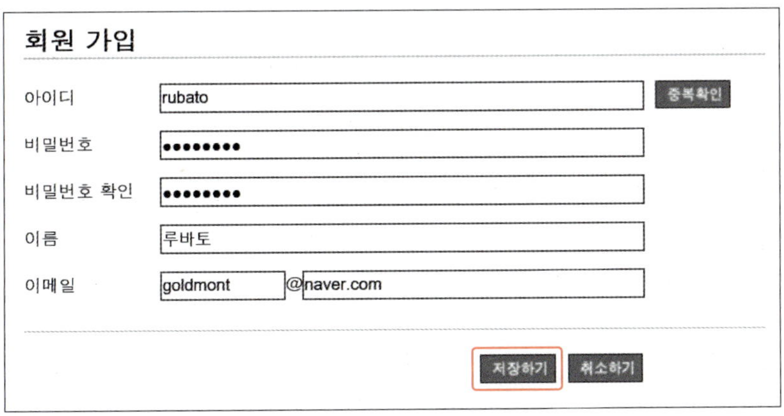

그림 11-12 회원 가입 페이지(member_form.php)에 데이터 입력

회원 가입 페이지에서 〈저장하기〉를 클릭하면 [예제 11-2]의 ❼에서 〈form〉 태그의 action 속성에 설정한 member_insert.php로 페이지가 이동하고, 사용자가 입력한 데이터는 members 테이블에 저장된다.

이어서 member_insert.php의 소스코드를 살펴보자.

예제 11-3 회원 가입 정보 저장 페이지 part3/member_insert.php

```
<?php
    $id = $_POST["id"];                 ❶
    $pass = $_POST["pass"];
    $name = $_POST["name"];
    $email1 = $_POST["email1"];
    $email2 = $_POST["email2"];

    $email = $email1."@".$email2;   ❷
    $regist_day = date("Y-m-d (H:i)"); // 현재의 '연-월-일-시-분' 저장   ❸

    $con = mysqli_connect("localhost", "user1", "12345", "sample");   ❹

    $sql = "insert into members(id, pass, name, email, regist_day,   ❺
      level, point) ";
    $sql .= "values('$id', '$pass', '$name', '$email', '$regist_day',
      9, 0)";

    mysqli_query($con, $sql);          // $sql에 저장된 명령 실행   ❻
    mysqli_close($con);   ❼

    echo "
      <script>
          location.href = 'index.php';   ❽
      </script>
    ";
?>
```

❶ **전역 변수 $_POST** $_POST["id"]는 전역 변수 $_POST의 id가 지시하는 요소의 값, 즉 [예제 11-2]의 ❽에서 <input> 태그의 name 속성에 설정된 id를 의미한다. 이 값은

회원 가입 페이지에서 사용자가 아이디 입력 창에 입력한 데이터이다. 마찬가지로 사용자가 입력한 비밀번호, 이름, 이메일은 $_POST["pass"], $_POST["name"], $_POST["email1"], $_POST["email2"]로 전달받는다.

❷ **이메일 주소 하나로 합치기** 사용자가 나누어 입력한 이메일 주소를 하나로 합쳐서 $email에 저장한다.

❸ **현재 날짜와 시간** date() 함수를 이용하여 구한 현재 날짜와 시간을 $regist_day에 저장한다. date() 함수는 괄호 안에 있는 인자의 형식 문자에 따라 날짜와 시간의 출력 형식이 결정된다. date() 함수에서 사용 가능한 형식 문자는 다음과 같다.

표 11-4 date() 함수의 형식 문자

형식 문자	의미	반환 값
a	소문자로 오전과 오후	am, pm
A	대문자로 오전과 오후	AM, PM
d	앞에 0이 붙는 두 자리 형식의 일	01~31
D	세 글자 문자 형식의 요일	Mon~Sun
g	0이 붙지 않는 12시간 형식의 시	1~12
G	0이 붙지 않는 24시간 형식의 시	0~23
h	0이 붙는 12시간 형식의 시	01~12
H	0이 붙는 24시간 형식의 시	00~23
i	0이 붙는 형식의 분	00~59
m	0이 붙는 숫자 형식의 월	01~12
M	세 글자 문자 형식의 월	Jan~Dec
s	0이 붙는 형식의 초	00~59
Y	네 자릿수 연도	예: 1999, 2005
y	두 자릿수 연도	예: 99, 05

따라서 ❸의 date("Y-m-d (H:i)")는 현재 날짜와 시간을 2015-09-09 (13:53)과 같은 형태로 표시한다.

❹ **MySQL 서버 접속** 사용 중인 컴퓨터에 설치된 MySQL 계정(user1), 비밀번호(12345), 데이터베이스(sample)에 연결한다. 연결에 성공하면 $con에 연결 식별자 번호를 저장하고, 연결에 실패하면 $con에 false 값을 저장한다. 여기서 사용한 mysqli_connect() 함수의 사용 형식은 다음과 같다.

mysqli_connect() 함수	
형식	mysqli_connect(host, username, password, dbname);
기능	MySQL 서버와의 연결을 시도한다.
인자	host: 서버의 호스트명 또는 '호스트명 : 포트 번호' username: 사용자 계정 password: 사용자 계정의 비밀번호 dbname: 사용할 데이터베이스
반환 값	성공: 식별자 번호, 실패: false

❺ **MySQL 명령 설정** members 테이블에 데이터를 저장하는 MySQL 명령을 $sql에 저장한다. 회원의 레벨을 나타내는 level 필드에는 기본 레벨인 9를 저장하고, 회원의 포인트를 의미하는 point 필드에는 초깃값으로 0을 입력한다.

❻ **MySQL 명령 실행** mysqli_query() 함수를 이용하여 MySQL 명령을 실행한다. mysqli_query() 함수의 사용 형식은 다음과 같다.

mysqli_query() 함수	
형식	mysqli_query(connection, query);
기능	설정된 MySQL 연결에서 해당 MySQL 명령을 실행한다.
인자	connection: mysqli_connect()에 의해 설정된 연결 식별자 query: 실행할 MySQL 쿼리 명령
반환 값	성공: SELECT, SHOW, DESCRIBE, EXPLAIN 명령 성공 시 mysqli_result 객체 반환, 그 외 명령 성공 시 true 반환 실패: false

❼ **MySQL 명령 실행** mysqli_close() 함수를 이용하여 MySQL 서버와의 연결을 끊는다. mysqli_close() 함수의 사용 형식은 다음과 같다.

mysqli_close() 함수	
형식	mysqli_close(connection);
기능	MySQL 서버와의 연결을 해제한다.
인자	connection: 연결 식별자
반환 값	성공: true, 실패: false

❽ **메인 페이지로 이동** location.href = 'index.php';는 메인 페이지인 index.php로 이동하라는 의미이다. 이는 자바스크립트 코드로 사용 형식은 다음과 같다.

```
location.href = "경로 및 파일명';
```

phpMyAdmin에 접속하여 실제로 members 테이블에 새로운 레코드가 생성되는지 확인해 보자. [예제 11-3]의 member_insert.php가 실행되면 회원 가입 폼 양식에서 사용자가 입력한 데이터가 다음과 같이 members 테이블에 저장된다.

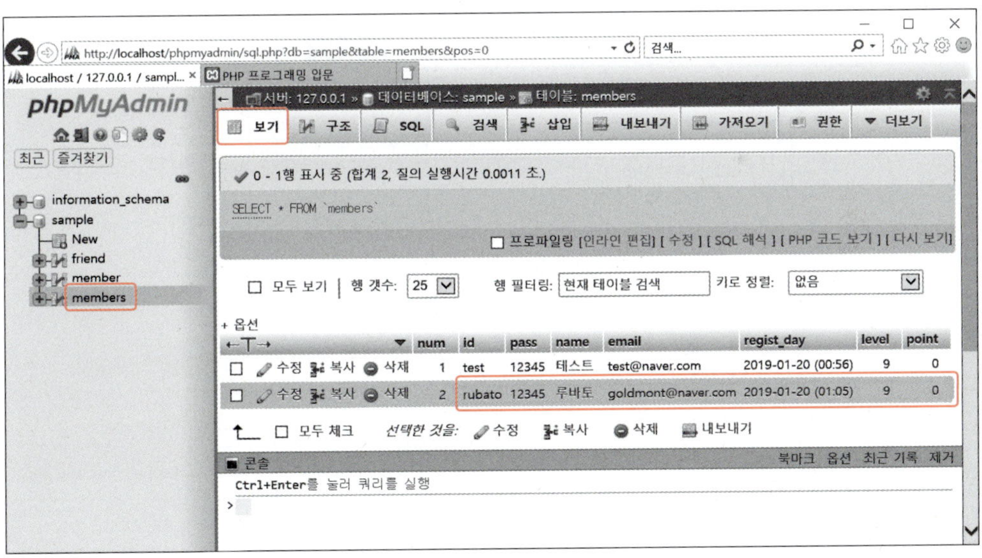

그림 11-13 members 테이블에 저장된 회원 가입 정보

03 아이디 중복 확인

회원 가입 페이지의 아이디 입력 창 옆에 있는 〈중복확인〉 버튼의 기능에 대해 알아보자. 이에 해당하는 소스코드는 [예제 11-2]의 ❾에 기술된 다음 내용이다.

```
<img src="./img/check_id.gif" onclick="check_id()">
```

〈중복확인〉 버튼(check_id.gif)을 클릭하면 onclick 이벤트 핸들러에 설정된 check_id() 함수가 실행된다. 이 함수는 [예제 11-2]의 ❻에 정의되어 있다. check_id() 함수가 실행되면 window.open() 함수에 의해 다음과 같이 member_check_id.php가 새 창으로 열린다.

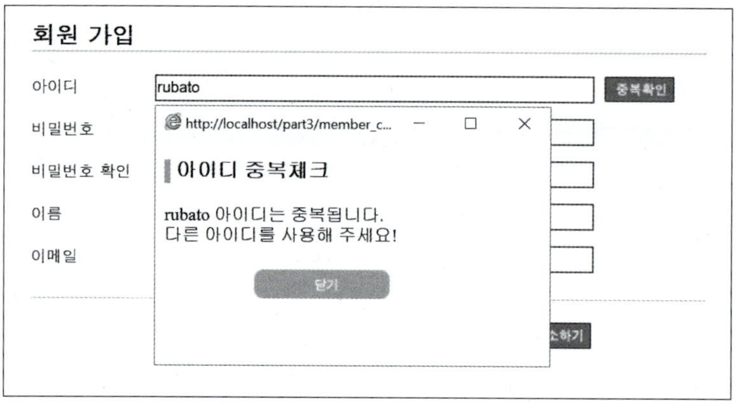

그림 11-14 아이디 중복 확인 페이지

예제 11-4 아이디 중복 확인 페이지 part3/member_check_id.php

```
<!-- 생략 -->
<h3>아이디 중복체크</h3>
<p>
<?php
    $id = $_GET["id"]; ❶
```

```
    if (!$id)
    {
      echo("<li>아이디를 입력해 주세요!</li>");                    ❷
    }
    else
    {
      $con = mysqli_connect("localhost", "user1", "12345", "sample");
      $sql = "select * from members where id='$id'";                ❸
      $result = mysqli_query($con, $sql);
      $num_record = mysqli_num_rows($result);

      if ($num_record)
      {
          echo "<li>".$id." 아이디는 중복됩니다.</li>";
          echo "<li>다른 아이디를 사용해 주세요!</li>";
      }                                                             ❹
      else
      {
          echo "<li>".$id." 아이디는 사용 가능합니다.</li>";
      }

      mysqli_close($con);
    }
?>
</p>
<div id="close">
    <img src="./img/close.png" onclick="javascript:self.close()">
</div>
<!-- 생략 -->
```

❶ **아이디 전달받기** [예제 11-2]의 ❻에서 window.open() 함수의 첫 번째 인자는 다음과 같다.

```
member_check_id.php?id=" + document.member_form.id.value
```

그러므로 check_id.php에서는 중복 확인을 위해 사용자가 입력한 아이디를 GET 방식으로 전달받을 수 있다. document.member_form.id.value의 값, 즉 사용자가 아이디 입력 창에 입력한 값을 전역 변수 $_GET["id"]에 의해 전달받는다.

❷ **아이디 입력 검사** 아이디 입력 창에 데이터를 입력하지 않고 〈중복확인〉 버튼을 클릭하면 $id는 null 값이 된다. 이런 경우 if문의 조건식인 !$id가 참이 되어 '아이디를 입력해 주세요!'라는 메시지의 경고 창을 띄운다.

❸ **members 테이블 검색** 사용자가 아이디를 입력했을 때는 members 테이블에 동일한 아이디가 있는지 검사한다. mysqli_connect() 함수로 다음 MySQL 명령을 실행하여 동일한 아이디가 있는지 검색한다.

```
select * from members where id='$id'
```

위의 명령을 실행한 결과를 저장한 $result의 레코드 개수를 mysqli_num_rows() 함수로 세고 그 결과를 $num_record에 저장한다. 이때 사용한 mysqli_num_rows() 함수의 형식은 다음과 같다.

mysqli_num_rows() 함수	
형식	mysqli_num_rows(result);
기능	result의 행 수, 즉 레코드 개수를 반환한다.
인자	result: mysqli_query() 함수를 실행한 반환 값
반환 값	result의 행 수, 즉 레코드 개수

❹ **결과 메시지 출력** $num_record가 값을 가지면 DB에 동일한 아이디가 존재한다는 것을 의미한다. 이때는 if문의 조건식이 참이 되어 $id의 값과 함께 '아이디는 중복됩니다. 다른 아이디를 사용해 주세요!'라는 메시지를 출력한다. $num_record가 null 값이면 DB에 동일한 아이디가 존재하지 않는다는 의미이므로 '아이디는 사용 가능합니다.'라는 메시지를 출력한다.

요약

01 실습 사이트의 기능

실습 사이트는 회원 가입, 로그인/로그아웃, 회원 정보 수정, 쪽지, 게시판, 최근 게시글, 포인트, 관리자 모드로 구성되어 있다.

02 실습 사이트 메인 페이지의 구성

- 상단 헤더(header.php): 사이트 로고, 상단 메뉴(회원 가입, 로그인), 메인 메뉴(쪽지 만들기, 게시판 만들기, 사이트 완성하기)
- 메인 콘텐츠(main.php): 메인 이미지, 최근 게시글, 포인트 랭킹
- 하단 푸터(footer.php): 예제 소스 다운로드 안내, 메일 주소 안내

03 실습 사이트 제작 단계

① 실습 프로그램 복사

② Apache와 MySQL 서버 프로그램 구동

③ 웹 페이지 접속

04 회원 가입 기능 구현 과정

① 회원 DB 테이블 설계

② 회원 DB 테이블 생성

③ 회원 가입 페이지 제작

④ 회원 가입 정보 저장

05 회원 DB 테이블(테이블명: members)의 구조

필드명	데이터형	null	추가 사항	설명
num	int	not null	primary key, auto_increment	일련번호
id	char(15)	not null		아이디
pass	char(15)	not null		비밀번호
name	char(10)	not null		이름
email	char(80)			이메일 주소
regist_day	char(20)			가입일
level	int			회원의 레벨
point	int			회원의 포인트

06 회원 가입 페이지 실습에 필요한 파일

구분	파일	설명
DB	db/members.sql	회원 DB 테이블 생성
CSS	css/common.css	사이트에 공통으로 사용되는 CSS 파일
	css/member.css	회원 가입 CSS 파일
자바스크립트	js/member.js	자바스크립트 파일
회원 가입 페이지	member_form.php	회원 가입 페이지
기능 페이지	member_insert.php	가입 정보를 DB에 저장
	member_check_id.php	아이디 중복 확인

07 MySQL 관련 PHP 함수

- mysqli_connect(): MySQL 서버에 연결
- mysqli_query(): 설정된 MySQL 연결에서 해당 MySQL 명령 실행
- mysqli_close(): MySQL 연결 해제

연습문제

01 다음은 회원 가입 양식에 사용자가 입력한 데이터를 members 테이블에 저장하는 프로그램의 일부이다. 빈칸을 채워 프로그램을 완성하시오.

```
<?php
    $id    = $_POST["id"];
    $pass = $_POST["pass"];
    $name = $_POST["name"];
    $email1   = $_POST["email1"];
    $email2   = $_POST["email2"];

    $email = $email1."@".$email2;
    $regist_day = __________("Y-m-d (H:i)");  // 현재의 '연-월-일-시-분' 저장

    $con = ____________("localhost", "user1", "12345", "sample");

    $sql = "_____________ members(id, pass, name, email, regist_day,
           level, point) ";
    $sql .= "values('$id', '$pass', '$name', '$email', '$regist_day', 9, 0)";

    ______________($con, $sql);  // $sql에 저장된 명령 실행
    mysqli_close($con);
/* 생략 */
?>
```

02 다음은 회원 가입 시 아이디의 중복을 확인하는 프로그램의 일부이다. 빈칸을 채워 프로그램을 완성하시오.

```
<?php
    $id = $_GET["id"];
    if(!$id)
        echo("<li>아이디를 입력해 주세요!</li>");
    else {
        $con = __________("localhost", "user1", "12345", "sample");
        $sql = "________ * from members where id='$id'";
        $result = mysqli_query($con, $sql);
        __________= mysqli_num_rows($result);

        if ($num_record) {
           echo "<li>".$id." 아이디는 중복됩니다.</li>";
           echo "<li>다른 아이디를 사용해 주세요!</li>";
        }
        else {
           echo "<li>".$id." 아이디는 사용 가능합니다.</li>";
        }
        mysqli_close($con);
    }
?>
```

03 MySQL 관련 PHP 함수에 관한 물음에 답하시오.

① PHP 프로그램 내에서 MySQL 서버에 연결하는 함수는 무엇인가?

② 설정된 MySQL 연결에서 MySQL 명령을 실행하는 함수는 무엇인가?

③ 설정된 MySQL 연결을 해제하는 함수는 무엇인가?

CHAPTER 12
로그인과 회원 정보 수정 페이지 제작

01 로그인 페이지

02 로그인과 로그아웃 처리 페이지

03 회원 정보 수정 페이지

요약

연습문제

학습목표

- 로그인 폼 양식의 구성을 이해할 수 있다.
- 로그인 및 로그아웃 처리 방법을 이해할 수 있다.
- 웹 페이지에서 로그인 여부를 판단할 수 있다.
- 회원 정보 수정 폼 양식의 구성을 이해할 수 있다.
- 수정된 회원 정보를 데이터베이스에 업데이트할 수 있다.

01 로그인 페이지

웹 사이트에서 로그인은 사용자가 로그인 페이지에서 입력한 아이디와 비밀번호를 데이터베이스에 저장된 데이터와 비교하여 일치하면 접속을 허락하는 방식이다. 웹 브라우저 주소 창에 다음 주소를 입력하거나 실습 사이트 메인 페이지 오른쪽 상단의 [로그인(12장)] 메뉴를 클릭하여 로그인 페이지를 불러온다.

http://localhost/part3/login_form.php

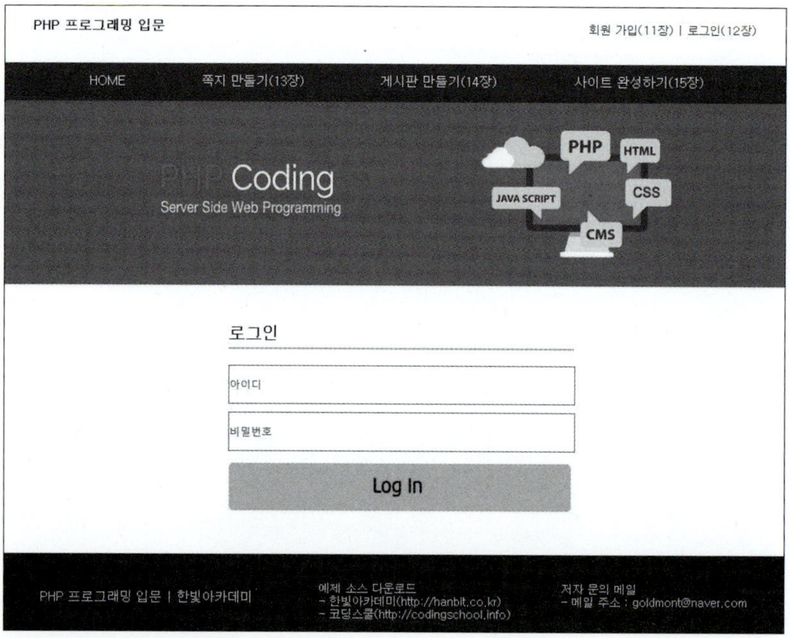

그림 12-1 로그인 페이지(login_form.php)

회원 가입 페이지를 만들 때 사용한 아이디와 비밀번호를 로그인 페이지에 입력한다. 〈Log In〉을 클릭하면 로그인이 되어 로그인 상태로 사이트를 이용할 수 있다. 이때 아이디와 비밀번호를 잘못 입력하면 경고 창에 오류 메시지가 나타난다.

로그인 페이지 실습에 필요한 파일은 다음과 같다.

표 12-1 로그인 페이지 구성에 필요한 파일

구분	파일	설명
CSS	css/common.css	사이트에 공통으로 사용되는 CSS 파일
	css/login.css	로그인 페이지의 CSS 파일
자바스크립트	js/login.js	로그인 페이지의 자바스크립트 파일
로그인 페이지	login_form.php	로그인 페이지
기능 페이지	login.php	사용자가 입력한 아이디와 비밀번호가 맞으면 세션 변수에 값을 할당하여 로그인 처리
	logout.php	세션 변수를 삭제하여 로그아웃 처리

로그인 페이지(login_form.php)에서는 아이디와 비밀번호를 입력할 수 있는 폼 양식을 제공한다. login.php 파일은 사용자가 로그인 페이지에서 입력한 아이디와 비밀번호가 데이터베이스에 존재하는지 확인한다. 데이터베이스에 존재하면 로그인 처리를 하고 웹 페이지에 로그인 상태를 알려주기 위해 세션 변수를 생성한다. 반면에 logout.php 파일은 로그인 상태를 표시하는 세션 변수를 삭제하여 로그아웃 처리를 한다.

먼저 로그인 페이지(login_form.php)의 소스코드를 살펴보자.

예제 12-1 로그인 페이지 part3/login_form.php

```
<!-- 생략 -->
<link rel="stylesheet" type="text/css" href="./css/common.css">
<link rel="stylesheet" type="text/css" href="./css/login.css">
<script type="text/javascript" src="./js/login.js"></script> ❶
<!-- 생략 -->
<div id="login_box">
    <div id="login_title">
      <span>로그인</span>
    </div>
    <div id="login_form">
      <form  name="login_form" method="post" action="login.php"> ❷
         <ul>
```

```
            <li><input type="text" name="id" placeholder="아이디"></li> ···
            <li><input type="password" id="pass" name="pass"            ··· ❸
                 placeholder="비밀번호"></li> ·································
        </ul>
        <div id="login_btn">
            <a href="#"><img src="./img/login.png" onclick="check_ ·········
                 input()"></a> ·············································· ❹
        </div>
      </form>
    </div> <!-- login_form -->
</div> <!-- login_box -->
<!-- 생략 -->
```

❶ **자바스트립트 파일(login.js) 불러오기** 자바스크립트 파일인 login.js를 불러온다. 이 자바스크립트 파일은 로그인 페이지의 아이디와 비밀번호 입력 창에 데이터가 있는지 검사하여 경고 창을 출력하고, 데이터가 제대로 입력되었다면 login.php(❷에서 설정)로 이동한다.

로그인 페이지의 자바스크립트 파일 part3/js/login.js

```
function check_input()
{
    if (!document.login_form.id.value)
    {
      alert("아이디를 입력하세요");
      document.login_form.id.focus();
      return;
    }

    if (!document.login_form.pass.value)
    {
      alert("비밀번호를 입력하세요");
      document.login_form.pass.focus();
      return;
    }
    document.login_form.submit();
}
```

login.js 파일에는 check_input() 함수가 정의되어 있다. 이 함수는 로그인 페이지의 입력 창에 아이디와 비밀번호를 입력하고 〈Log In〉 버튼(❹의 login.png)을 클릭하면 동작하는 함수이다. check_input() 함수는 아이디 입력 창에 데이터가 입력되었는지 검사하고, 비어 있는 상태에서 〈Log In〉 버튼을 클릭하면 다음과 같은 경고 창을 띄운다.

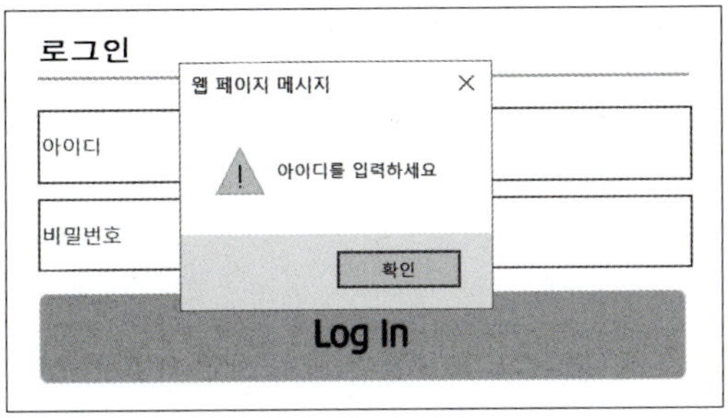

그림 12-2 아이디를 입력하지 않고 〈Log In〉을 클릭하면 나타나는 경고 창

비밀번호 입력 창에 데이터가 입력되었는지도 같은 방식으로 검사한다. 아이디와 비밀번호가 모두 입력되었다면 document.login_form.submit()에 의해 ❷의 action 속성에 설정된 login.php 파일로 페이지가 이동한다.

❷ **폼 문** 〈form〉 태그를 이용하여 폼 문의 name 속성을 login_form으로, action 속성을 login.php로 설정한다.

❸ **아이디와 비밀번호 입력 창** 아이디와 비밀번호 입력 창의 name 속성을 각각 id와 pass로 설정한다.

❹ **로그인 버튼** 〈Log In〉 버튼에 해당하는 이미지 파일은 login.png이다. 이 버튼을 클릭하면 자바스크립트의 onclick 이벤트 핸들러에 설정된 check_input() 함수가 실행된다. check_input() 함수는 아이디와 비밀번호 입력 창에 데이터가 입력되었는지 검사하고, 데이터가 입력되었으면 ❷에서 〈form〉 문의 action 속성에 설정된 login.php로 페이지가 이동한다.

02 로그인과 로그아웃 처리 페이지

❶ 로그인 처리

로그인 페이지의 입력 창에 아이디와 비밀번호를 입력하고 〈Log In〉을 클릭하면 [예제 12-1]에서 ❷의 action 속성에 설정된 login.php 파일로 페이지가 이동한다. 이 login.php 파일은 사용자가 입력한 아이디와 비밀번호가 11장에서 생성한 members 테이블에 존재하는지 검사하여 로그인 가능 여부를 판단하고 그에 따라 처리한다.

예제 12-2 로그인 처리 페이지 part3/login.php

```
<?php
    $id    = $_POST["id"];
    $pass  = $_POST["pass"];                                    ❶

    $con = mysqli_connect("localhost", "user1", "12345", "sample");   ❷
    $sql = "select * from members where id='$id'";
    $result = mysqli_query($con, $sql);                         ❸

    $num_match = mysqli_num_rows($result);                      ❹

    if (!$num_match)
    {
      echo("
          <script>
              window.alert('등록되지 않은 아이디입니다!')        ❺
              history.go(-1)                                   ❻
          </script>
      ");
    }
```

```
    else
    {
        $row = mysqli_fetch_array($result);        ❽
        $db_pass = $row["pass"];

        mysqli_close($con);

        if ($pass != $db_pass)                     ❾
        {
            echo("
                <script>
                    window.alert('비밀번호가 틀립니다!')
                    history.go(-1)                 ❿
                </script>
            ");
            exit;
        }                                          ❼
        else
        {
            session_start();
            $_SESSION["userid"] = $row["id"];
            $_SESSION["username"] = $row["name"];  ⓫
            $_SESSION["userlevel"] = $row["level"];
            $_SESSION["userpoint"] = $row["point"];

            echo("
                <script>
                    location.href = 'index.php';   ⓬
                </script>
            ");
        }
    }
?>
```

❶ **아이디와 비밀번호 전달받기** 로그인 페이지에서 사용자가 입력한 아이디와 비밀번호를 POST 방식으로 전달받아 각각 $id와 $pass에 저장한다.

❷ **MySQL 서버 접속** mysqli_connect() 함수를 이용하여 MySQL 서버에 접속한다.

❸ **아이디 검색** mysqli_query() 함수를 이용하여 사용자가 입력한 아이디, 즉 $id를 members 테이블에서 검색하고 그 결과를 $result에 저장한다.

❹ **레코드 개수 세기** mysqli_num_rows() 함수를 이용하여 ❸의 검색 결과로 저장된 레코드 개수를 세고 $num_match에 저장한다.

❺ **아이디 존재 여부 판단** $num_match를 확인하여 사용자가 입력한 아이디가 존재하는지 검사한다. $num_match가 0이면 입력한 아이디가 members 테이블에 존재하지 않고, $num_match가 값을 가지면 입력한 아이디가 members 테이블에 존재하는 것이다.

❻ **아이디가 존재하지 않는 경우** $num_match가 0이면 ❺의 if문 조건식이 참이므로 '등록되지 않은 아이디입니다!'라는 경고 창을 띄운다.

❼ **아이디가 존재하는 경우** $num_match가 값을 가지면 ❺의 if문 조건식이 거짓이므로 else 문장을 수행한다.

❽ **DB에서 비밀번호 가져오기** mysqli_fetch_array() 함수로 해당 레코드를 가져와 $row에 저장한 뒤 $row의 pass 필드에 있는 데이터, 즉 DB에 저장된 비밀번호인 $row["pass"]를 $db_pass에 저장한다.

❾ **입력된 비밀번호와 DB의 비밀번호 비교** 사용자가 입력한 비밀번호인 $pass와 DB에서 가져온 비밀번호인 $db_pass를 비교한다.

❿ **비밀번호가 다른 경우** 입력된 비밀번호와 DB의 비밀번호가 다르면 '비밀번호가 틀립니다!'라는 경고 창을 띄우고 다시 로그인 페이지로 돌아간다.

⓫ **비밀번호가 같은 경우** 입력된 비밀번호와 DB의 비밀번호가 같으면 session_start()로 세션을 시작한다. 이때 DB에 저장된 아이디인 $row["id"] 값으로 세션 변수인 $_SESSION["userid"]를 생성한다. 같은 방법으로 세션 변수 $_SESSION["username"], $_SESSION["userlevel"], $_SESSION["userpoint"]를 생성한다. $_SESSION["userid"]는 웹 페이지에서 로그인 상태인지 아닌지를 판단하는 기준이 되므로 접속한 웹 페이지에서 사용자가 로그인 상태인지를 알려면 $_SESSION["userid"] 값을 조사하면 된다. 그리고 $_SESSION["username"], $_SESSION["userlevel"], $_SESSION["userpoint"]는 각각 로그인한 사용자의 이름, 레벨, 포인트를 의미한다.

⑫ **메인 페이지로 이동** 세션을 생성하여 로그인이 완료되면 메인 페이지(index.php)로 이동한다.

2 로그인 상태 판단

웹 사이트에서는 사용자가 로그인한 상태인지 판단하여 웹 페이지 구성과 동작 방법을 달리하는 경우가 종종 있다. 로그인 상태를 판단하는 방법은 [예제 12-2](login.php)의 ⑪에서 생성한 세션 변수가 존재하는지 조사하는 것이다. 실습 사이트의 각 웹 페이지에서 로그인 상태를 검사하기 위해 상단 헤더 페이지인 header.php에 세션 관련 코드를 삽입한다.

먼저 상단 헤더 파일(header.php)의 소스코드를 살펴보자.

예제 12-3 상단 헤더 페이지 part3/header.php

```
<?php
    session_start(); ······························ ①
    if (isset($_SESSION["userid"])) $userid = $_SESSION["userid"]; ······ ②
    else $userid = ""; ······························ ③
    if (isset($_SESSION["username"])) $username = $_SESSION["username"];
    else $username = "";
    if (isset($_SESSION["userlevel"])) $userlevel = $_SESSION["userlevel"];
    else $userlevel = "";
    if (isset($_SESSION["userpoint"])) $userlevel = $_SESSION["userpoint"];
    else $userpoint = "";
?>
<div id="top">
    <h3>
        <a href="index.php">PHP 프로그래밍 입문</a>
    </h3>
    <ul id="top_menu">
<?php
    if (!$userid) { ·······························
?>
        <li><a href="member_form.php">회원 가입(11장)</a> </li>   ······ ④
        <li> | </li>
        <li><a href="login_form.php">로그인(12장)</a></li> ········
```

```
<?php
    } else {
      $logged = $username."(".$userid.")님[Level:".$userlevel.",
        Point:".$userpoint."]";
?>
      <li><?=$logged?> </li>
      <li> | </li>
      <li><a href="logout.php">로그아웃(12장)</a> </li>
      <li> | </li>
      <li><a href="member_modify_form.php">정보 수정(12장)</a></li>
<?php
    }
?>
<?php
    if ($userlevel == 1) {
?>
      <li> | </li>
      <li><a href="admin.php">관리자 모드(15장)</a></li>
<?php
    }
?>
    </ul>
</div>
<div id="menu_bar">
    <ul>
      <li><a href="index.php">HOME</a></li>
      <li><a href="message_form.php">쪽지 만들기(13장)</a></li>
      <li><a href="board_form.php">게시판 만들기(14장)</a></li>
      <li><a href="index.php">사이트 완성하기(15장)</a></li>
    </ul>
</div>
```

(❺: } else { … } 부분, ❻: if ($userlevel == 1) { … } 부분)

❶ **세션 시작** session_start() 함수로 세션을 시작한다. 세션을 저장하거나 저장된 세션을 사용할 때는 먼저 세션을 시작해야 한다.

❷ **세션 변수 검사** isset($_SESSION["userid"])는 세션 변수인 $_SESSION["userid"]에 값이 있는지 검사하여 값이 있으면 true를, 값이 없으면 false를 반환한다. 따라서 세션 변수

$_SESSION["userid"]에 값이 설정되어 있으면 그 값을 $userid에 저장한다. isset() 함수의 사용 형식은 다음과 같다.

isset() 함수	
형식	isset(var)
기능	변수에 값이 설정되어 있는지 검사한다.
인자	var: 변수명
반환 값	변수 값 설정 시: true 변수 값 미설정 시: false

❸ **$userid에 null 값 설정** 세션 변수의 값이 설정되어 있지 않으면 ❷의 if문 조건식이 거짓이므로 $userid에 null 값을 설정한다. 즉 로그인 상태가 아니면 $userid는 null 값이다. 이렇게 함으로써 로그인 상태에서는 [예제 12-2] ⓫의 세션 변수 저장과 [예제 12-3] ❷의 세션 변수 가져오기를 통해 $userid가 해당 아이디 값을 가지게 된다.

❹ **로그인되지 않은 상태** $userid가 null 값인 " "라면 로그인되지 않은 상태이므로 if문의 조건식인 !$userid에 의해 웹 페이지 상단에 [회원 가입(11장)]과 [로그인(12장)] 메뉴를 출력한다.

그림 12-3 로그인되지 않은 상태의 상단 메뉴

❺ **로그인 상태** $userid가 값을 가진 경우라면 로그인 상태이므로 ❹의 if문 조건식이 거짓이 되어 else 다음 문장을 수행한다. 로그인 상태이므로 사용자 이름, 아이디, 레벨, 포인트가 출력되고 웹 페이지 상단에 [로그아웃(12장)]과 [정보 수정(12장)] 메뉴가 나타난다.

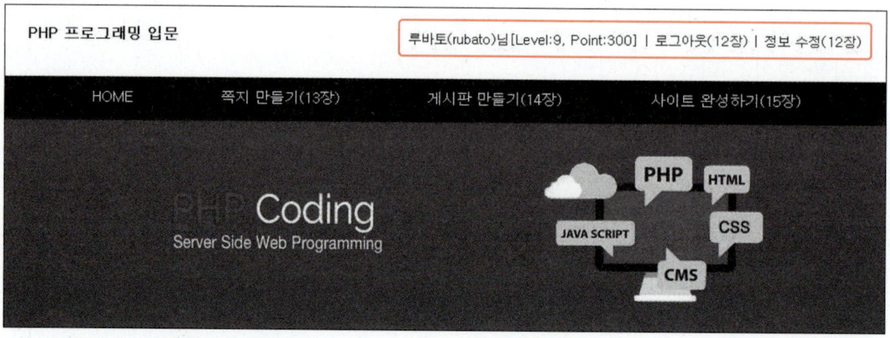

그림 12-4 로그인 상태의 상단 메뉴

⑥ **관리자 모드 버튼** 로그인한 사용자가 관리자인지 확인하여 관리자라면 관리자 페이지에 접속할 수 있는 메뉴를 생성한다.

관리자 모드 관련 내용은 15장에서 자세히 설명하겠다.

3 로그아웃 처리

웹 사이트에서 세션을 이용하여 로그인 처리를 한 경우, 생성된 세션을 삭제하면 로그아웃 처리가 가능하다. 웹 사이트에 로그인된 상태의 사용자가 상단의 [로그아웃(12장)] 메뉴를 클릭하면 링크된 로그아웃 처리 페이지(logout.php)에 의해 로그아웃 상태로 변경된다.

예제 12-4 로그아웃 처리 페이지 part3/logout.php

```
<?php
    session_start();
    unset($_SESSION["userid"]);
    unset($_SESSION["username"]);
    unset($_SESSION["userlevel"]);
    unset($_SESSION["userpoint"]);

    echo("
      <script>
          location.href = 'index.php';
      </script>
    ");
?>
```

이 페이지에서는 unset() 함수를 이용하여 세션 변수를 삭제한다. 그리고 메인 페이지인 index.php로 이동한다.

세션 변수인 $_SESSION["userid"]가 삭제되면 [예제 12-3]의 ❷와 ❸에 의해 $userid는 null 값인 " "가 되고 ❹의 if문 조건식이 참이 되므로 [그림 12-3]과 같이 로그인되지 않은 상태의 상단 메뉴가 나타난다.

03 회원 정보 수정 페이지

1 회원 정보 수정

로그인 상태의 메인 페이지 상단에는 회원 정보를 수정할 수 있는 [정보 수정(12장)] 메뉴가 있다. 이 메뉴를 클릭하면 [예제 12-3]의 ❺에 링크된 회원 정보 수정 페이지(member_modify_form.php)로 이동하여 DB에 있는 회원 정보를 수정할 수 있다.

그림 12-5 회원 정보 수정 페이지(member_modify_form.php)

위의 회원 정보 수정 페이지를 보면 회원 가입 페이지(member_form.php)와 거의 유사하며, 가장 큰 차이점은 회원 가입 시 입력한 정보가 입력 창에 나타나 있다는 것이다. 회원 정보 수정 페이지를 구성하는 데 필요한 파일은 다음과 같다.

표 12-2 회원 정보 수정 페이지 구성에 필요한 파일

구분	파일	설명
CSS	css/common.css	사이트에 공통으로 사용되는 CSS 파일
	css/member.css	회원 정보 수정 페이지의 CSS 파일[회원 가입 페이지(member_form.php)와 동일한 CSS 파일 사용]
자바스크립트	js/member_modify.js	회원 정보 수정 페이지의 자바스크립트 파일
회원 정보 수정 페이지	member_modify_form.php	회원 정보 수정 페이지
기능 페이지	member_modify.php	DB에 저장된 회원 정보 수정

회원 정보 수정 페이지(member_modify_form.php)의 소스코드를 살펴보자.

예제 12-5 회원 정보 수정 페이지 part3/member_modify_form.php

```
<!-- 생략 -->
<link rel="stylesheet" type="text/css" href="./css/common.css">
<link rel="stylesheet" type="text/css" href="./css/member.css">
<script type="text/javascript" src="./js/member_modify.js"></script>
<!-- 생략 -->
<?php
    $con = mysqli_connect("localhost", "user1", "12345", "sample");
    $sql = "select * from members where id='$userid'";             ❶
    $result = mysqli_query($con, $sql);
    $row = mysqli_fetch_array($result);

    $pass = $row["pass"];                                          ❷
    $name = $row["name"];

    $email = explode("@", $row["email"]);
    $email1 = $email[0];                                           ❸
    $email2 = $email[1];

    mysqli_close($con);
?>
<section>
```

```
<div id="main_img_bar">
  <img src="./img/main_img.png">
</div>
<div id="main_content">
  <div id="join_box">
     <form  name="member_form" method="post" action="member_
       modify.php?id=<?=$userid?>">                              ④
     <h2>회원 정보 수정</h2>
     <div class="form id">
        <div class="col1">아이디</div>
        <div class="col2">
            <?=$userid?>                                         ⑤
        </div>
     </div>
     <div class="clear"></div>

     <div class="form">
        <div class="col1">비밀번호</div>
        <div class="col2">
            <input type="password" name="pass" value=
              "<?=$pass?>">                                      ⑥
        </div>
     </div>
     <div class="clear"></div>
     <div class="form">
        <div class="col1">비밀번호 확인</div>
        <div class="col2">
            <input type="password" name="pass_confirm"
              value="<?=$pass?>">                                ⑦
        </div>
     </div>
     <div class="clear"></div>
     <div class="form">
        <div class="col1">이름</div>
        <div class="col2">
            <input type="text" name="name" value="<?=$name?>">  ⑧
        </div>
     </div>
```

```
            <div class="clear"></div>
            <div class="form email">
                <div class="col1">이메일</div>
                <div class="col2">
                    <input type="text" name="email1"
                        value="<?=$email1?>">@<input type="text"
                        name="email2" value="<?=$email2?>">        ⑨
                </div>
            </div>
            <div class="clear"></div>
            <div class="bottom_line"></div>
            <div class="buttons">
                <img style="cursor:pointer" src="./img/button_save.gif"    ⑩
                    onclick="check_input()"> 
                <img id="reset_button" style="cursor:pointer" src="./img
                  /button_reset.gif"
                    onclick="reset_form()">
            </div>
            </form>
        </div> <!-- join_box -->
    </div> <!-- main_content -->
</section>
<footer>
    <?php include "footer.php";?>
</footer>
</body>
</html>
```

❶ **회원 가입 정보를 DB에서 가져오기** MySQL 서버에 접속하여 회원 가입 시 저장한 데이터를 members 테이블에서 가져온다.

❷ **비밀번호, 이름 저장** DB에서 가져온 비밀번호($row["pass"])와 이름($row["name"])을 각각 $pass와 $name에 저장한다.

❸ **이메일 주소 분리** 이메일 주소는 XXX@XXX 형태의 문자열 하나로 묶어 DB에 저장했다. 하나로 병합되어 있는 이메일 주소를 이메일 입력 창에 나누어 입력하려면 DB에서 가져온 이메일 주소인 $row["email"]을 @을 기준으로 분리해야 한다. explode("@",

$row["email"])은 @을 기준으로 $row["email"]을 분리하여 배열에 저장한다. explode() 함수의 사용 형식은 다음과 같다.

explode() 함수	
형식	explode(separator, string)
기능	문자열을 분리하여 배열에 저장한다.
인자	separator: 분리의 기준이 되는 문자열 string: 분리 대상 문자열
반환 값	문자열의 배열

❹ **정보 수정 폼 양식** 〈form〉 태그를 이용하여 정보 수정 폼 양식을 정의한다. 이때 name 속성은 member_form으로, action 속성은 member_modify.php로 설정한다. 여기서 설정한 속성 값은 ❿에서 사용된다. ❿의 〈저장하기〉 버튼(button_save.gif)을 클릭하면 onclick="check_input()"에 의해 member_modify.js 파일에 정의한 check_input() 함수가 실행된다. check_input() 함수는 입력 창에 데이터가 제대로 입력되었는지, 비밀번호와 비밀번호 확인에 입력한 값이 일치하는지 확인한다. 이상이 없으면 ❹의 action 속성에 설정된 member_modify.php로 이동한다.

❺ **아이디 출력** 로그인을 할 때 입력한 아이디는 [예제 12-3]의 ❷에서 $userid에 저장된다. 이 값을 출력하여 아이디 항목 옆에 사용자 아이디가 나타나게 한다([그림 12-5] 참고).

❻~❼ **비밀번호와 비밀번호 확인 입력 창에 데이터 삽입** DB에 저장된 비밀번호를 의미하는 $pass를 비밀번호와 비밀번호 확인 입력 창에 삽입한다.

❽ **이름 입력 창에 데이터 삽입** DB에 저장된 이름을 의미하는 $name을 이름 입력 창에 삽입한다.

❾ **이메일 입력 창에 데이터 삽입** DB에 저장된 이메일을 가져와서 분리한 $email1과 $email2를 이메일 입력 창에 삽입한다.

❿ **회원 정보 수정 버튼** 회원 정보 수정 버튼인 〈저장하기〉(button_save.gif)를 클릭하면 ❹에서 설명한 것과 같이 member_modify.php로 이동한다. member_modify.php에서는 사용자가 변경한 회원 정보로 DB를 업데이트한다.

❷ 회원 정보 수정 처리

사용자가 회원 정보 수정에서 원하는 항목을 수정한 뒤 하단의 〈저장하기〉를 클릭하면 member_modify.php 파일에서 DB에 저장된 해당 데이터가 수정된다.

예제 12-6 회원 정보 수정 처리 페이지 part3/member_modify.php

```
<?php
    $id = $_GET["id"];                                                        ❶

    $pass = $_POST["pass"];
    $name = $_POST["name"];                                                   ❷
    $email1 = $_POST["email1"];
    $email2 = $_POST["email2"];

    $email = $email1."@".$email2;

    $con = mysqli_connect("localhost", "user1", "12345", "sample");          ❸
    $sql = "update members set pass='$pass', name='$name', email='$email'";  ❹
    $sql .= " where id='$id'";
    mysqli_query($con, $sql);

    mysqli_close($con);

    echo "
      <script>
          location.href = 'index.php';                                        ❺
      </script>
    ";
?>
```

❶ **아이디 전달받기** [예제 12-5]의 ❹에서 action="member_modify.php?id=<?=$userid?>"로 전달한 id를 GET 방식으로 가져와 $id에 저장한다.

❷ **비밀번호, 이름, 이메일 전달받기** 회원 정보 수정 양식에서 사용자가 입력한 비밀번호, 이름, 이메일을 POST 방식으로 전달받아 각각의 값을 $pass, $name, $email1, $email2에 저장한다.

❸ **MySQL 서버 접속** mysqli_connect() 함수를 이용하여 MySQL 서버에 접속한다.

❹ **DB 업데이트** MySQL의 update 명령을 이용하여 members 테이블에서 해당 아이디를 가진 레코드의 비밀번호, 이름, 이메일을 수정한다.

❺ **메인 페이지로 이동** 실습 사이트의 메인 페이지인 index.php로 이동한다.

실습 사이트 메인 페이지의 오른쪽 상단에 있는 [정보 수정(12장)] 메뉴를 클릭하여 회원 정보를 수정한 뒤 제대로 변경되었는지 확인해보자.

요약

01 로그인 페이지 실습에 필요한 파일

구분	파일	설명
CSS	css/common.css	사이트에 공통으로 사용되는 CSS 파일
	css/login.css	로그인 페이지의 CSS 파일
자바스크립트	js/login.js	로그인 페이지의 자바스크립트 파일
로그인 페이지	login_form.php	로그인 페이지
기능 페이지	login.php	사용자가 입력한 아이디와 비밀번호가 맞으면 세션 변수에 값을 할당하여 로그인 처리
	logout.php	세션 변수를 삭제하여 로그아웃 처리

02 로그인 처리

login.php 파일은 사용자가 입력한 아이디와 비밀번호가 앞서 생성한 members 테이블에 존재하는지 검사하여 로그인 가능 여부를 판단하고 그에 따라 처리한다.

03 isset() 함수

isset() 함수는 변수 값을 검사하고 변수 값이 설정되어 있으면 true를, 설정되어 있지 않으면 false를 반환한다.

04 로그아웃 처리

웹 사이트에서 세션을 이용하여 로그인 처리를 한 경우, 생성된 세션을 삭제하면 로그아웃 처리가 가능하다.

05 회원 정보 수정 페이지 실습에 필요한 파일

구분	파일	설명
CSS	css/common.css	사이트에 공통으로 사용되는 CSS 파일
	css/member.css	회원 정보 수정 페이지의 CSS 파일[회원 가입 페이지(member_form.php)와 동일한 CSS 파일 사용]
자바스크립트	js/member_modify.js	회원 정보 수정 페이지의 자바스크립트 파일
회원 정보 수정 페이지	member_modify_form.php	회원 정보 수정 페이지
기능 페이지	member_modify.php	DB에 저장된 회원 정보 수정

06 회원 정보 수정 처리

사용자가 회원 정보 수정 폼 양식에서 원하는 항목을 수정한 다음 저장 버튼을 클릭하면 member_modify.php 파일에서 DB에 저장된 해당 데이터가 수정된다.

07 explode() 함수

explode() 함수는 문자열을 분리하여 배열에 저장한다.

01 다음은 세션을 이용하여 로그인을 처리하는 프로그램의 일부이다. 빈칸을 채워 프로그램을 완성하시오.

```
<?php
    $id    = $_POST["id"];
    $pass = $_POST["pass"];

    $con = mysqli_connect("localhost", "user1", "12345", "sample");
    ____________ = "select * from members where id='$id'";
    ____________ = mysqli_query($con, $sql);
    ____________ = mysqli_num_rows($result);

    if(!$num_match) {
        echo("<script>
             window.alert('등록되지 않은 아이디입니다!')
             history.go(-1)
           </script>");
    }
    else {
        $row = _________________ ($result);
        $db_pass = $row["pass"];
        mysqli_close($con);

        if($pass != ____________) {
           echo("
              <script>
                window.alert('비밀번호가 틀립니다!')
                history.go(-1)
              </script>
           ");
           exit;
        }
        else {
            session_start();
            $_SESSION["userid"] = $row["id"];
/* 생략 */
        }
     }
?>
```

02 다음은 웹 페이지 상단 헤더의 프로그램 중 일부로, 세션을 이용하여 로그인 상태를 파악하는 부분이다. 빈칸을 채워 프로그램을 완성하시오.

```
<?php
    ________________;
    if (__________($_SESSION["userid"])) $userid = $_SESSION["userid"];
    else $userid = "";
    if (__________ ($_SESSION["username"])) $username = $_SESSION
            ["username"];
    else $username = "";
    if (__________ ($_SESSION["userlevel"])) $userlevel = $_SESSION
            ["userlevel"];
    else $userlevel = "";
?>
        <div id="top">
            <h3>
                <a href="index.php">PHP 프로그래밍 입문</a>
            </h3>
            <ul id="top_menu">
<?php
    if(!__________) {
?>
                <li><a href="member_form.php">회원 가입(11장)</a> </li>
                <li> ¦ </li>
                <li><a href="login_form.php">로그인(12장)</a></li>
<?php
    } __________ {
                $logged = $username."(".$userid.")님[Level:".$userlevel.
                          ", Point:".$userpoint."]";
?>
                <li><?=$logged?> </li>
                <li> ¦ </li>
                <li><a href="logout.php">로그아웃</a> </li>
                <li> ¦ </li>
                <li><a href="member_modify_form.php">정보 수정</a></li>
<?php
    }
?>
            </ul>
        </div>
```

03 다음은 사용자가 회원 정보 수정 폼 양식에서 정보를 수정한 후 완료 버튼을 클릭하면 수정된 데이터로 DB를 업데이트하는 프로그램의 일부이다. 빈칸을 채워 프로그램을 완성하시오.

```
<?php
    $id = $_GET["id"];

    ________________= $_POST["pass"];
    $name = $_POST["name"];
    $email1  = $_POST["email1"];
    $email2  = $_POST["email2"];

    ________________ = $email1."@".$email2;

    $con = mysqli_connect("localhost", "user1", "12345", "sample");
    $sql = "____________ members set pass='$pass', name='$name' ,
            email='$email'";
    $sql .= " where id='$id'";
    ______________($con, $sql);

    mysqli_close($con);

/* 생략 */
?>
```

04 로그인과 회원 정보 수정에 사용되는 PHP 함수에 관한 물음에 답하시오.

① 변수 값을 검사하여 true 또는 false를 반환하는 함수는 무엇인가?

② 문자열을 분리하여 배열에 저장하는 함수는 무엇인가?

CHAPTER 13
쪽지 기능 구현

학습목표

- 쪽지 기능의 DB 테이블 구조를 이해할 수 있다.
- phpMyAdmin에서 DB 테이블을 생성할 수 있다.
- 쪽지 보내기 폼 양식을 작성할 수 있다.
- DB에 쪽지를 저장할 수 있다.
- 송신 및 수신 쪽지함의 목록을 만들 수 있다.
- 쪽지 내용을 확인하고 삭제할 수 있다.
- 답변 쪽지를 보낼 수 있다.

01 쪽지의 기능과 구성

실습 사이트의 쪽지는 회원들끼리 주고받는 간단한 메시지이다. 실습 사이트에서 쪽지 보내기 페이지를 불러오기 위해 웹 브라우저 주소 창에 다음 주소를 입력하고 실행해보자.

http://localhost/part3/message_form.php

실습 사이트의 쪽지 기능은 로그인 상태에서만 사용할 수 있도록 설계되었다. 따라서 주소를 입력하기 전에 실습 사이트에 로그인을 해야 한다.

그림 13-1 쪽지 보내기 페이지(message_form.php)

다음은 실습 사이트에서 구현할 쪽지의 기능이다.

- 로그인 상태에서 상대방 아이디로 쪽지 보내기
- 보낸 쪽지를 송신 쪽지함에 보관하기
- 받은 쪽지를 수신 쪽지함에 보관하기
- 받은 쪽지에 대한 답변 쪽지 보내기
- 송신 및 수신된 쪽지 삭제하기

실습 사이트의 쪽지 기능을 구현하는 데 필요한 파일은 다음과 같다.

표 13-1 쪽지 기능을 구현하는 데 필요한 파일

구분	파일	기능
DB	db/message.sql	쪽지 DB 테이블 생성
CSS	css/common.css	사이트에 공통으로 사용되는 CSS 파일
	css/message.css	메인 CSS 파일
페이지	message_form.php	쪽지 보내기
	message_box.php	수신/송신 쪽지함
	message_response_form.php	답변 쪽지 보내기
	message_view.php	수신/송신 쪽지 보기
기능 페이지	message_insert.php	작성한 쪽지를 DB에 저장
	message_delete.php	DB에 저장된 쪽지 삭제

02 쪽지 보내기

1 쪽지 DB 테이블 설계

쪽지 기능을 구현하려면 먼저 DB 테이블을 설계하여 생성해야 한다. 쪽지 보내기 페이지에서 입력한 데이터를 저장할 DB 테이블(message)을 설계해보자.

표 13-2 쪽지 DB 테이블(테이블명: message)

필드명	데이터형	null	추가 사항	설명
num	int	not null	primary key, auto_increment	일련번호
send_id	char(20)	not null		송신 아이디
rv_id	char(20)	not null		수신 아이디
subject	char(200)	not null		제목
content	text	not null		내용
regist_day	char(20)			보낸 일시

num, send_id, rv_id, subject, content 필드는 필수 입력 항목이므로 not null로 설정하고, 레코드 일련번호를 의미하는 num 필드는 주 키와 auto_increment로 설정한다. send_id, rv_id 필드는 각각 송신자와 수신자의 아이디를, subject, content, regist_day 필드는 각각 쪽지의 제목, 내용, 보낸 일시를 의미한다.

쪽지 DB 테이블을 생성하는 SQL 명령을 담은 message.sql 파일의 내용은 다음과 같다.

쪽지 DB 테이블(message) 생성 배치 파일 part3/db/message.sql

```
create table message (
    num int not null auto_increment,
    send_id char(20) not null,
    rv_id char(20) not null,
```

```
    subject char(200) not null,
    content text not null,
    regist_day char(20),
    primary key(num)
);
```

2 쪽지 DB 테이블 생성

쪽지 DB 테이블을 생성하는 SQL 명령을 담은 message.sql 파일을 phpMyAdmin에서 실행하여 message 테이블을 생성해보자. 먼저 user1 계정(비밀번호: 12345)으로 phpMyAdmin에 접속하여 sample 데이터베이스를 선택한다. 그리고 화면 오른쪽 상단의 [가져오기] 메뉴를 클릭한 뒤 '가져올 파일'에서 〈찾아보기〉를 클릭하여 C:₩xampp₩htdocs₩part3₩db₩message.sql 파일을 선택하고 화면 아래의 〈실행〉을 클릭한다.

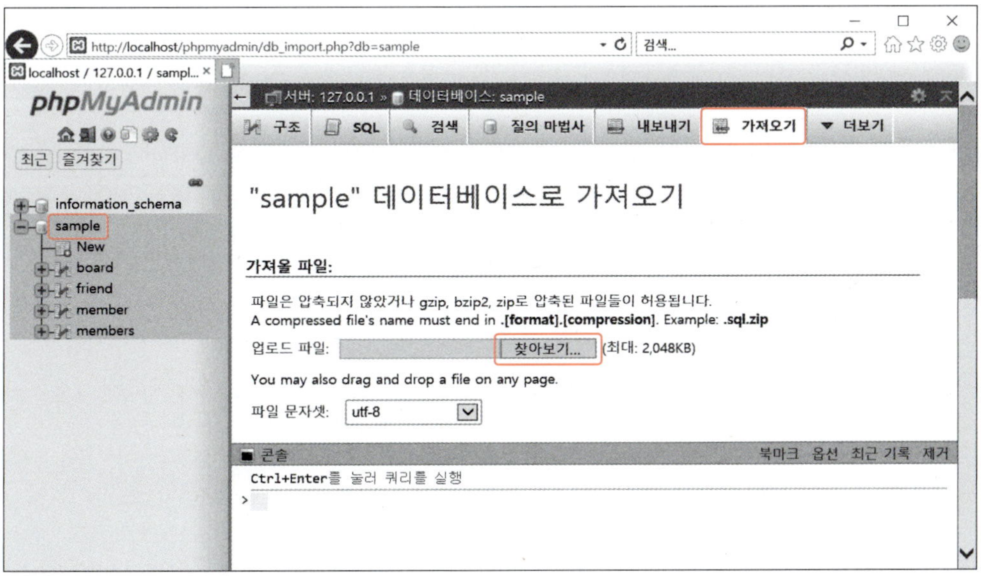

그림 13-2 message.sql 파일로 쪽지 DB 생성

생성된 message 테이블을 선택한 뒤 화면 상단의 [구조] 메뉴를 클릭하면 message 테이블의 구조를 확인할 수 있다.

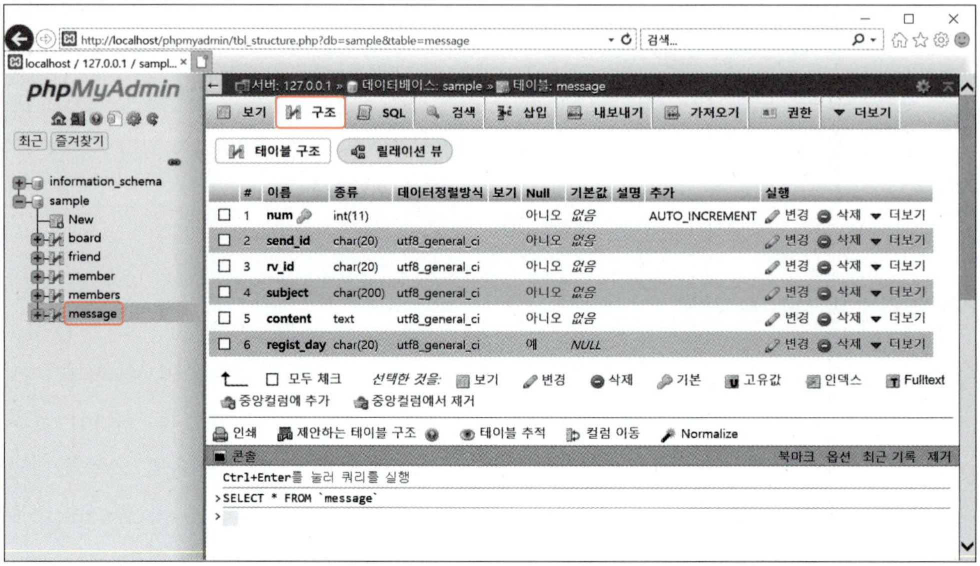

그림 13-3 message 테이블의 구조

❸ 쪽지 보내기

쪽지 보내기 페이지(message_form.php)에서 쪽지를 보내려면 로그인 상태여야 한다. 11장의 실습에서 회원 가입 시 사용한 회원 정보로 로그인한 다음 수신 아이디, 제목, 내용을 입력하고 하단의 〈보내기〉를 클릭한다. 이때 쪽지를 받는 수신인 아이디가 존재해야 하므로 미리 2~3명 정도 회원 가입을 해둔다.

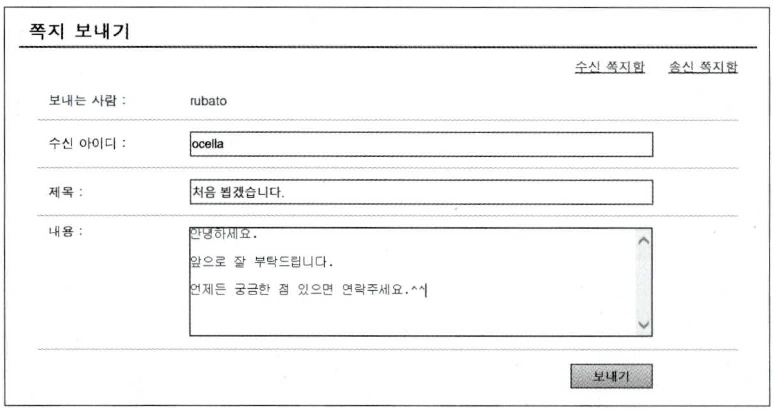

그림 13-4 쪽지 보내기

보낸 쪽지가 message 테이블에 존재하는지 phpMyAdmin에 접속해서 확인해보자.

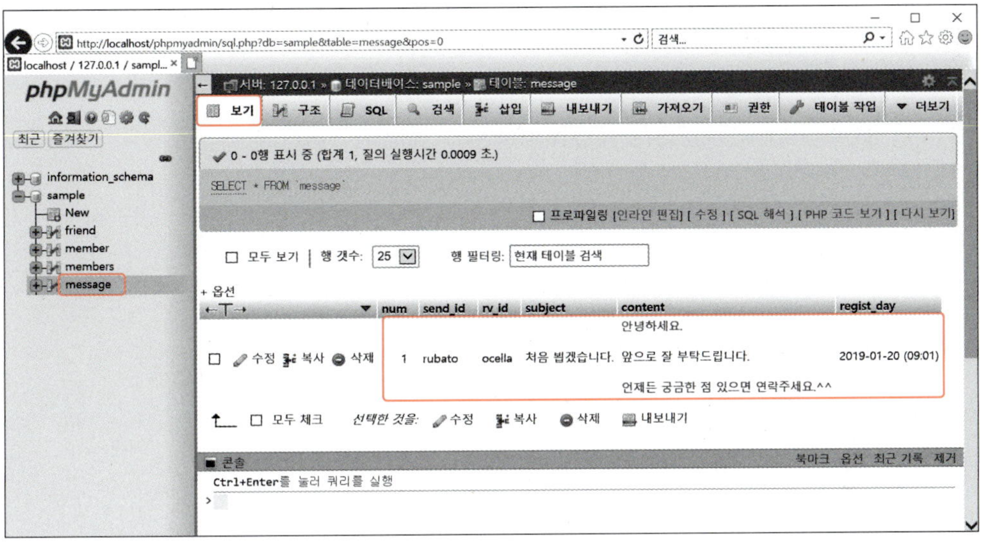

그림 13-5 보낸 쪽지 확인

쪽지 보내기 페이지(message_form.php)의 소스코드를 살펴보자.

예제 13-1 쪽지 보내기 페이지 part3/message_form.php

```
<!-- 생략 -->
<script>
   function check_input() {
     if (!document.message_form.rv_id.value)
     {
         alert("수신 아이디를 입력하세요!");
         document.message_form.rv_id.focus();
         return;
     }
     if (!document.message_form.subject.value)
     {
         alert("제목을 입력하세요!");
         document.message_form.subject.focus();        ❶
         return;
     }
     if (!document.message_form.content.value)
```

```
    {
        alert("내용을 입력하세요!");
        document.message_form.content.focus();
        return;
    }
    document.message_form.submit();
  }                                                         ❶
</script>
<!-- 생략 -->
<section>
<div id="main_img_bar">
   <img src="./img/main_img.png">
</div>
<div id="message_box">
   <h3 id="write_title">
     쪽지 보내기
   </h3>
   <ul class="top_buttons">
   <li><span><a href="message_box.php?mode=rv">수신 쪽지함</a></span></li>      ❷
   <li><span><a href="message_box.php?mode=send">송신 쪽지함</a></span></li>
   </ul>
   <form  name="message_form" method="post" action="message_insert.   ❸
     php?send_id=<?=$userid?>">
     <div id="write_msg">
         <ul>
         <li>
             <span class="col1">보내는 사람 : </span>                  ❹
             <span class="col2"><?=$userid?></span>
         </li>
         <li>
             <span class="col1">수신 아이디 : </span>                  ❺
             <span class="col2"><input name="rv_id" type="text"></span>
         </li>
         <li>
             <span class="col1">제목 : </span>                         ❻
             <span class="col2">
                  <input name="subject" type="text"></span>
         </li>
```

```
            <li id="text_area">
                <span class="col1">내용 : </span>
                <span class="col2">
                    <textarea name="content"></textarea>
                </span>
            </li>
            </ul>
            <button type="button" onclick="check_input()">보내기</button>
        </div>
    </form>
</div> <!-- message_box -->
</section>
<!-- 생략 -->
```

❼ (7번: 내용 입력 영역) ❽ (8번: 보내기 버튼)

❶ **check_input( ) 함수** 쪽지 보내기 페이지 하단의 〈보내기〉 버튼([그림 13-4] 참고)을 클릭했을 때 호출되는 함수이다. check_input() 함수는 입력 창에 내용이 입력되었는지 검사하여, 내용이 입력되지 않은 상태로 〈보내기〉를 클릭하면 경고 창을 띄운다. 내용을 모두 입력한 경우에는 message_form의 action 속성에 설정된 message_insert.php 페이지로 이동하여 사용자가 입력한 쪽지 정보를 DB에 저장한다.

❷ **수신/송신 쪽지함 링크** 쪽지 보내기 페이지 오른쪽 상단에 '수신 쪽지함'과 '송신 쪽지함' 링크를 삽입하며, 이 링크는 쪽지함 목록 보기 페이지(message_box.php)로 연결된다. 쪽지함 목록 보기 페이지는 두 가지 모드에서 동작하는데 send는 송신 모드, rv는 수신 모드를 의미한다.

❸ message_insert.php로 이동한다. 이때 사용자가 입력한 데이터를 DB에 저장하는 데 필요한 send_id 값으로 사용자 아이디인 $userid를 설정한다.

❹ 쪽지 보내기 페이지의 '보내는 사람 :' 오른쪽에 로그인된 사용자의 아이디인 $userid를 삽입한다. 이를 통해 쪽지를 보내는 사람이 로그인된 사용자임을 알 수 있다.

❺ 쪽지 보내기 페이지의 '수신 아이디 :' 오른쪽에 있는 입력 창을 나타낸다. name 속성으로 설정한 rv_id는 이 창에 입력된 데이터를 message_insert.php 파일에 POST 방식으로 전달하는 데 사용된다.

❻ 쪽지 보내기 페이지의 '제목 :' 오른쪽에 있는 입력 창을 나타낸다. name 속성으로 설정한

subject는 입력된 쪽지 제목을 message_insert.php 파일에 POST 방식으로 전달하는 데 사용된다.

7. 쪽지 보내기 페이지의 '내용 :' 오른쪽에 있는 입력 창을 나타낸다. name 속성으로 설정한 content는 입력된 쪽지 내용을 message_insert.php 파일에 POST 방식으로 전달하는 데 사용된다.

8. 쪽지 보내기 페이지 하단의 〈보내기〉를 클릭하면 check_input() 함수를 호출한다.

4 DB에 쪽지 저장

쪽지 보내기 페이지에서 데이터를 입력한 다음 하단의 〈보내기〉를 클릭하면 message_insert.php 파일로 이동하여 사용자가 입력한 쪽지 데이터와 관련 정보를 DB에 저장한다.

예제 13-2 DB에 쪽지 저장 페이지 part3/message_insert.php

```
<meta charset='utf-8'>
<?php
    $send_id = $_GET["send_id"];
    $rv_id = $_POST['rv_id'];                                           ❶
    $subject = $_POST['subject'];
    $content = $_POST['content'];
    $subject = htmlspecialchars($subject, ENT_QUOTES);                  ❷
    $content = htmlspecialchars($content, ENT_QUOTES);
    $regist_day = date("Y-m-d (H:i)");  // 현재의 '연-월-일-시-분' 저장

    if (!$send_id) {
      echo("
          <script>
              alert('로그인 후 이용해주세요! ');
              history.go(-1)                                            ❸
          </script>
      ");
      exit;
    }
```

```
    $con = mysqli_connect("localhost", "user1", "12345", "sample");
    $sql = "select * from members where id='$rv_id'";
    $result = mysqli_query($con, $sql);                               ❹
    $num_record = mysqli_num_rows($result);

    if ($num_record)
    {
      $sql = "insert into message(send_id, rv_id, subject, content,
        regist_day) ";                                                 ❺
      $sql .= "values('$send_id', '$rv_id', '$subject', '$content',
        '$regist_day')";
            mysqli_query($con, $sql);  // $sql에 저장된 명령 실행
    } else {
      echo("
          <script>
              alert('수신 아이디가 잘못되었습니다!');
              history.go(-1)                                           ❻
          </script>
      ");
      exit;
    }

    mysqli_close($con);  // DB 연결 끊기

    echo "
      <script>
          location.href = 'message_box.php?mode=send';                 ❼
      </script>
    ";
?>
```

❶ **쪽지 데이터 전달받기** [그림 13-4]의 쪽지 보내기 페이지에서 사용자가 입력한 데이터를 GET과 POST 방식으로 전달받는다. $send_id, $rv_id, $subject, $content는 각각 송신 아이디, 수신 아이디, 제목, 내용을 의미한다.

❷ 쪽지의 제목과 내용에 특수 문자가 있다면 HTML 특수 기호로 변환한다는 의미이다.

“, ‘, 〈, 〉 등의 일부 특수 문자는 웹 페이지에서 특별한 기능을 한다. “와 ‘는 문자열의 시작과 끝을 나타낼 때, 〈와 〉는 HTML 태그를 나타낼 때 사용한다. 따라서 쪽지의 제목이나 내용에 이러한 특수 문자가 들어가면 웹 페이지에 제대로 표시되지 않을 수 있다. PHP에서는 htmlspecialchars() 함수를 이용하여 특수 문자를 다음과 같은 HTML 특수 기호로 변환한다.

표 13-3 특수 문자에 대응되는 HTML 특수 기호

특수 문자	HTML 특수 기호
“	"
‘	'
〈	<
〉	>
&	&

htmlspecialchars() 함수의 사용 형식은 다음과 같다.

<table>
<tr><th colspan="3">htmlspecialchars() 함수</th></tr>
<tr><td>형식</td><td colspan="2">htmlspecialchars(string, flags)</td></tr>
<tr><td>기능</td><td colspan="2">문자열에 포함된 특수 문자를 HTML 특수 기호로 변환한다.</td></tr>
<tr><td rowspan="2">인자</td><td colspan="2">string: 대상 문자열</td></tr>
<tr><td>flags</td><td>ENT_COMPAT: 큰따옴표만 변환
ENT_QUOTES: 큰따옴표와 작은따옴표를 모두 변환
ENT_NOQUOTES: 큰따옴표와 작은따옴표를 변환하지 않음</td></tr>
<tr><td>반환 값</td><td colspan="2">변환된 문자열</td></tr>
</table>

htmlspecialchars($subject, ENT_QUOTES)는 쪽지 제목을 나타내는 문자열 $subject에 포함된 특수 문자(큰따옴표와 작은따옴표 포함)를 HTML 특수 기호로 변환하라는 의미이고, htmlspecialchars($content, ENT_QUOTES)는 쪽지 내용을 나타내는 문자열 $content에 포함된 특수 문자(큰따옴표와 작은따옴표 포함)를 HTML 특수 기호로 변환하라는 의미이다.

❸ **송신 아이디가 설정되지 않은 경우** 송신 아이디를 나타내는 $send_id가 null 값인 경우 로

그인하지 않은 상태에서 쪽지 기능을 이용하려는 것이다. 이때는 '로그인 후 이용해주세요!'라는 메시지의 경고 창을 띄운다.

❹ **수신 아이디의 유효 여부 검사** 쪽지를 보내기 전에 수신 아이디가 회원 정보 DB 테이블인 members에 존재하는 아이디인지 검사할 필요가 있다. $num_record에 값이 설정되어 있으면 수신 아이디가 회원으로 가입된 유효한 아이디이고 0이면 비회원임을 나타낸다.

❺ **수신 아이디가 유효한 경우** $num_record에 값이 설정되어 있으면 수신 아이디가 유효한 경우이다. 이때는 송신 아이디, 수신 아이디, 쪽지 제목, 쪽지 내용, 보낸 일시를 message 테이블에 저장한다.

❻ **수신 아이디가 유효하지 않은 경우** 수신 아이디가 members 테이블에 존재하지 않을 때는 '수신 아이디가 잘못되었습니다!'라는 메시지의 경고 창을 띄운다.

❼ **송신 쪽지함으로 이동** 보내는 쪽지 정보를 DB에 저장하는 작업이 모두 완료되면 쪽지함 목록 보기 페이지인 message_box.php로 이동한다. 이때 쪽지 모드가 send이기 때문에 송신 쪽지함 목록을 볼 수 있다.

03 쪽지함

1 송신 쪽지함 목록 보기

[예제 13-1]의 쪽지 보내기 페이지(message_form.php)에서 회원 간에 보낸 쪽지는 [예제 13-2]의 ❺에 의해 DB에 저장된 후 ❼에 의해 송신 쪽지함 목록 보기 페이지(message_box.php)로 이동한다. 다음은 보낸 쪽지를 담아두는 송신 쪽지함의 목록을 보여주는 화면이다. 쪽지함 목록 보기 페이지(message_box.php)는 송신 쪽지함과 수신 쪽지함에 모두 사용된다.

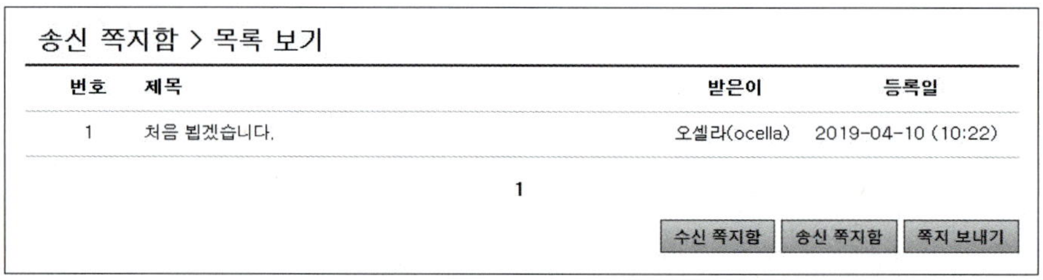

그림 13-6 송신 쪽지함 목록 보기(message_box.php, 모드: send)

예제 13-3 쪽지함 목록 보기 페이지 part3/message_box.php

```
<!-- 생략 -->
<section>
<div id="main_img_bar">
    <img src="./img/main_img.png">
</div>
<div id="message_box">
    <h3>
<?php
    if (isset($_GET["page"]))
       $page = $_GET["page"];                ❶
    else
       $page = 1;
```

```
    $mode = $_GET["mode"]; ........................................ ❷
    if ($mode=="send")
      echo "송신 쪽지함 > 목록 보기";
    else
      echo "수신 쪽지함 > 목록 보기";
?>
    </h3>
    <ul id="message">
    <li>
      <span class="col1">번호</span>
      <span class="col2">제목</span>
      <span class="col3">
<?php
      if ($mode=="send")
          echo "받은이";
      else
          echo "보낸이";
?>
      </span>
      <span class="col4">등록일</span>
    </li>
<?php
    $con = mysqli_connect("localhost", "user1", "12345", "sample");
    if ($mode=="send")
      $sql = "select * from message where send_id='$userid' order
        by num desc";
    else
      $sql = "select * from message where rv_id='$userid' order   ❸
        by num desc";

    $result = mysqli_query($con, $sql);
    $total_record = mysqli_num_rows($result);  // 전체 쪽지 수

    $scale = 10; ..................................................... ❹

    // 전체 페이지 수($total_page) 계산
```

```
    if ($total_record % $scale == 0)
      $total_page = floor($total_record/$scale);
    else
      $total_page = floor($total_record/$scale) + 1;         ⑤

    // 표시할 페이지($page)에 따라 $start 계산
    $start = ($page - 1) * $scale;                            ⑥

    $number = $total_record - $start;                         ⑦

    for ($i = $start; $i < $start + $scale && $i < $total_record; $i++)   ⑧
    {
      mysqli_data_seek($result, $i);                          ⑨
      $row = mysqli_fetch_array($result);                     ⑩
      $num = $row["num"];
      $subject = $row["subject"];
      $regist_day = $row["regist_day"];

      if ($mode=="send")
          $msg_id = $row["rv_id"];
      else
          $msg_id = $row["send_id"];
                                                              ⑪
      $result2 = mysqli_query($con, "select name from members where
        id='$msg_id'");
      $record = mysqli_fetch_array($result2);
      $msg_name = $record["name"];
?>
      <li>
      <span class="col1"><?=$number?></span>
      <span class="col2">
          <a href="message_view.php?mode=send&num=<?=$num?>">
                    <?=$subject?></a></span>                  ⑫
      <span class="col3"><?=$msg_name?>(<?=$msg_id?>)</span>
      <span class="col4"><?=$regist_day?></span>
      </li>
<?php
      $number--;
```

```
    }
    mysqli_close($con);

?>
    </ul>
    <ul id="page_num">
<?php
       if ($total_page>=2 && $page >= 2)
       {
           $new_page = $page-1;
           echo "<li>
           <a href='message_box.php?mode=$mode&page=$new_page'>
                     ◀ 이전</a> </li>";
       }
       else
           echo "<li> </li>";

       // 게시판 목록 하단에 페이지 링크 번호 출력
       for ($i = 1; $i <= $total_page; $i++)
       {
           if ($page == $i)  // 현재 페이지 번호는 링크하지 않음
           {
               echo "<li><b> $i </b></li>";
           }
           else
           {
           echo "<li> <a href='message_box.php?mode=$mode&page=$i'>
                     $i </a> <li>";
           }
       }
       if ($total_page>=2 && $page != $total_page)
       {
           $new_page = $page+1;
           echo "<li> <a href='message_box.php?mode=$mode&page=$new_page'>
                     다음 ▶</a> </li>";
       }
       else
           echo "<li> </li>";
```
⑬

```
?>
    </ul> <!-- page -->
    <ul class="buttons">
    <li><button onclick="location.href='message_box.php?mode=rv'">
            수신 쪽지함</button></li>
    <li><button onclick="location.href='message_box.php?mode=send'">
            송신 쪽지함</button></li>
    <li><button onclick="location.href='message_form.php'">쪽지 보내기
            </button></li>
    </ul>
</div> <!-- message_box -->
</section>
<!-- 생략 -->
```
⑭

❶ **GET 방식으로 페이지 번호 전달받기** $_GET["page"]에 값이 설정되어 있는지 isset() 함수를 이용하여 검사한다. 값이 설정되어 있으면 GET 방식으로 전달받은 $_GET["page"]를 페이지 번호인 $page에 저장하고, 값이 설정되어 있지 않으면 $page에 초깃값으로 1을 저장한다.

❷ **GET 방식으로 모드 전달받기** 송신(send) 또는 수신(rv) 모드를 $_GET["mode"]로 가져와 $mode에 저장한다. $mode의 값에 따라 페이지 제목을 표시한다.

❸ **DB에서 송신 또는 수신 쪽지 가져오기** $mode가 send이면 send_id가 사용자 아이디 $userid와 일치하는 레코드 집합인 송신 쪽지 목록을 가져오고, $mode가 rv이면 rv_id가 $userid와 일치하는 레코드 집합인 수신 쪽지 목록을 가져온다. $total_record는 전체 레코드의 수(송신 쪽지의 수)를 의미한다.

❹ **한 페이지에 표시되는 행의 수** $scale은 한 페이지에 표시되는 쪽지의 수를 나타낸다. 현재 $scale이 10으로 설정되어 있기 때문에 한 페이지에 10개씩 표시된다.

❺ **전체 페이지 수 계산** 전체 송신 쪽지의 페이지 수를 계산한다. ❹에서 $scale을 10으로 설정했기 때문에, 만약 전체 쪽지의 수가 30이면 전체 페이지의 수를 의미하는 $total_page는 3이 되고 전체 쪽지의 수가 32이면 $total_page는 4가 된다. 이때 사용하는 floor() 함수의 형식은 다음과 같다.

floor() 함수	
형식	floor(number)
기능	소수점 이하를 내림한 정수를 반환한다. 예를 들어 floor(3.3)은 3, floor(10.8)은 10이다. 참고로 소수점 이하 올림에는 ceil() 함수를, 소수점 이하 반올림에는 round() 함수를 사용한다.
인자	number: 대상 숫자
반환 값	소수점 이하를 내림한 정수

❻ **화면에 표시할 시작 레코드 설정** 페이지 번호인 $page에 따라 화면에 표시하는 시작 레코드 번호를 의미하는 $start를 계산한다.

❼ **쪽지 번호의 초깃값 설정** 쪽지 번호를 의미하는 $number의 초깃값을 설정한다.

❽ **반복 루프 설정** 쪽지 목록을 만들기 위한 반복 루프를 설정한다. 반복 루프는 $start에서 시작하여 $scale의 개수만큼 수행되는데, ❹에서 $scale을 10으로 설정했기 때문에 열 번 반복 수행한다.

❾ **가져올 레코드 포인터 설정** mysqli_data_seek() 함수를 이용하여 레코드 집합 $result에 $i 번째 포인터를 놓는다. 이때 사용하는 mysqli_data_seek() 함수의 형식은 다음과 같다.

mysqli_data_seek() 함수	
형식	mysqli_data_seek(result, offset)
기능	레코드 집합 내로 포인터를 이동한다. 함수를 수행한 후 mysqli_fetch_array() 함수가 호출되면 포인터가 지시하는 레코드를 가져온다.
인자	result: mysqli_query()와 같은 함수의 반환 값인 레코드 집합 offset: result에 설정되는 포인터로 0부터 '전체 레코드 수 −1'의 값
반환 값	성공: true, 실패: false

❿ **레코드 가져오기** 화면에 표시할 레코드를 mysqli_fetch_array() 함수를 이용하여 가져온다.

⓫ **보낸이/받는이의 아이디와 이름 가져오기** 송신 모드에서는 받는 사람의 아이디인 $row["rv_id"]를 $msg_id에 저장하고, 수신 모드에서는 보낸 사람의 아이디인 $row["send_id"]를 $msg_id에 저장한다. 그리고 $msg_id와 일치하는 사용자 이름을 members 테이

블에서 가져와 $msg_name에 저장한다.

⑫ **쪽지 목록의 항목 출력** 쪽지 목록의 각 항목을 화면에 출력한다([그림 13-6] 참고). 이때 $number, $subject, $rv_name, $rv_id, $regist_day는 각각 일련번호, 쪽지 제목, 수신자 이름, 수신자 아이디, 보낸 일시를 나타낸다.

⑬ **페이지 번호 표시** 쪽지함 목록 보기 화면 하단에 페이지 번호와 '◀ 이전', '다음 ▶'을 표시한다. 이때 현재 선택된 페이지 번호는 굵게 표시하고 나머지 페이지 번호는 해당 페이지로 연결되게 링크를 설정한다. '◀ 이전', '다음 ▶'을 클릭하면 각각 이전 페이지, 다음 페이지의 내용을 보여준다.

⑭ **버튼 삽입** 화면 하단에 〈수신 쪽지함〉, 〈송신 쪽지함〉, 〈쪽지 보내기〉 버튼을 삽입하고 해당 링크를 설정한다.

2 수신 쪽지함 목록 보기

송신 쪽지함 목록 보기 화면 하단의 〈수신 쪽지함〉을 클릭하면 수신 쪽지함 목록 보기로 이동한다. 이에 해당하는 [예제 13-3]의 ⑭에 쪽지함 링크가 다음과 같이 설정되어 있다.

```
message_box.php?mode=rv
```

수신 쪽지함도 송신 쪽지함과 마찬가지로 message_box.php를 사용한다. 단, 수신 쪽지함에서는 모드가 rv이고 이 값을 message_box.php로 넘긴다.

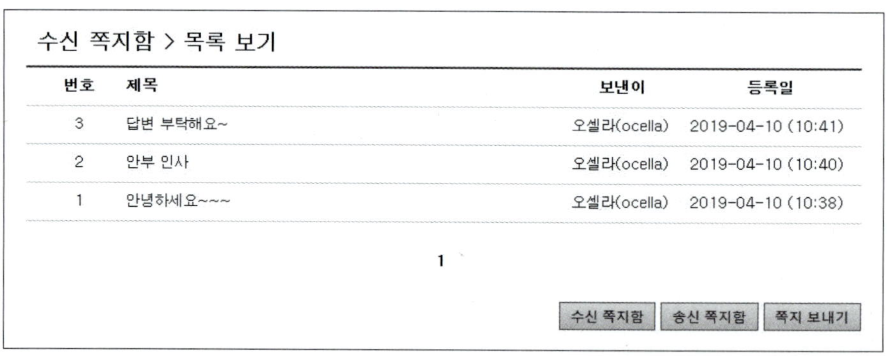

그림 13-7 수신 쪽지함 목록 보기(message_box.php, 모드: rv)

수신 쪽지함 목록 보기의 기능은 [예제 13-3]의 설명을 참고하기 바란다.

3 쪽지 내용 보기

수신 쪽지함에서 쪽지 제목을 클릭하면 다음과 같이 내용을 볼 수 있다.

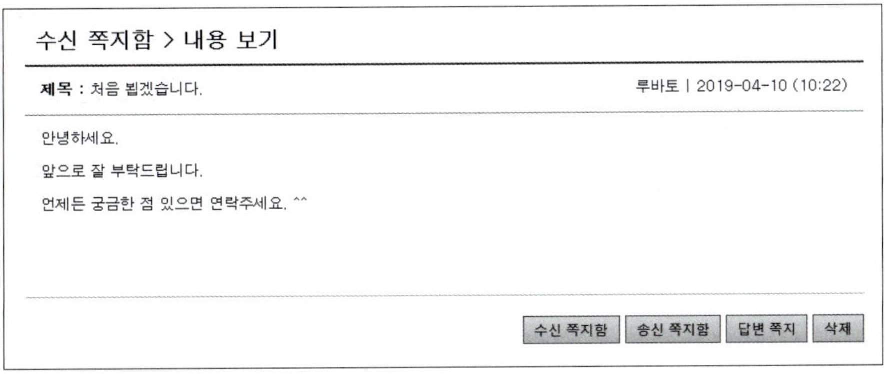

그림 13-8 쪽지 내용 보기(message_view.php)

[예제 13-3]에서 쪽지 제목 클릭과 관련된 소스코드는 다음과 같다.

```
<a href="message_view.php?mode=send&num=<?=$num?>"><?=$subject?></a>
```

쪽지 제목을 나타내는 $subject에는 message_view.php가 링크되어 있다. 이때 $_GET["num"]의 값으로 DB 테이블의 레코드 식별 번호인 $num을, $_GET["mode"]의 값으로 쪽지 모드인 send를 message_view.php 파일에 GET 방식으로 전달한다.

예제 13-4 쪽지 내용 보기 페이지 part3/message_view.php

```
<!-- 생략 -->
<section>
<div id="main_img_bar">
    <img src="./img/main_img.png">
</div>
<div id="message_box">
    <h3 class="title">
```

```
<?php
    $mode = $_GET["mode"];                                              ❶
    $num = $_GET["num"];

    $con = mysqli_connect("localhost", "user1", "12345", "sample");
    $sql = "select * from message where num=$num";
    $result = mysqli_query($con, $sql);

    $row = mysqli_fetch_array($result);
    $send_id = $row["send_id"];                                         ❷
    $rv_id = $row["rv_id"];
    $regist_day = $row["regist_day"];
    $subject = $row["subject"];
    $content = $row["content"];

    $content = str_replace(" ", " ", $content);                    ❸
    $content = str_replace("\n", "<br>", $content);

    if ($mode=="send")
      $result2 = mysqli_query($con, "select name from members where
        id='$rv_id'");
    else                                                                ❹
      $result2 = mysqli_query($con, "select name from members where
        id='$send_id'");

    $record = mysqli_fetch_array($result2);
    $msg_name = $record["name"];

    if ($mode=="send")
      echo "송신 쪽지함 > 내용 보기";
    else                                                                ❺
      echo "수신 쪽지함 > 내용 보기";
?>
    </h3>
    <ul id="view_content">
    <li>
      <span class="col1"><b>제목 :</b> <?=$subject?></span>              ❻
```

```
        <span class="col2"><?=$msg_name?> | <?=$regist_day?></span> ··· ❼
    </li>
    <li>
        <?=$content?> ··· ❽
    </li>
    </ul>
    <ul class="buttons">
    <li><button onclick="location.href='message_box.php?mode=rv'">
      수신 쪽지함
            </button></li>
    <li><button onclick="location.href='message_box.php?mode=send'">
      송신 쪽지함                                                    ··· ❾
            </button></li>
    <li><button onclick="location.href='message_response_form.php?
            num=<?=$num?>'">답변 쪽지</button></li>
    <li><button onclick="location.href='message_delete.php?num=
            <?=$num?>&mode=<?=$mode?>'">삭제</button> /li>
    </ul>
</div><!-- message_box -->
</section>
<!-- 생략 -->
```

❶ **GET 방식으로 데이터 전달받기** 쪽지 모드를 나타내는 $mode의 값은 send 또는 rv이다. send 모드는 송신 쪽지를, rv 모드는 수신 쪽지를 의미하고 $num은 DB의 레코드 식별 번호를 의미한다.

❷ **레코드 가져오기** message 테이블의 num 필드 값이 $num인 레코드를 가져와 $row에 저장한다. 이때 송신 아이디, 수신 아이디, 보낸 일시, 쪽지 제목, 쪽지 내용을 각각 $send_id, $rv_id, $regist_day, $subject, $content에 저장한다.

❸ **쪽지 내용의 공백과 줄 바꿈 처리** str_replace() 함수를 이용하여 쪽지 내용인 $content에 저장된 공백 " "을 HTML 특수 기호인 로 변경하고 줄 바꿈 코드인 ₩n은
 태그로 변환한다.

str_replace() 함수	
형식	str_replace(find, replace, string)
기능	문자열에 포함된 특정 문자열을 다른 문자열로 변경한다. 예를 들어 str_replace('apple', 'orange', $a)는 문자열 $a의 내용 중에서 apple을 orange로 변경한다.
인자	find: 변경할 문자열 replace: 변경 후 문자열 string: 대상 문자열
반환 값	변경된 문자열

❹ **수신자 이름 가져오기** 송신 모드(send)의 경우 members 테이블에서 받는 사람의 아이디 $rv_id에 해당하는 회원 이름을 가져와 $msg_name에 저장한다. 수신 모드(rv)의 경우 members 테이블에서 보낸 사람의 아이디 $send_id에 해당하는 회원 이름을 가져와 $msg_name에 저장한다.

❺ **페이지 제목 출력** 송신 모드이면 [그림 13-8]의 상단 제목으로 '송신 쪽지함 〉 내용 보기'를 출력하고, 수신 모드이면 '수신 쪽지함 〉 내용 보기'를 출력한다.

❻ **쪽지 제목 출력** 쪽지 제목을 출력한다. 이때 $subject는 DB에서 가져온 쪽지 제목을 의미한다.

❼ **이름과 보낸 일시 출력** 쪽지 제목 오른쪽에 DB에서 가져온 보낸 사람/받는 사람의 이름인 $msg_name과 보낸 일시인 $regist_day를 출력한다.

❽ **쪽지 내용 출력** DB에서 가져온 쪽지 내용인 $content를 출력한다.

❾ **하단 버튼 출력** 화면 하단에 〈수신 쪽지함〉, 〈송신 쪽지함〉, 〈답변 쪽지〉, 〈삭제〉 버튼을 삽입하고 해당 링크를 설정한다.

4 쪽지 삭제

쪽지 내용 보기 화면 하단의 〈삭제〉 버튼에는 [예제 13-4]의 ❾에 의해 다음과 같은 URL이 링크되어 있다.

```
message_delete.php?num=<?=$num?>&mode=<?=$mode?>
```

message_delete.php에서 현재 화면에 보이는 쪽지를 삭제한다. 이때 쪽지 식별 번호인

$num과 모드인 $mode를 GET 방식으로 message_delete.php에 전달한다.

예제 13-5 쪽지 삭제 페이지 part3/message_delete.php

```
<meta charset='utf-8'>
<?php
    $num = $_GET["num"];  ❶
    $mode = $_GET["mode"];

    $con = mysqli_connect("localhost", "user1", "12345", "sample");
    $sql = "delete from message where num=$num";  ❷
    mysqli_query($con, $sql);

    mysqli_close($con); // DB 연결 끊기

    if ($mode == "send")  ❸
      $url = "message_box.php?mode=send";
    else
      $url = "message_box.php?mode=rv";

    echo "
    <script>
      location.href = '$url';  ❹
    </script>
    ";
?>
```

❶ **GET 방식으로 데이터 전달받기** 쪽지 식별 번호인 $_GET["num"]과 모드인 $_GET["mode"]를 GET 방식으로 전달받는다.

❷ **쪽지 삭제** 레코드 식별 번호인 $num에 해당하는 쪽지를 message 테이블에서 삭제한다.

❸ **이동할 URL 설정** 쪽지를 삭제한 후 이동할 URL인 $url을 모드인 $mode로 설정한다. $mode가 send이면 $url을 송신 쪽지함인 message_box.php로 설정한다. 수신 쪽지함도 동일한 파일인 message_box.php로 이동하는데, 이때 쪽지함 모드는 rv가 된다는 것에 유의하기 바란다.

❹ **페이지 이동** ❸에서 설정한 $url(송신 쪽지함 또는 수신 쪽지함)로 페이지가 이동한다.

04 답변 쪽지 보내기

[그림 13-8]의 쪽지 내용 보기(message_view.php) 화면 하단에 있는 〈답변 쪽지〉를 클릭하면 답변 쪽지를 보낼 수 있다. 〈답변 쪽지〉 버튼에는 [예제 13-4]의 ❾에 의해 다음 URL이 링크되어 있다.

```
message_response_form.php?num=<?=$num?>
```

답변 쪽지는 수신된 쪽지에 응답하는 형식이다. 답변 쪽지 보내기의 폼 양식 페이지인 message_response_form.php에서는 수신 쪽지의 식별 번호인 $num을 전달받아 수신 쪽지의 제목과 내용을 해당 입력 창에 미리 입력해둔다.

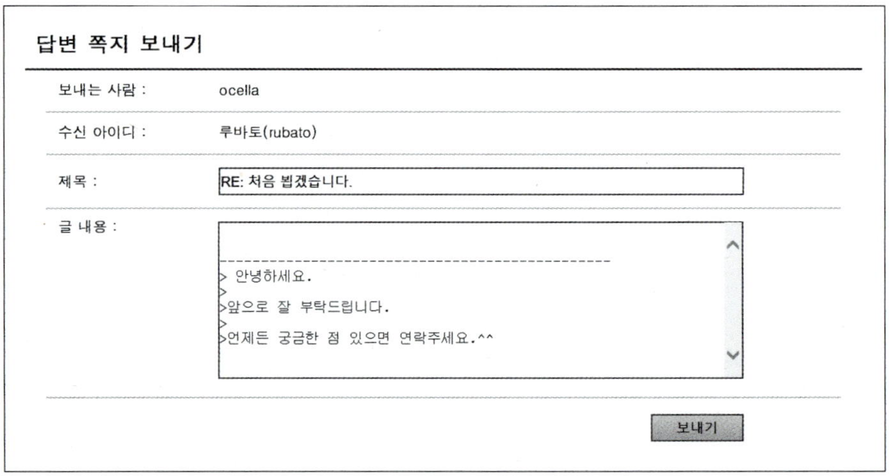

그림 13-9 답변 쪽지 보내기(message_response_form.php) 폼 양식

예제 13-6 답변 쪽지 보내기 페이지 part3/message_response_form.php

```
<!-- 생략 -->
<script>
    function check_input() {
      if (!document.message_form.subject.value)
      {
          alert("제목을 입력하세요!");
          document.message_form.subject.focus();
          return;
      }
      if (!document.message_form.content.value)
      {
          alert("내용을 입력하세요!");
          document.message_form.content.focus();
          return;
      }
      document.message_form.submit();
    }
</script>
<!-- 생략 -->
<section>
<div id="main_img_bar">
    <img src="./img/main_img.png">
</div>
<div id="message_box">
<h3 id="write_title">
    답변 쪽지 보내기
</h3>
<?php
    $num = $_GET["num"];

    $con = mysqli_connect("localhost", "user1", "12345", "sample");
    $sql = "select * from message where num=$num";
    $result = mysqli_query($con, $sql);

    $row = mysqli_fetch_array($result);                                  ❶
    $send_id = $row["send_id"];
```

```
    $rv_id = $row["rv_id"];                                         ❶
    $subject = $row["subject"];
    $content = $row["content"];

    $subject = "RE: ".$subject;                                      ❷

    $content = "> ".$content;
    $content = str_replace("\n", "\n>", $content);                  ❸
    $content = "\n\n\n---------------------------------------------
      \n".$content;

    $result2 = mysqli_query($con, "select name from members where id=
      '$send_id'");
    $record = mysqli_fetch_array($result2);
    $send_name = $record["name"];
?>
    <form  name="message_form" method="post"
            action="message_insert.php?send_id=<?=$userid?>">       ❹
      <input type="hidden" name="rv_id" value="<?=$send_id?>">      ❺
      <div id="write_msg">
          <ul>
          <li>
              <span class="col1">보내는 사람 : </span>
              <span class="col2"><?=$userid?></span>
          </li>
          <li>
              <span class="col1">수신 아이디 : </span>
              <span class="col2"><?=$send_name?>(<?=$send_id?>)</span>
          </li>
          <li>
              <span class="col1">제목 : </span>
              <span class="col2"><input name="subject" type="text"
                    value="<?=$subject?>"></span>                   ❻
          </li>
          <li id="text_area">
              <span class="col1">글 내용 : </span>
              <span class="col2">
```

```
                <textarea name="content"><?=$content?>        ❼
                </textarea>
            </span>
        </li>
        </ul>
    <button type="button" onclick="check_input()">보내기</button>
    </div>
  </form>
</div> <!-- message_box -->
</section>
<!-- 생략 -->
```

❶ **수신 쪽지 정보 가져오기** message 테이블에서 송신 아이디, 수신 아이디, 수신 쪽지 제목, 수신 쪽지 내용을 가져와 각각 $send_id, $rv_id, $subject, $content에 저장한다.

❷ **답변 쪽지 제목 만들기** 수신 쪽지 제목 앞에 'RE:'를 붙여서 답변 쪽지 제목을 만든다.

❸ **답변 쪽지 내용 만들기** 수신 쪽지 내용으로 [그림 13-9]와 같은 답변 쪽지 내용을 만든다.

❹ **DB에 답변 쪽지 저장** 사용자가 작성한 답변 쪽지를 message_insert.php에서 처리한다. message_insert.php 파일의 소스코드는 [예제 13-2]와 동일하며 이 파일이 답변 쪽지를 저장하는 데에도 그대로 사용된다.

❺ **수신 아이디 전달** 답변 쪽지의 수신 아이디는 <input> 태그의 hidden 형식을 이용하여 POST 방식으로 전달한다.

❻ **답변 쪽지 제목 설정** 답변 쪽지 제목인 $subject를 <input> 태그의 value 속성으로 설정하여 [그림 13-9]와 같이 기존의 답변 쪽지 제목을 입력 창에 삽입할 수 있다.

❼ **답변 쪽지 내용 설정** 답변 쪽지 내용인 $content를 <textarea> 태그 사이에 입력하여 [그림 13-9]와 같이 기존의 답변 쪽지 내용을 삽입할 수 있다.

요약

01 실습 사이트의 쪽지 기능

- 로그인 상태에서 상대방 아이디로 쪽지 보내기
- 보낸 쪽지를 송신 쪽지함에 보관하기
- 받은 쪽지를 수신 쪽지함에 보관하기
- 받은 쪽지에 대한 답변 쪽지 보내기
- 송신 및 수신된 쪽지 삭제하기

02 쪽지 기능을 구현하는 데 필요한 파일

구분	파일	기능
DB	db/message.sql	쪽지 DB 테이블 생성
CSS	css/common.css	사이트에 공통으로 사용되는 CSS 파일
	css/message.css	메인 CSS 파일
페이지	message_form.php	쪽지 보내기
	message_box.php	수신/송신 쪽지함
	message_response_form.php	답변 쪽지 보내기
	message_view.php	수신/송신 쪽지 보기
기능 페이지	message_insert.php	작성한 쪽지를 DB에 저장
	message_delete.php	DB에 저장된 쪽지 삭제

03 쪽지 DB 테이블(테이블명: message)의 구조

필드명	데이터형	null	추가 사항	설명
num	int	not null	primary key, auto_increment	일련번호
send_id	char(20)	not null		송신 아이디
rv_id	char(20)	not null		수신 아이디
subject	char(200)	not null		제목
content	text	not null		내용
regist_day	char(20)			보낸 일자

04 DB에 쪽지 저장

쪽지 보내기 페이지(message_form.php)에서 데이터를 입력한 다음 완료 버튼을 클릭하면 〈form〉 태그의 action 속성에 설정된 message_insert.php 파일로 이동하여 사용자가 입력한 쪽지 데이터와 관련 정보를 DB에 저장한다.

05 htmlspecialchars() 함수

htmlspecialchars() 함수는 문자열에 포함된 특수 문자를 HTML 특수 기호로 변환한다.

06 floor() 함수

floor() 함수는 소수점 이하를 내림한 정수를 반환한다. 예를 들어 floor(3.3)은 3, floor(10.8)은 10이다.

07 mysqli_data_seek() 함수

mysqli_data_seek() 함수는 레코드 집합 내로 포인터를 이동한다. 이 함수를 수행한 후 mysqli_fetch_array() 함수가 호출되면 포인터가 지시하는 레코드를 가져온다.

08 송신 쪽지함 목록 보기

쪽지 보내기 페이지(message_form.php)에서 회원 간에 보낸 쪽지는 DB에 저장된 후 송신 쪽지함 목록 보기 페이지(message_box.php)로 이동한다.

연습문제

01 다음은 쪽지를 DB에 저장하는 프로그램의 일부이다. 빈칸을 채워 프로그램을 완성하시오.

```
<?php
    $send_id = $_GET["send_id"];
    $rv_id = $_POST['rv_id'];
    $subject = $_POST['subject'];
    $content = $_POST['content'];
    $content = ________________($content, ENT_QUOTES);
    $regist_day = __________("Y-m-d (H:i)"); // 현재의 '연-월-일-시-분' 저장

        $con = _______________("localhost", "user1", "12345", "sample");
        $sql = "select * from members where id='$rv_id'";
        $result = mysqli_query($con, $sql);
        $num_record = _____________($result);

        if($num_record)
        {
            $sql = "insert into message (send_id, rv_id, subject, content,
                    regist_day) ";
            $sql .= "values('$send_id', '$rv_id', '$subject', '$content',
                    '$regist_day')";
            _____________($con, $sql); // $sql에 저장된 명령 실행
        } else {
                echo("    <script>
                    alert('수신 아이디가 잘못되었습니다!');
                    history.go(-1)
                    </script> ");
                exit;
        }
        mysqli_close($con); // DB 연결 끊기
?>
```

02 다음은 수신/송신 쪽지함에서 DB에 저장된 쪽지의 목록을 보여주는 프로그램의 일부이다. 빈칸을 채워 프로그램을 완성하시오.

```
<?php
    $con = mysqli_connect("localhost", "user1", "12345", "sample");
    $sql = "select * from message where send_id='$userid' order by num desc";
    $total_record = ____________________($result);  // 전체 쪽지 수
    $scale = 10;  // 한 페이지에 표시되는 쪽지 수

    // 전체 페이지 수($total_page) 계산
    if ($total_record % ______________ == 0)
        $total_page = floor($total_record/$scale);
    else
        $total_page = floor($total_record/$scale) + 1;

    // 표시할 페이지($page)에 따라 $start 계산
    $start = ($page - 1) * $scale;

    $number = $total_record - $start;

  for ($i=$start; $i<$start+$scale && $i < $total_record; $i++)
  {
    ____________________($result, $i);
    ________________ = mysqli_fetch_array($result);
    $num       = $row["num"];
    $subject      = $row["subject"];
    $regist_day   = $row["regist_day"];

    if ($mode=="send")
        $msg_id = $row["rv_id"];
    else
        $msg_id = $row["send_id"];

    $result2 = __________________($con, "select name from members where
                id='$msg_id'");
    $record = mysqli_fetch_array($result2);
    $msg_name      = $record["name"];
```

```
/* 생략 */
        $number--;
    }
    mysqli_close($con);
?>
```

03 다음은 쪽지의 내용을 보여주는 프로그램의 일부이다. 빈칸을 채워 프로그램을 완성하시오.

```
<div id="message_box">
    <h3 class="title">
<?php
    $mode = $_GET["mode"];
    $num  = $_GET["num"];

    $con = _______________("localhost", "user1", "12345", "sample");
    $sql = "_________ * from message where num=$num";
    $result = _____________($con, $sql);

    $row = ______________($result);
    $rv_id       = $row["rv_id"];
    $regist_day  = $row["regist_day"];
    $subject     = $row["subject"];
    $content     = $row["content"];

    $content = _____________(" ", " ", $content);
    $content = _____________("\n", "<br>", $content);

    if ($mode=="send")
      $result2 = mysqli_query($con, "select name from members
                        where id='$rv_id'");
    else
      $result2 = mysqli_query($con, "select name from members
                        where id='$send_id'");
```

```
    $record = ___________________($result2);
    $msg_name     = $record["name"];

    if ($mode=="send")
        echo "송신 쪽지함 > 내용 보기";
    else
        echo "수신 쪽지함 > 내용 보기";
?>
    </h3>
    <ul id="view_content">
    <li>
      <span class="col1"><b>제목 :</b> <?=$subject?></span>
      <span class="col2"><?=$msg_name?> | <?=$regist_day?></span>
    </li>
    <li>
      <?=$content?>
    </li>
    </ul>
</div>
```

04 쪽지 기능을 구현하는 데 사용되는 PHP 함수에 관한 물음에 답하시오.

① 문자열에 포함된 특수 문자를 HTML 특수 기호로 변환하는 함수는 무엇인가?

② 소수점 이하를 내림한 정수를 반환하는 함수는 무엇인가?

③ 레코드 집합 내로 포인터를 이동하는 함수로, 이 함수를 수행한 후 mysqli_fetch_array() 함수가 호출되면 포인터가 지시하는 레코드를 가져오는 것은 무엇인가?

CHAPTER 14

게시판 제작

학습목표

- 게시판의 기능과 구성을 이해할 수 있다.
- 게시판 DB 테이블을 생성할 수 있다.
- 게시판의 글쓰기 폼 양식을 작성할 수 있다.
- 게시판의 글을 DB에 저장할 수 있다.
- 게시글의 목록과 내용을 DB에서 가져올 수 있다.
- DB에서 게시글을 수정 및 삭제할 수 있다.

01 게시판의 기능과 구성

이 장에서 제작하는 게시판은 글쓰기, 목록 보기, 내용 보기, 수정하기, 삭제하기, 파일 첨부하기 등의 기능을 가지고 있다. 게시판의 글쓰기 페이지를 불러오기 위해 웹 브라우저 주소창에 다음 주소를 입력하고 Enter를 누른다.

```
http://localhost/part3/board_form.php
```

실습 사이트의 게시판은 로그인한 사용자만 글쓰기가 가능하도록 설계되어 있으므로 주소를 입력하기 전에 로그인을 해야 한다.

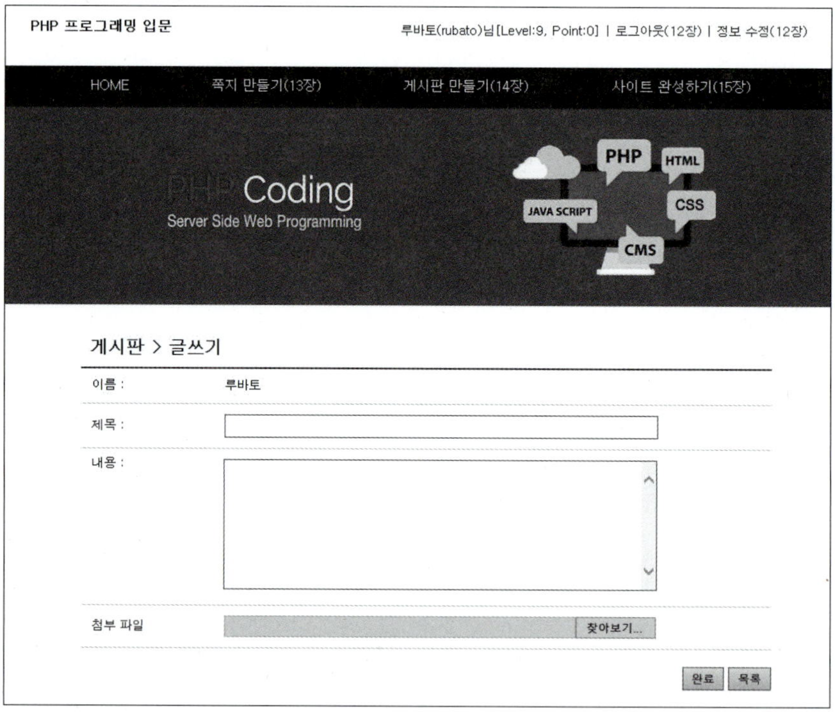

그림 14-1 게시판의 글쓰기 페이지(board_form.php)

실습 사이트의 게시판은 다음 기능을 가지고 있다.

- 로그인한 회원이 게시판에 글쓰기
- 회원과 비회원의 글 목록 보기, 글 내용 보기
- 글을 쓴 회원이 글을 수정 및 삭제하기
- 글쓰기 시 파일 첨부하기
- 글을 쓴 회원에게 포인트 부여하기
- 첨부 파일 다운로드하기

실습 사이트의 게시판 기능을 구현하는 데 필요한 파일은 다음과 같다.

표 14-1 게시판 기능을 구현하는 데 필요한 파일

구분	파일	기능
CSS	css/common.css	사이트에 공통으로 사용되는 CSS 파일
	css/board.css	게시판 페이지의 CSS 파일
페이지	board_form.php	글쓰기 폼 양식
	board_list.php	글 목록 보기
	board_view.php	글 내용 보기
	board_modify_form.php	글 수정 폼 양식
기능 페이지	board_insert.php	DB에 글 저장
	board_modify.php	DB에 저장된 글 수정
	board_delete.php	DB에 저장된 글 삭제
	board_download.php	첨부 파일 다운로드

이 게시판은 글 목록 보기, 글쓰기 폼 양식, 글 내용 보기, 글 수정 폼 양식 웹 페이지와 DB에서 게시글을 처리하는 기능을 구현하는 4개의 파일로 구성되어 있다.

1 게시판 DB 테이블 설계

게시판을 이루는 DB 테이블의 구조는 [표 14-2]와 같다. 테이블의 필드는 크게 회원 정보 관련 필드와 게시판 글 관련 필드로 구분되며 그 외 조회 수와 파일 첨부 관련 필드가 있다.

표 14-2 게시판 DB 테이블(테이블명: board)

필드명	데이터형	null	추가 사항	설명
num	int	not null	primary key, auto_increment	일련번호
id	char(15)	not null		글쓴이 아이디
name	char(10)	not null		글쓴이 이름
subject	char(200)	not null		글 제목
content	text	not null		글 내용
regist_day	char(20)	not null		작성 일시
hit	int	not null		조회 수
file_name	char(40)			파일명
file_type	char(40)			파일 형식
file_copied	char(40)			저장 파일명

num, id, name, subject, content, regist_day, hit 필드는 not null로 설정되는 필수 입력 항목이고, 레코드 일련번호를 의미하는 num은 주 키와 auto_increment로 설정한다. num 필드는 게시글의 고유한 일련번호를 의미하며 이 필드를 이용하여 해당 레코드를 수정하거나 삭제할 수 있다. id, name, subject, content 필드는 각각 글쓴이의 아이디와 이름, 게시글의 제목과 내용을, regist_day 필드는 게시글을 작성한 일시를 의미한다. hit 필드는 글 조회 수를 세는 데 사용되고 file_name, file_type, file_copied 필드는 게시글에 파일을 첨부하는 데 사용된다.

2 게시판 DB 테이블 생성

이러한 구조의 게시판 DB 테이블을 생성하는 데 필요한 SQL 명령을 담은 board.sql 파일은 다음과 같다.

게시판 DB 테이블(board) 생성 파일 part3/db/board.sql

```
create table board (
    num int not null auto_increment,
    id char(15) not null,
```

```
    name char(10) not null,
    subject char(200) not null,
    content text not null,
    regist_day char(20) not null,
    hit int not null,
    file_name char(40),
    file_type char(40),
    file_copied char(40),
    primary key(num)
);
```

phpMyAdmin에서 board.sql 파일을 이용하여 게시판 DB 테이블을 생성해보자. 먼저 user1 계정(비밀번호: 12345)으로 phpMyAdmin에 접속한다. sample 데이터베이스를 선택하고 [가져오기] 메뉴에 이어 〈찾아보기〉를 클릭하여 board.sql 파일을 실행한다. board 테이블이 생성되면 다음과 같은 화면을 확인할 수 있다. board 테이블의 구조에 [표 14-2]의 내용이 그대로 적용되었다.

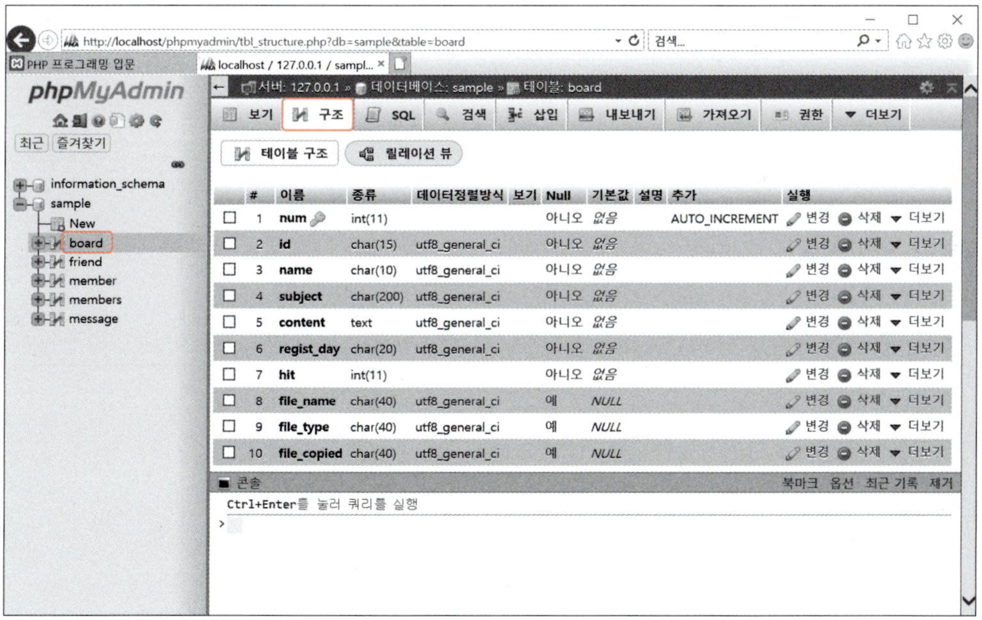

그림 14-2 board 테이블의 구조

02 글쓰기

게시판에 글을 쓸 때는 로그인한 사용자가 글쓰기 페이지에 제목, 내용 등을 입력하고 필요에 따라 첨부 파일을 선택한 뒤 〈완료〉를 클릭하면 된다.

1 글쓰기 폼 양식

글쓰기 페이지의 폼 양식 부분을 좀 더 자세히 살펴보자.

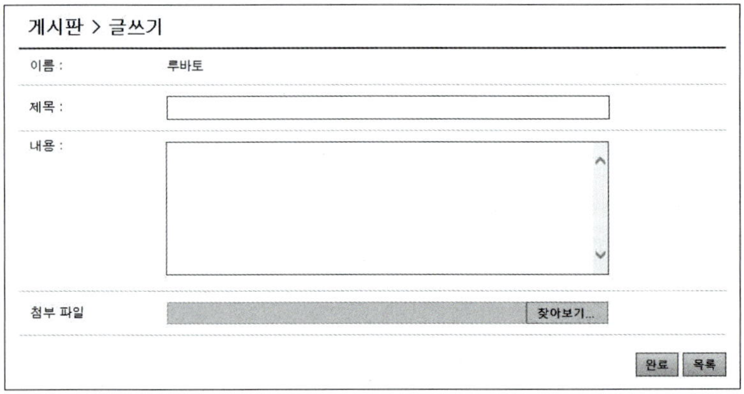

그림 14-3 글쓰기 폼 양식

예제 14-1 글쓰기 폼 양식 페이지 part3/board_form.php

```
<!-- 생략 -->
<script>
    function check_input() {
      if (!document.board_form.subject.value)
      {
          alert("제목을 입력하세요!");
          document.board_form.subject.focus();
          return;
      }                                                    ❶
```

```
        if (!document.board_form.content.value)                    ❶
        {
            alert("내용을 입력하세요!");
            document.board_form.content.focus();
            return;
        }
        document.board_form.submit();
    }
</script>
<!-- 생략 -->
<section>
<div id="main_img_bar">
    <img src="./img/main_img.png">
</div>
<div id="board_box">
<h3 id="board_title">
    게시판 > 글쓰기
</h3>
    <form  name="board_form" method="post" action="board_insert.php"
            enctype="multipart/form-data">                          ❷
        <ul id="board_form">
        <li>
            <span class="col1">이름 : </span>
            <span class="col2"><?=$username?></span>
        </li>
        <li>
            <span class="col1">제목 : </span>
            <span class="col2"><input name="subject" type="text"></span>   ❸
        </li>
        <li id="text_area">
            <span class="col1">내용 : </span>
            <span class="col2">
                <textarea name="content"></textarea>                ❹
            </span>
        </li>
        <li>
            <span class="col1"> 첨부 파일</span>
            <span class="col2"><input type="file" name="upfile"></span>   ❺
```

```
        </li>
        </ul>
        <ul class="buttons">
        <li><button type="button" onclick="check_input()">완료</button></li>
        <li><button type="button" onclick="location.href='board_list.php'">
                목록</button></li>
        </ul>
    </form>
</div> <!-- board_box -->
</section>
<!-- 생략 -->
```

❶ **check_input() 함수** 글쓰기 폼 양식 하단의 〈완료〉 버튼([그림 14-3] 참고)을 클릭하면 호출되는 check_input() 함수를 정의한다. 이 함수는 사용자가 입력 창에 내용을 입력했는지 검사하고, 이상이 없으면 ❷의 action에 설정한 board_insert.php로 이동한다.

❷ **<form> 문** <form> 태그의 name 속성 값인 board_form은 ❶의 check_input() 함수에서 사용된다. 파일 첨부 기능을 사용할 때는 enctype 속성을 multipart/form-data로 설정해야 한다.

❸ **글 제목 설정** 글쓰기 폼 양식에서 제목 입력 창의 name 속성을 subject로 설정한다. 이렇게 하면 사용자가 입력한 제목이 POST 방식인 $_POST["subject"]로 board_insert.php에 전달된다.

❹ **글 내용 설정** 사용자가 입력한 글 내용이 $_POST["content"]로 board_insert.php에 전달된다.

❺ **첨부 파일 선택** <input> 태그의 type 속성을 file로 설정하면 업로드할 파일을 선택할 수 있는 〈찾아보기〉 버튼이 생성된다. 이때 name 속성 값인 upfile은 첨부 파일을 서버에 업로드할 때 사용된다.

2 DB에 폼 양식 데이터 저장

글쓰기 폼 양식에서 사용자가 입력한 데이터는 [예제 14-1]의 ❷에서 action 속성으로 설정한 board_insert.php에 의해 DB에 저장된다.

예제 14-2 DB에 폼 양식 데이터 저장하기 part3/board_insert.php

```
<meta charset="utf-8">
<?php
    session_start();                                                              ❶
    if (isset($_SESSION["userid"])) $userid = $_SESSION["userid"];
    else $userid = "";
    if (isset($_SESSION["username"])) $username = $_SESSION["username"];
    else $username = "";

    if (!$userid)
    {
        echo("
        <script>
            alert('게시판 글쓰기는 로그인 후 이용해 주세요!');
            history.go(-1)
        </script>
        ");
        exit;
    }
    $subject = $_POST["subject"];                                                 ❷
    $content = $_POST["content"];

    $subject = htmlspecialchars($subject, ENT_QUOTES);
    $content = htmlspecialchars($content, ENT_QUOTES);

    $regist_day = date("Y-m-d (H:i)");  // 현재의 '연-월-일-시-분' 저장

    $upload_dir = './data/';                                                      ❸

    $upfile_name = $_FILES["upfile"]["name"];                                     ❹
    $upfile_tmp_name = $_FILES["upfile"]["tmp_name"];
    $upfile_type = $_FILES["upfile"]["type"];
    $upfile_size = $_FILES["upfile"]["size"];
    $upfile_error = $_FILES["upfile"]["error"];

    if ($upfile_name && !$upfile_error)
    {
```

```
    $file = explode(".", $upfile_name);
    $file_name = $file[0];                                       ❺
    $file_ext  = $file[1];

    $new_file_name = date("Y_m_d_H_i_s");
    $new_file_name = $new_file_name;                             ❻
    $copied_file_name = $new_file_name.".".$file_ext;
    $uploaded_file = $upload_dir.$copied_file_name;

    if ($upfile_size > 1000000) {
        echo("
        <script>
            alert('업로드 파일 크기가 지정된 용량(1MB)을
            초과합니다!<br>파일 크기를 체크해주세요! ');       ❼
            history.go(-1)
        </script>
        ");
        exit;
    }

    if (!move_uploaded_file($upfile_tmp_name, $uploaded_file) )
    {
        echo("
        <script>
            alert('파일을 지정한 디렉터리에 복사하는 데 실패했습니다.');   ❽
            history.go(-1)
        </script>
        ");
        exit;
    }
}
else
{
    $upfile_name = "";
    $upfile_type = "";
    $copied_file_name = "";
}
```

```
    $con = mysqli_connect("localhost", "user1", "12345", "sample");
    $sql = "insert into board (id, name, subject, content, regist_day,
      hit, file_name, file_type, file_copied) ";
    $sql .= "values('$userid', '$username', '$subject', '$content',
      '$regist_day', 0, ";
    $sql .= "'$upfile_name', '$upfile_type', '$copied_file_name')";
    mysqli_query($con, $sql);  // $sql에 저장된 명령 실행
                                                                    ⑨
    // 포인트 부여하기
    $point_up = 100;
    $sql = "select point from members where id='$userid'";
    $result = mysqli_query($con, $sql);
    $row = mysqli_fetch_array($result);
    $new_point = $row["point"] + $point_up;
                                                                    ⑩
    $sql = "update members set point=$new_point where id='$userid'";  ⑪
    mysqli_query($con, $sql);

    mysqli_close($con);  // DB 연결 끊기

    echo "
    <script>
       location.href = 'board_list.php';                              ⑫
    </script>
    ";
?>
```

❶ **로그인 아이디와 이름 가져오기** 실습 사이트의 게시판에 글을 쓰려면 로그인한 상태여야 한다. 그래서 사용자의 아이디와 이름을 의미하는 세션 변수인 $_SESSION["userid"], $_SESSION["username"]의 값을 각각 $userid, $username에 저장한다.

❷ **글 제목과 내용 전달받기** 사용자가 글쓰기 폼 양식에서 입력한 제목과 내용을 각각 $_POST["subject"], $_POST["content"]로 전달받아 각각 $subject, $content에 저장한다.

❸ **업로드 폴더 설정** 업로드 파일을 저장할 폴더인 $upload_dir의 값을 ./data로 설정한다.

❹ **업로드 파일 정보 가져오기** [예제 14-1]의 ❺에서 업로드 파일의 name 속성을 upfile로 설정했기 때문에 다음과 같은 배열 변수로 업로드 파일의 정보가 전달된다.

표 14-3 name 속성이 upfile일 때 전달되는 배열 변수

배열	설명
$_FILES["upfile"]["name"]	업로드 파일명
$_FILES["upfile"]["tmp_name"]	실제 서버에 저장되는 임시 파일명
$_FILES["upfile"]["type"]	업로드 파일의 형식
$_FILES["upfile"]["size"]	업로드 파일의 크기
$_FILES["upfile"]["error"]	오류 발생

예를 들어 test.zip 파일을 업로드한다면 $_FILES["upfile"]["name"]에는 파일명인 test.zip, $_FILES["upfile"]["tmp_name"]에는 파일명인 test.zip 대신에 실제 서버에 저장되는 임시 파일명, $_FILES["upfile"]["type"]에는 test.zip 파일의 형식, $_FILES["upfile"]["size"]에는 test.zip 파일의 크기, $_FILES["upfile"]["error"]에는 업로드 시 발생하는 오류 정보가 저장된다.

❺ **파일명과 확장자 분리** explode() 함수를 이용하여 업로드 파일인 $upfile_name에서 파일명과 확장자를 분리한다. 파일명은 $file_name에, 확장자는 $file_ext에 저장된다.

❻ **실제 업로드 파일명 구하기** date() 함수를 이용하여 실제로 업로드할 파일명을 구한 다음 확장자와 붙여서 $copied_file_name에 저장한다. $uploaded_file에는 저장할 폴더인 ./data를 포함한다.

❼ **업로드 파일의 크기 제한** 업로드 파일의 크기가 1,000,000바이트(약 1메가바이트)를 초과하면 경고 메시지를 출력하고 이전의 폼 양식 페이지로 돌아간다.

❽ **업로드 파일을 ./data 폴더에 저장** move_uploaded_file() 함수를 이용하여 서버에 임시로 저장된 $upfile_tmp_name을 $uploaded_file의 값인 경로/파일명 형태로 저장한다. 예를 들어 tmp.zip 파일을 업로드하면 ./data/2019_01_12_08_40_18.zip와 같은 형태로 저장된다. 이렇게 함으로써 업로드 파일명이 중복되는 것을 피할 수 있다.

if문의 조건식에 의해 move_uploaded_file() 함수를 수행할 때 오류가 발생하면 '파일을 지정한 디렉터리에 복사하는 데 실패했습니다.'라는 메시지의 경고 창을 띄우고 이전의 폼

양식 페이지로 돌아간다. move_uploaded_file() 함수의 사용 형식은 다음과 같다.

move_uploaded_file() 함수	
형식	move_uploaded_file(file, newloc)
기능	업로드된 파일을 새로운 위치의 파일(경로 포함)로 이동한다.
인자	file: 업로드된 파일의 임시 파일 newloc: 경로를 포함한 파일명.확장자
반환 값	성공: true, 실패: false

⑨ **DB에 게시글 저장** board 테이블의 각 필드에 해당하는 데이터를 저장한다. $userid와 $username은 로그인한 사용자의 아이디와 비밀번호, $subject와 $content는 게시글의 제목과 내용, $regist_day는 작성 일시, 0은 조회 수의 초깃값을 나타낸다. 그리고 $upfile_name, $upfile_type, $copied_file_name은 각각 업로드 파일명, 업로드 파일의 형식, 실제 업로드되는 파일명을 나타낸다.

⑩ **새로운 포인트 구하기** 게시판에 글을 쓰면 회원에게 포인트 100점을 부여한다. 따라서 부여되는 포인트를 의미하는 $point_up을 100으로 설정한다. members 테이블에서 로그인 아이디인 $userid의 현재 포인트를 $row["point"]로 가져와 $point_up과 합산한 값을 새로운 포인트인 $new_point에 저장한다.

⑪ **DB에 포인트 업데이트** SQL의 update 명령을 이용하여 members 테이블의 point 필드를 $new_point 값으로 업데이트한다.

⑫ **글 목록 보기 페이지로 이동** 자바스크립트인 location 객체의 속성 location.href에 board_list.php를 설정하여 글 목록 보기 페이지인 board_list.php로 이동한다.

03 글 목록 보기

글 목록 보기에 대해 알아보기 전에 먼저 다음과 같이 글쓰기 폼 양식에 내용을 입력해보자.

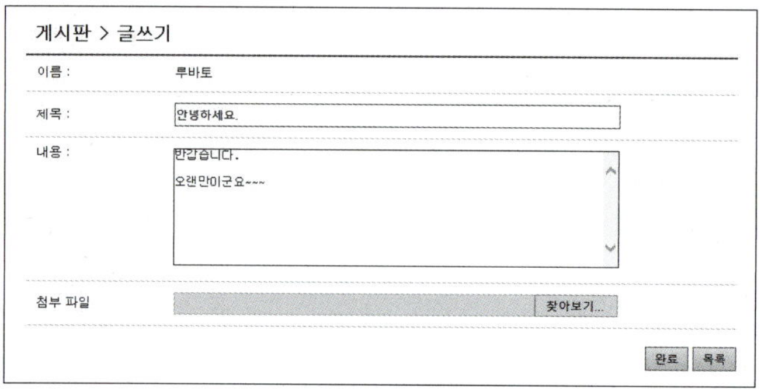

그림 14-4 글쓰기 폼 양식에 제목과 내용 입력

글쓰기 폼 양식에 내용을 입력한 다음 하단의 〈완료〉를 클릭하면 글 정보가 DB에 저장되고 다음과 같은 글 목록 보기 페이지가 나타난다.

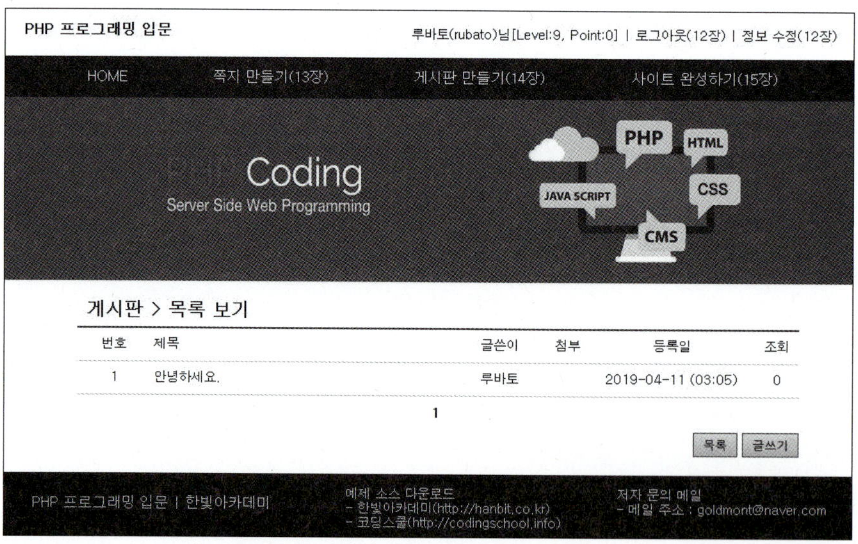

그림 14-5 글 목록 보기 페이지(board_list.php)

글 목록 보기 페이지에서는 DB에 저장된 게시글을 한 행씩 가져온다. 앞서 입력한 게시글이 DB에 저장되어 있는지 phpMyAdmin에서 확인해보자.

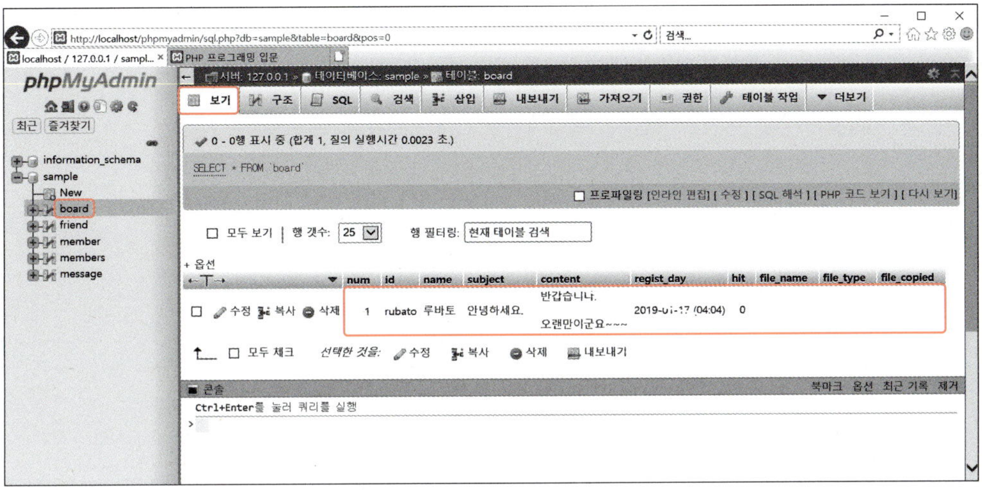

그림 14-6 board 테이블에 저장된 데이터 확인

글 목록 보기 페이지(board_list.php)의 소스코드를 살펴보자.

예제 14-3 글 목록 보기 페이지 part3/board_list.php

```
<!-- 생략 -->
<section>
<div id="main_img_bar">
    <img src="./img/main_img.png">
</div>
<div id="board_box">
    <h3>
      게시판 > 목록 보기
    </h3>
    <ul id="board_list">
    <li>
      <span class="col1">번호</span>
      <span class="col2">제목</span>
      <span class="col3">글쓴이</span>
      <span class="col4">첨부</span>
      <span class="col5">등록일</span>
```

```
        <span class="col6">조회</span>
    </li>
<?php
    if (isset($_GET["page"]))
        $page = $_GET["page"];
    else
        $page = 1;

    $con = mysqli_connect("localhost", "user1", "12345", "sample");
    $sql = "select * from board order by num desc";
    $result = mysqli_query($con, $sql);
    $total_record = mysqli_num_rows($result);  // 전체 글 수

    $scale = 10;

    // 전체 페이지 수($total_page) 계산
    if ($total_record % $scale == 0)
        $total_page = floor($total_record/$scale);
    else
        $total_page = floor($total_record/$scale) + 1;

    // 표시할 페이지($page)에 따라 $start 계산
    $start = ($page - 1) * $scale;
    $number = $total_record - $start;

    for ($i=$start; $i<$start+$scale && $i < $total_record; $i++)
    {
        mysqli_data_seek($result, $i);
        // 가져올 레코드로 위치(포인터) 이동
        $row = mysqli_fetch_array($result);
        // 하나의 레코드 가져오기
        $num = $row["num"];
        $id = $row["id"];
        $name = $row["name"];
        $subject = $row["subject"];
        $regist_day = $row["regist_day"];
        $hit = $row["hit"];
```

❶ ❷ ❸ ❹ ❺ ❻

```
        if ($row["file_name"])
            $file_image = "<img src='./img/file.gif'>";        ⑦
        else
            $file_image = " ";
?>
        <li>
        <span class="col1"><?=$number?></span>
        <span class="col2">
            <a href="board_view.php?num=<?=$num?>&page=<?=$page?>">
                    <?=$subject?></a></span>                    ⑧
        <span class="col3"><?=$name?></span>
        <span class="col4"><?=$file_image?></span>
        <span class="col5"><?=$regist_day?></span>
        <span class="col6"><?=$hit?></span>
        </li>
<?php
        $number--;
    }
    mysqli_close($con);
?>
    </ul>
    <ul id="page_num">
<?php
    if ($total_page >= 2 && $page >= 2)
    {
        $new_page = $page-1;
        echo "<li><a href='message_box.php?mode=$mode&page=$new_page'>
                ◀ 이전</a> </li>";
    }
    else
        echo "<li> </li>";

    // 게시판 목록 하단에 페이지 링크 번호 출력
    for ($i = 1; $i <= $total_page; $i++)
    {
        if ($page == $i)  // 현재 페이지 번호를 링크하지 않음
        {                                                       ⑨
            echo "<li><b> $i </b></li>";
```

```
        }
        else                                                          9
        {
            echo "<li> <a href='board_list.php?mode=$mode&page=$i'> $i </a>
            </li>";
        }
    }
    if ($total_page >= 2 && $page != $total_page)
    {
        $new_page = $page+1;
        echo "<li> <a href='board_list.php?mode=$mode&page=$new_page'>
                다음 ▶</a> </li>";
    }
    else
        echo "<li> </li>";
?>
    </ul><!-- page -->
    <ul class="buttons">
    <li><button onclick="location.href='board_list.php'">목록</button></li>
    <li>
<?php
        if ($userid) {
?>
            <button onclick="location.href='board_form.php'">글쓰기</button>
<?php                                                                 10
        } else {
?>
            <a href="javascript:alert('로그인 후 이용해 주세요!')">
                <button>글쓰기</button></a>
<?php
        }
?>
    </li>
    </ul>
</div> <!-- board_box -->
</section>
<!-- 생략 -->
```

❶ **GET 방식으로 페이지 번호 전달받기** $_GET[“page”]에 값이 설정되어 있는지 isset() 함수를 이용하여 검사한다. 값이 설정되어 있으면 $_GET[“page”]를 페이지 번호인 $page에 저장하고, 값이 설정되어 있지 않으면 $page에 1을 초깃값으로 저장한다.

❷ **DB에서 전체 게시글 가져오기** board 테이블에서 레코드 일련번호인 num을 기준으로 내림차순한 전체 레코드를 가져와 $result에 저장한다. 이때 mysqli_num_rows() 함수를 이용하여 전체 레코드 수(게시글 수)를 $total_record에 저장한다.

❸ **한 페이지에 표시되는 행의 개수** $scale은 글 목록 화면에 표시되는 글의 수, 즉 행의 수를 의미한다. 현재 $scale 값이 10이므로 한 페이지에 글 10개가 출력된다.

❹ **전체 페이지 수, 시작 레코드 번호, 일련번호 구하기** $total_page, $start, $number는 각각 전체 페이지 수, 시작 레코드 번호, 화면에 표시되는 글의 일련번호를 의미한다.

❺ **반복 루프 설명** DB에서 글 목록을 가져오기 위해 반복 루프를 설정한다.

❻ **글 목록의 항목 가져오기** mysqli_fetch_array() 함수를 이용하여 글 목록의 한 행, 즉 레코드 하나를 가져와 $row에 저장한다. $row[“num”], $row[“id”], $row{“name”], $row[“subject”], $row[“regist_day”], $row[“hit”]는 각각 레코드 일련번호, 글쓴이 아이디, 글쓴이 이름, 제목, 작성 일시, 조회 수를 의미한다.

❼ **첨부 파일 존재 시 아이콘 표시** 첨부 파일이 있는 게시글 목록에는 첨부 파일 아이콘을 표시한다.

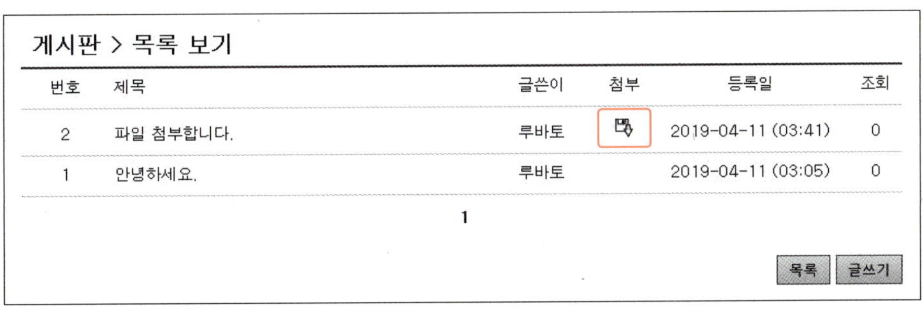

그림 14-7 글 목록 보기 페이지에 표시된 첨부 파일 아이콘(file.gif)

$row[“file_name”]은 업로드 파일명을 나타내는데, 이 파일이 존재하면 $file_image에 HTML 코드인 〈img src=‘./img/file.gif’〉를 저장하고 그렇지 않으면 공백인 “ ”를 저장한다.

❽ **글 목록의 항목 출력** 글 목록의 각 항목을 화면에 출력하는 부분이다. $number, $subject, $name, $file_image, $regist_day, $hit는 각각 게시글 번호, 제목, 글쓴이, 첨부 파일 아이콘을 삽입하는 문자열, 작성 일시, 조회 수를 의미한다.

❾ **페이지 번호 표시** 글 목록 보기 페이지의 하단에 페이지 번호를 출력한다. 현재 페이지 번호는 굵은 글씨체로 표시하고 나머지 페이지 번호에는 해당 페이지로 이동하는 링크를 설정한다. 2페이지 이상일 때는 '◀ 이전', '다음 ▶'을 표시하고 이를 클릭하면 각각 이전 페이지, 다음 페이지를 보여준다.

❿ **〈목록〉, 〈글쓰기〉 버튼 삽입** 〈button〉 태그를 이용하여 〈목록〉 버튼을 삽입하고, 버튼을 클릭했을 때 글 목록 보기 페이지(board_list.php)로 이동하도록 링크를 설정한다. 〈글쓰기〉 버튼은 if문의 조건식에 있는 $userid가 값을 가질 때, 즉 로그인 상태에서만 글쓰기 페이지(board_form.php)로 이동하도록 설정한다. $userid에 값이 없으면 로그인 후 버튼을 클릭하라는 경고 창을 띄운다.

04 글 내용 보기

[예제 14-3]의 ❽에서 제목을 나타내는 $subject에 다음 URL을 링크했기 때문에 글 목록 보기 페이지에서 제목을 클릭하면 글 내용을 볼 수 있다.

```
board_view.php?num=<?=$num?>&page=<?=$page?>
```

글 내용 보기 페이지인 board_view.php로 이동할 때 레코드 일련번호인 $num과 페이지 번호인 $page가 함께 GET 방식으로 전달된다.

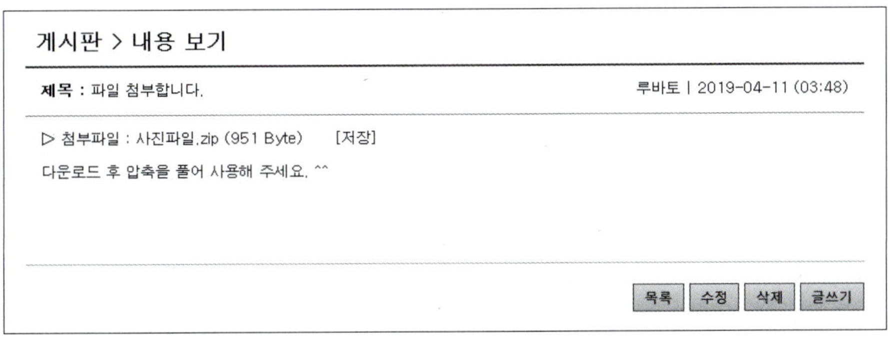

그림 14-8 글 내용 보기 페이지(board_view.php)

예제 14-4 글 내용 보기 페이지 part3/board_view.php

```
<!-- 생략 -->
<section>
<div id="main_img_bar">
    <img src="./img/main_img.png">
</div>
<div id="board_box">
    <h3 class="title">
      게시판 > 내용 보기
    </h3>
```

```
<?php
    $num = $_GET["num"];
    $page = $_GET["page"];                                            ❶

    $con = mysqli_connect("localhost", "user1", "12345", "sample");
    $sql = "select * from board where num=$num";                      ❷
    $result = mysqli_query($con, $sql);

    $row = mysqli_fetch_array($result);
    $id = $row["id"];
    $name = $row["name"];
    $regist_day = $row["regist_day"];
    $subject = $row["subject"];
    $content = $row["content"];                                       ❸
    $file_name = $row["file_name"];
    $file_type = $row["file_type"];
    $file_copied = $row["file_copied"];
    $hit = $row["hit"];

    $content = str_replace(" ", " ", $content);
    $content = str_replace("\n", "<br>", $content);                   ❹

    $new_hit = $hit + 1;
    $sql = "update board set hit=$new_hit where num=$num";            ❺
    mysqli_query($con, $sql);
?>
    <ul id="view_content">
    <li>
      <span class="col1"><b>제목 :</b> <?=$subject?></span>
      <span class="col2"><?=$name?> | <?=$regist_day?></span>         ❻
    </li>
    <li>
<?php
      if ($file_name) {
          $real_name = $file_copied;
          $file_path = "./data/".$real_name;
          $file_size = filesize($file_path);                          ❼
```

```
            echo "▷ 첨부파일 : $show_name ($file_size Byte)
                      
               <a href='board_download.php?num=$num&
                        real_name=$real_name&
                        file_name=$file_name&
                        file_type=$file_type'>[저장]</a><br><br>";
        }                                                                ⑦
?>
        <?=$content?>                                                    ⑧
    </li>
    </ul>
    <ul class="buttons">
    <li><button onclick="location.href='board_list.php?
            page=<?=$page?>'">목록</button></li>
    <li><button onclick="location.href='board_modify_form.php?
            num=<?=$num?>&page=<?=$page?>'">수정</button></li>
    <li><button onclick="location.href='board_delete.php?               ⑨
            num=<?=$num?>&page=<?=$page?>'">삭제</button></li>
    <li><button onclick="location.href='board_form.php'">
            글쓰기</button></li>
    </ul>
</div> <!-- board_box -->
</section>
<!-- 생략 -->
```

❶ **레코드 일련번호와 페이지 번호 전달받기** 글 목록 보기 페이지(board_list.php)로부터 레코드 일련번호와 페이지 번호를 각각 $_GET["num"], $_GET["page"]로 전달받는다.

❷ **DB에서 해당 글 검색** 레코드 번호 $num을 가진 레코드를 검색하여 $result에 저장한다.

❸ **$result에서 데이터 가져오기** $result에 저장된 데이터 중에서 $row["id"], $row["name"], $row["regist_day"], $row["subject"], $row["content"], $row["file_name"], $row["file_type"], $row["file_copied"], $row["hit"]는 각각 글쓴이의 아이디, 이름, 작성 일시, 제목, 내용, 첨부 파일명, 첨부 파일 형식, 서버에 저장된 첨부 파일명, 조회 수를 나타낸다.

❹ **공백과 줄 바꿈 코드 변경** 공백(" ")을 웹 페이지에 표시하기 위해 str_replace() 함수를

이용하여 HTML 특수 기호인 로 변경한다. 같은 방식으로 줄 바꿈 코드인 ₩n은 HTML의 줄 바꿈 태그인 〈br〉로 변경한다.

❺ **조회 수 값 증가와 DB 업데이트** 조회 수를 나타내는 $hit의 값을 1 증가시킨 다음 MySQL의 update 명령을 이용하여 board 테이블의 hit 필드를 업데이트한다.

❻ **제목, 글쓴이 이름, 작성 일시 출력** 게시글의 제목($subject), 글쓴이의 이름($name), 작성 일시($regist_day)를 출력한다.

❼ **첨부 파일 정보 출력** 첨부 파일명인 $file_name에 값이 설정되어 있으면 첨부 파일이 존재하는 것이다. 이런 경우 게시글의 제목 아래에 파일명($file_name)과 파일 크기($file_size)를 표시하고, 파일을 다운로드할 수 있도록 〈저장〉 버튼에 board_download.php를 링크한다.

❽ **글 내용 출력** 첨부 파일 정보 다음 줄에 글 내용인 $content를 출력한다.

❾ **버튼 삽입** 화면 하단에 〈목록〉, 〈수정〉, 〈삭제〉, 〈글쓰기〉 버튼을 삽입하고 해당 파일로 이동할 수 있도록 링크를 설정한다.

05 첨부 파일 다운로드

글 내용 보기 페이지(board_view.php)에서 첨부 파일명 옆에 있는 〈저장〉을 클릭하면 파일을 다운로드할 수 있다. 이 버튼은 [예제 14-4]의 ❼에서 다음 URL로 링크되어 있다.

```
board_download.php?num=$num&real_name=$real_name&file_name=$file_name&file_
type=$file_type
```

게시판 사용자가 첨부 파일을 다운로드할 수 있게 하는 board_download.php에서는 레코드 일련번호($num), 서버 저장 파일명($real_name), 파일명($file_name), 파일 형식($file_type) 정보를 글 내용 보기 페이지로부터 GET 방식으로 전달받는다.

예제 14-5 첨부 파일 다운로드 페이지 part3/board_download.php

```
<?php
    $real_name = $_GET["real_name"];            ❶
    $file_name = $_GET["file_name"];
    $file_type = $_GET["file_type"];
    $file_path = "./data/".$real_name;

    $ie = preg_match('~MSIE|Internet Explorer~i', $_SERVER['HTTP_USER_    ❷
      AGENT']) || (strpos($_SERVER['HTTP_USER_AGENT'], 'Trident/7.0')
      !== false && strpos($_SERVER['HTTP_USER_AGENT'], 'rv:11.0') !==
      false);
    // IE인 경우 한글 파일명이 깨지는 것을 방지하기 위한 코드
    if ($ie){                                   ❸
      $file_name = iconv('utf-8', 'euc-kr', $file_name);
    }

    if (file_exists($file_path))                ❹
    {
      $fp = fopen($file_path,"rb");             ❺
```

```
        Header("Content-type: application/x-msdownload");
        Header("Content-Length: ".filesize($file_path));
        Header("Content-Disposition: attachment; filename=".$file_name);   ❻
        Header("Content-Transfer-Encoding: binary");
        Header("Content-Description: File Transfer");
        Header("Expires: 0");
    }

    if (!fpassthru($fp))                                               ❼
        fclose($fp);
?>
```

❶ **첨부 파일 정보 전달받기** 글 내용 보기 페이지인 [예제 14-4]에서 전달받은 $_GET["real_name"], $_GET["file_name"], $_GET["file_type"]은 각각 서버에 저장된 파일명, 파일명, 파일 형식을 의미한다.

❷ **브라우저가 인터넷 익스플로러인지 판단** 인터넷 익스플로러에서 첨부 파일을 다운로드할 때 파일명이 한글로 되어 있으면 한글이 깨지는 현상이 발생할 수도 있으므로 이를 방지하기 위해 사용자의 브라우저가 인터넷 익스플로러인지 검사한다. 여기서 $_SERVER['HTTP_USER_AGENT']는 사용자의 브라우저 이름을 의미하며, preg_match() 함수를 이용하여 브라우저 이름에 MSIE나 Internet Explorer가 포함되어 있는지 검사한다. 그리고 strpos() 함수를 이용하여 브라우저 이름에 문자열 Trident/7.0 또는 rv:11.0이 포함되어 있는지 검사한다. 인터넷 익스플로러는 브라우저 이름에 이러한 문자열이 포함되어 있기 때문이다.

preg_match() 함수의 사용 형식은 다음과 같다.

preg_match() 함수	
형식	pre_match(pattern, string)
기능	문자열에서 해당 패턴이 존재하는지 검사한다.
인자	pattern: 찾는 패턴 string: 검사 대상 문자열
반환 값	해당 패턴이 문자열에 존재하는 경우: true 해당 패턴이 문자열에 존재하지 않는 경우: false

❸ **인터넷 익스플로러인 경우 파일명의 문자셋 변경** 인터넷 익스플로러를 사용하는 경우 한글이 깨지는 현상을 방지하기 위해 파일명의 문자셋을 utf-8에서 euc-kr로 변경한다. iconv('utf-8', 'euc-kr', $file_name)은 문자열 $file_name의 문자셋을 utf-8에서 euc-kr로 변경하라는 의미이다. iconv() 함수의 사용 형식은 다음과 같다.

iconv() 함수	
형식	iconv(in_charset, out_charset, string)
기능	문자열의 문자셋을 변경한다.
인자	in_charset: 기존 문자셋 out_charset: 변경할 문자셋 string: 대상 문자열
반환 값	성공: 문자셋이 변경된 문자열 반환 실패: false

❹ **다운로드 파일의 존재 확인** file_exists($file_path)는 다운로드하려는 파일인 $file_path가 존재하는지 검사한다. file_exists() 함수의 사용 형식은 다음과 같다.

file_exists() 함수	
형식	file_exists(filename)
기능	해당 파일이 존재하는지 검사한다.
인자	filename: 경로를 포함한 파일명
반환 값	해당 파일 존재: true, 해당 파일 부재: false

❺ **파일 열기** $file_path의 파일을 열라는 것으로, 이때 rb는 파일을 읽고 쓸 수 있는 모드로 열라는 의미이다. fopen() 함수의 사용 형식은 다음과 같다.

fopen() 함수	
형식	fopen(filename, mode)
기능	파일을 열어서 그 파일이 지시하는 파일 포인터를 얻는다. mode에 따라 파일 모드가 결정된다.
인자	filename: 경로를 포함한 파일명 mode: r(읽기 모드), w(쓰기 모드), b(이진 모드)
반환 값	성공: 열린 파일의 파일 포인터 반환 실패: false

❻ **파일 정보 알려주기** 다운로드할 파일의 정보를 Header() 함수로 클라이언트 브라우저에 알려준다. Header() 함수의 사용 형식은 다음과 같다.

Header() 함수	
형식	Header(string)
기능	HTTP 헤더를 클라이언트의 브라우저에 보낸다. 예를 들어 Header('Content-type: application/pdf')는 전송하려는 파일의 형식이 pdf라는 것을 알려준다. Header('Content-Disposition: attachment; filename="downloaded.pdf"')는 전송하려는 파일명이 downloaded.pdf라는 것을 클라이언트의 브라우저에 알려준다.
인자	string: HTTP의 헤더 정보 문자열
반환 값	없음

❼ **파일 전송 및 파일 포인터 닫기** 파일 포인터인 $fp에 저장된 파일 데이터를 fpassthru() 함수를 이용하여 출력 버퍼에 저장하면 파일이 다운로드된다. 다운로드가 완료되면 fclose() 함수로 파일을 닫는다. fpassthru() 함수와 fclose() 함수의 사용 형식은 다음과 같다.

fpassthru() 함수	
형식	fpassthru(fp)
기능	현재 파일 포인터가 지시하는 위치부터 끝까지 파일을 읽어 출력 버퍼에 저장한다. 이렇게 함으로써 사용자의 컴퓨터로 파일이 전송된다.
인자	fp: 파일 포인터
반환 값	성공: 전송된 문자의 개수 반환 실패: false

fclose() 함수	
형식	fclose(fp)
기능	파일 포인터가 지시하는 파일을 닫는다.
인자	fp: 파일 포인터
반환 값	성공: true, 실패: false

06 글 수정 및 삭제

글 내용 보기 페이지(board_view.php) 하단의 〈수정〉을 클릭하면 [예제 14-4]의 ❾에 기술된 다음 소스코드에 의해 글 수정 페이지(board_modify_form.php)로 이동한다.

```
board_modify_form.php?num=<?=$num?>&page=<?=$page?>
```

글 수정 페이지로 이동할 때 해당 레코드의 일련번호인 $num과 페이지 번호인 $page를 함께 전달한다.

1 글 수정 폼 양식

다음은 브라우저 화면에 나타나는 글 수정 페이지의 폼 양식이다.

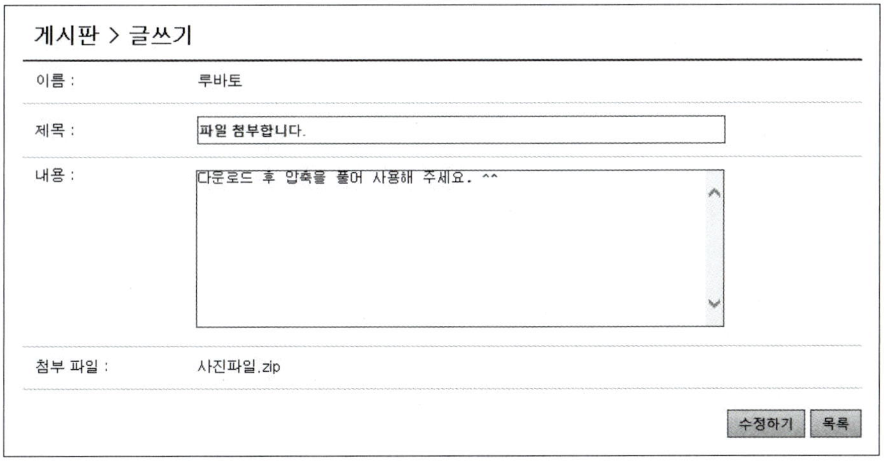

그림 14-9 글 수정 폼 양식

예제 14-6 글 수정 폼 양식 part3/board_modify_form.php

```
<!-- 생략 -->
<script>
function check_input() {
    if (!document.board_form.subject.value)
    {
      alert("제목을 입력하세요!");
      document.board_form.subject.focus();
      return;
    }
    if (!document.board_form.content.value)
    {
      alert("내용을 입력하세요!");
      document.board_form.content.focus();
      return;
    }
    document.board_form.submit();
}
</script>
<!-- 생략 -->
<section>
<div id="main_img_bar">
    <img src="./img/main_img.png">
</div>
<div id="board_box">
    <h3 id="board_title">
      게시판 > 글쓰기
    </h3>
<?php
    $num = $_GET["num"];        ❶
    $page = $_GET["page"];

    $con = mysqli_connect("localhost", "user1", "12345", "sample");   ❷
    $sql = "select * from board where num=$num";
    $result = mysqli_query($con, $sql);
    $row = mysqli_fetch_array($result);
    $name = $row["name"];
```

```
    $subject = $row["subject"];                                    ❷
    $content = $row["content"];
    $file_name = $row["file_name"];
?>
    <form name="board_form" method="post"                          ❸
          action="board_modify.php?num=<?=$num?>&page=<?=$page?>"
          enctype="multipart/form-data">
      <ul id="board_form">
      <li>
          <span class="col1">이름 : </span>                          ❹
          <span class="col2"><?=$name?></span>
      </li>
      <li>
          <span class="col1">제목 : </span>                          ❺
          <span class="col2"><input name="subject" type="text"
                 value="<?=$subject?>"></span>
      </li>
      <li id="text_area">
          <span class="col1">내용 : </span>                          ❻
          <span class="col2">
              <textarea name="content"><?=$content?></textarea>
          </span>
      </li>
      <li>
          <span class="col1">첨부 파일 : </span>                      ❼
          <span class="col2"><?=$file_name?></span>
      </li>
      </ul>
      <ul class="buttons">
      <li><button type="button" onclick="check_input()">수정하기      ❽
          </button></li>
      <li><button type="button" onclick="location.href='board_list.php'">목록
          </button></li>
      </ul>
    </form>
</div> <!-- board_box -->
</section>
<!-- 생략 -->
```

❶ **레코드 번호와 페이지 번호 전달받기** 글 내용 보기 페이지(board_view.php)로부터 레코드 번호와 페이지 번호를 각각 $_GET["num"], $_GET["page"]로 전달받는다.

❷ **DB에서 글 정보 가져오기** board 테이블에서 글쓴이, 제목, 내용, 파일명 정보를 가져와 각각 $name, $subject, $content, $file_name에 저장한다.

❸ **<form> 태그 설정** 〈수정하기〉 버튼을 클릭했을 때 DB에 저장된 글을 수정할 수 있도록 action 속성을 board_modify.php?num=<?=$num?>&page=<?=$page?>로 지정한다. 이는 board_modify.php 파일에서 글 수정 폼 양식의 데이터를 전달받아 DB를 업데이트한다는 의미이다.

❹ **이름 출력** '이름 :' 옆에 글쓴이 이름인 $name을 출력한다.

❺ **입력 창에 글 제목 삽입** '제목 :' 옆의 입력 창에 수정 전 제목인 $subject를 삽입한다.

❻ **다중 입력 창에 글 내용 삽입** '내용 :' 옆의 다중 입력 창에 수정 전 내용인 $content를 삽입한다.

❼ **첨부 파일명 출력** '첨부 파일 :' 옆에 첨부 파일명인 $file_name을 출력한다.

❽ **〈수정하기〉 버튼 삽입** 〈수정하기〉 버튼을 클릭하면 자바스크립트 함수인 check_input()을 호출한다. check_input() 함수는 폼 양식에 데이터가 입력되어 있는지 검사하고, 이상이 없으면 ❸의 action 속성에 설정된 board_modify.php로 이동하여 폼 양식에 입력된 데이터로 DB를 업데이트한다.

2 수정 내용으로 DB 업데이트

board_modify.php 파일에서는 수정된 글 제목과 내용을 전달받아 DB를 업데이트한다.

예제 14-7 수정 내용으로 DB를 업데이트하는 페이지 part3/board_modify.php

```
<?php
    $num = $_GET["num"];              ─┐
    $page = $_GET["page"];             │
    $subject = $_POST["subject"];      ├─ ❶
    $content = $_POST["content"];     ─┘

    $con = mysqli_connect("localhost", "user1", "12345", "sample");
```

```
    $sql = "update board set subject='$subject', content='$content' "; ❷
    $sql .= " where num=$num";
    mysqli_query($con, $sql);
    mysqli_close($con);

    echo "
    <script>
      location.href = 'board_list.php?page=$page'; ❸
    </script>
    ";
?>
```

❶ **레코드 번호, 페이지 번호, 제목, 내용 전달받기** 글 수정 페이지(board_modify_form.php)로부터 레코드 번호, 페이지 번호, 수정된 글 제목과 내용을 각각 $_GET["num"], $_GET["page"], $_POST["subject"], $_POST["content"]로 전달받는다.

❷ **수정된 글 제목과 내용으로 DB 업데이트** 수정된 글 제목($subject)과 내용($content)으로 board 테이블의 해당 필드를 업데이트한다.

❸ **글 목록 보기 페이지로 이동** 글 목록 보기 페이지인 board_list.php 파일로 이동한다. 이때 페이지 번호를 GET 방식으로 전달함으로써 글 목록 보기 페이지에서 수정된 글 제목을 볼 수 있다.

3 글 삭제

글 내용 보기 페이지(board_view.php) 하단의 〈삭제〉를 클릭하면 [예제 14-4]의 ❾에 기술된 다음 소스코드에 의해 글 삭제하기 페이지(board_delete.php)로 이동한다.

```
board_delete.php?num=<?=$num?>&page=<?=$page?>
```

글 삭제하기 페이지에서는 레코드 일련번호인 $num과 페이지 번호인 $page를 글 내용 보기 페이지로부터 전달받는다. 이 레코드 일련번호를 가지고 해당 글을 삭제할 수 있으며, 글을 삭제한 후 글 목록 보기 페이지로 돌아갈 때는 이 페이지 번호를 전달하여 해당 페이지의 글 목록을 볼 수 있다.

예제 14-8 글 삭제하기 페이지 part3/board_delete.php

```
<?php
    $num = $_GET["num"];                                                    ❶
    $page = $_GET["page"];

    $con = mysqli_connect("localhost", "user1", "12345", "sample");
    $sql = "select * from board where num = $num";
    $result = mysqli_query($con, $sql);                                     ❷
    $row = mysqli_fetch_array($result);
    $copied_name = $row["file_copied"];

    if ($copied_name)
    {
      $file_path = "./data/".$copied_name;                                  ❸
      unlink($file_path);
    }

    $sql = "delete from board where num = $num";                            ❹
    mysqli_query($con, $sql);
    mysqli_close($con);

    echo "
    <script>
      location.href = 'board_list.php?page=$page';                          ❺
    </script>
    ";
?>
```

❶ **레코드 번호와 페이지 번호 전달받기** 글 내용 보기 페이지(board_view.php)로부터 GET 방식으로 전달받은 레코드 번호($_GET["num"])와 페이지 번호($_GET["page"])를 각각 $num, $page에 저장한다.

❷ **삭제할 첨부 파일명 가져오기** 첨부 파일을 삭제하기 위해 DB에 저장된 첨부 파일명을 가져온다. $num을 이용하여 해당 레코드 정보를 가져와 $result에 저장한다. mysqli_fetch_array() 함수로 첨부 파일명인 $row["file_copied"]를 구하여 $copied_name에 저장한다.

❸ **첨부 파일 삭제** $copied_name에 값이 설정되어 있으면 첨부 파일이 존재한다는 의미이므로 unlink() 함수를 이용하여 서버에 저장된 첨부 파일을 삭제한다.

❹ **DB에서 해당 레코드 삭제** 레코드 번호 $num을 이용하여 board 테이블의 해당 레코드를 삭제한다.

❺ **페이지 이동** 글 목록 보기 페이지(board_list.php)로 이동한다. 이때 페이지 번호 $page를 전달하므로 해당 페이지의 글 목록을 화면에 출력할 수 있다.

요약

01 실습 사이트의 게시판 기능

- 로그인한 회원이 게시판에 글쓰기
- 회원과 비회원의 글 목록 보기, 글 내용 보기
- 글을 쓴 회원이 글을 수정 및 삭제하기
- 글쓰기 시 파일 첨부하기
- 글을 쓴 회원에게 포인트 부여하기
- 첨부 파일 다운로드하기

02 게시판 기능을 구현하는 데 필요한 파일

구분	파일	기능
CSS	css/common.css	사이트에 공통으로 사용되는 CSS 파일
	css/board.css	게시판 페이지의 CSS 파일
페이지	board_form.php	글쓰기 폼 양식
	board_list.php	글 목록 보기
	board_view.php	글 내용 보기
	board_modify_form.php	글 수정 폼 양식
기능 페이지	board_insert.php	DB에 글 저장
	board_modify.php	DB에 저장된 글 수정
	board_delete.php	DB에 저장된 글 삭제
	board_download.php	첨부 파일 다운로드

03 게시판 DB 테이블(테이블명: board)의 구조

필드명	데이터형	null	추가 사항	설명
num	int	not null	primary key, auto_increment	일련번호
id	char(15)	not null		글쓴이 아이디
name	char(10)	not null		글쓴이 이름
subject	char(200)	not null		글 제목
content	text	not null		글 내용
regist_day	char(20)	not null		작성 일시
hit	int	not null		조회 수
file_name	char(40)			파일명
file_type	char(40)			파일 형식
file_copied	char(40)			저장 파일명

04 move_uploaded_file() 함수

move_uploaded_file() 함수는 업로드된 파일을 새로운 위치의 파일(경로 포함)로 이동한다.

05 preg_match() 함수

preg_match() 함수는 문자열에서 해당 패턴이 존재하는지 검사한다.

06 iconv() 함수

iconv() 함수는 문자열의 문자셋을 변경한다. 예를 들어 iconv('utf-8', 'euc-kr', $str)은 문자열 $str의 문자셋을 utf-8에서 euc-kr로 변경한다.

07 file_exists() 함수

file_exists() 함수는 해당 파일이 존재하는지 검사한다.

08 fopen() 함수

fopen() 함수는 파일을 열어서 그 파일이 지시하는 파일 포인터를 얻는다. 두 번째 인자인 mode에 따라 파일 모드가 결정된다. mode의 종류에는 r(읽기 모드), w(쓰기 모드), b(이진 모드)가 있다.

09 fpassthru() 함수

fpassthru() 함수는 현재 파일 포인터가 지시하는 위치부터 끝까지 파일을 읽어 출력 버퍼에 저장한다. 이렇게 함으로써 사용자의 컴퓨터로 파일이 전송된다.

10 fclose() 함수

fclose() 함수는 파일 포인터가 지시하는 파일을 닫는다.

01 다음은 게시판 폼 양식에 사용자가 입력한 정보를 DB에 저장하는 프로그램의 일부이다. 빈칸을 채워 프로그램을 완성하시오.

```
<?php
/* 생략 */
    $subject = $_POST["subject"];
    $content = $_POST["content"];
    $regist_day = date("Y-m-d (H:i)");  // 현재의 '연-월-일-시-분' 저장
    $upload_dir = './data/';

    $upfile_name     = $_FILES["upfile"]["name"];
    $upfile_tmp_name = $_FILES["upfile"]["tmp_name"];
    $upfile_type     = $_FILES["upfile"]["type"];
    $upfile_size     = $_FILES["upfile"]["size"];
    $upfile_error    = $_FILES["upfile"]["error"];

    if ($upfile_name && !$upfile_error) {
        $file = ____________(".", $upfile_name);
        $file_name = $file[0];
        $file_ext  = $file[1];

        $new_file_name = date("Y_m_d_H_i_s");
        $new_file_name = $new_file_name;
        $copied_file_name = $new_file_name.".".$file_ext;
        $uploaded_file = $upload_dir.$copied_file_name;

        ______________________($upfile_tmp_name, $uploaded_file)
    }
    else {
        $upfile_name      = "";
        $upfile_type      = "";
        $copied_file_name = "";
    }

    $con = mysqli_connect("localhost", "user1", "12345", "sample");
    $sql = "_________________ board (id, name, subject, content, regist_
          day, hit, file_name, file_type, file_copied) ";
```

```
    $sql .= "values('$userid', '$username', '$subject', '$content',
            '$regist_day', 0, ";
    $sql .= "'$upfile_name', '$upfile_type', '$copied_file_name')";
    ______________($con, $sql);  // $sql에 저장된 명령 실행
    mysqli_close($con);  // DB 연결 끊기
/* 생략 */
?>
```

02 다음은 게시판의 글 목록을 보여주는 프로그램의 일부이다. 빈칸을 채워 프로그램을 완성하시오.

```
<div id="board_box">
    <h3>
        게시판 > 목록 보기
    </h3>
    <ul id="board_list">
    <li>
      <span class="col1">번호</span>
      <span class="col2">제목</span>
      <span class="col3">글쓴이</span>
      <span class="col4">첨부</span>
      <span class="col5">등록일</span>
      <span class="col6">조회</span>
    </li>
<?php
    $con = mysqli_connect("localhost", "user1", "12345", "sample");
    $sql = "select * from board order by num desc";
    $result = ________________($con, $sql);
    $total_record = _________________($result);  // 전체 글 수

    $scale = 10;  // 한 페이지에 표시되는 글 목록 수

    // 전체 페이지 수($total_page) 계산
    if (_____________% $scale == 0)
      $total_page = floor($total_record/$scale);
    else
      $total_page = floor($total_record/$scale) + 1;
```

```
    // 표시할 페이지($page)에 따라 $start 계산
    $start = ($page - 1) * $scale;
    $number = $total_record - $start;

   for ($i=$start; $i<$start+$scale && $i < $total_record; $i++)
   {
      ____________________($result, $i);
      // 가져올 레코드로 위치(포인터) 이동
      ____________ = mysqli_fetch_array($result);
      // 하나의 레코드 가져오기
      $num          = $row["num"];
      $id           = $row["id"];
      $name        = $row["name"];
      $subject      = $row["subject"];
      $regist_day   = $row["regist_day"];
      $hit          = $row["hit"];
      if ($row["file_name"])
         $file_image = "<img src='./img/file.gif'>";
      else
         $file_image = " ";
?>
    <li>
        <span class="col1"><?=$number?></span>
        <span class="col2">
                <a href="board_view.php?num=<?=$num?>&page=<?=$page?>">
                        <?=________________?></a>
        </span>
        <span class="col3"><?=$name?></span>
        <span class="col4"><?=$file_image?></span>
        <span class="col5"><?=$regist_day?></span>
        <span class="col6"><?=$hit?></span>
    </li>
<?php
       $number--;
   }
   mysqli_close($con);
?>
    </ul>
</div>
```

03 게시판 기능을 구현하는 데 사용되는 PHP 함수에 관한 물음에 답하시오.

① 문자열을 분리하여 배열로 반환하는 함수는 무엇인가?

② 업로드된 파일을 새로운 위치의 파일(경로 포함)로 이동하는 데 사용하는 함수는 무엇인가?

③ 파일을 열어서 그 파일이 지시하는 파일 포인터를 얻는 데 사용하는 함수는 무엇인가?

④ 현재 파일 포인터가 지시하는 위치부터 끝까지 파일을 읽어 출력 버퍼에 저장하는 함수는 무엇인가?

CHAPTER 15

사이트 완성

학습목표

- 메인 페이지에 최근 게시글을 불러올 수 있다.
- phpMyAdmin에서 관리자 계정을 생성할 수 있다.
- 관리자 페이지를 작성하여 관리자 모드에서 회원 관리를 할 수 있다.
- 체크박스에 선택된 값을 전달하는 방법을 이해할 수 있다.
- 체크박스에 선택된 항목의 게시글을 DB에서 삭제할 수 있다.

01 최근 게시글과 포인트 랭킹 표시

실습 사이트를 완성하기 위해 메인 페이지를 다시 살펴보자.

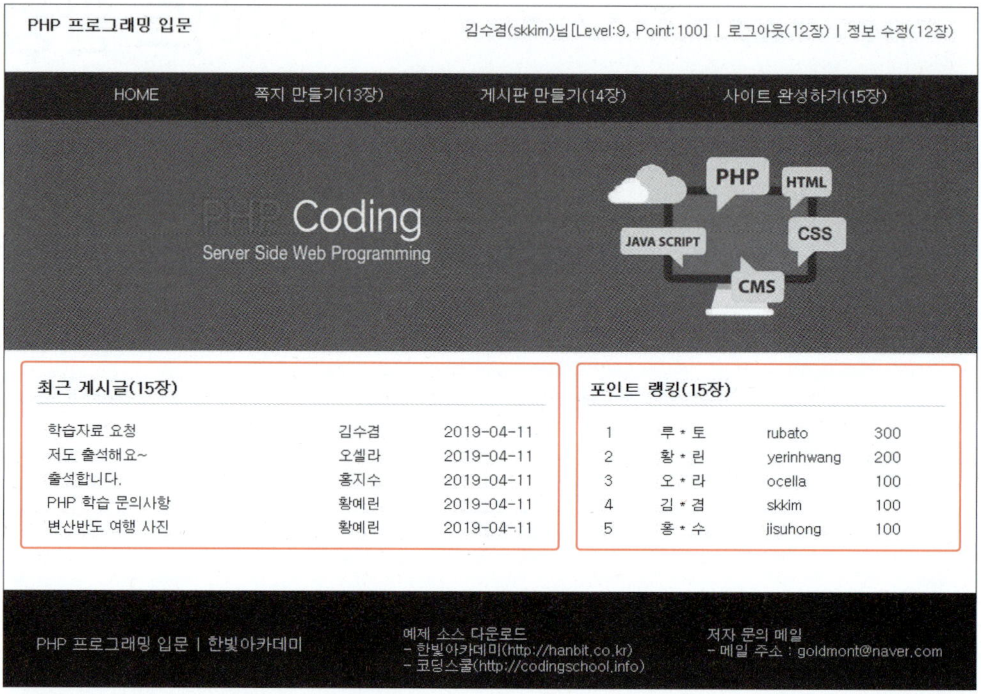

그림 15-1 최근 게시글과 포인트 랭킹이 표시된 메인 페이지(index.php)

완성된 메인 페이지(index.php)의 메인 콘텐츠 부분을 보면 14장에서 만든 게시판의 최근 게시글과 함께 포인트가 상위인 회원의 랭킹이 표시되어 있다. 이 부분에 해당하는 소스코드는 메인 콘텐츠를 나타내는 main.php 파일이다. main.php 파일에서 메인 콘텐츠 부분이 어떻게 구현되었는지 알아보자.

예제 15-1 메인 콘텐츠 페이지 part3/main.php

```
<div id="main_img_bar">
    <img src="./img/main_img.png">
</div>
<div id="main_content">
    <div id="latest">
        <h4>최근 게시글(15장)</h4>
        <ul>
<!-- 최근 게시글 DB에서 불러오기 -->
<?php
        $con = mysqli_connect("localhost", "user1", "12345", "sample");
        $sql = "select * from board order by num desc limit 5";          ❶
        $result = mysqli_query($con, $sql);

        if (!$result)
            echo "게시판 DB 테이블(board)이 생성 전이거나 아직 게시글이 없습니다!";
        else
        {
            while ($row = mysqli_fetch_array($result))
            {
                $regist_day = substr($row["regist_day"], 0, 10);
?>
                <li>
                    <span><?=$row["subject"]?></span>                      ❷
                    <span><?=$row["name"]?></span>
                    <span><?=$regist_day?></span>
                </li>
<?php
            }
        }
?>
        </ul>
    </div>
    <div id="point_rank">
        <h4>포인트 랭킹(15장)</h4>
        <ul>
<!-- 포인트 랭킹 표시하기 -->
```

```
<?php
        $rank = 1;
        $sql = "select * from members order by point desc limit 5";     ❸
        $result = mysqli_query($con, $sql);

        if (!$result)
            echo "회원 DB 테이블(members)이 생성 전이거나 아직 가입된 회원이 없습니다!";
        else
        {
            while ($row = mysqli_fetch_array($result))
            {
                $name = $row["name"];
                $id = $row["id"];                                         ❹
                $point = $row["point"];
                $name = mb_substr($name, 0, 1)." * ".mb_substr($name, 2, 1);   ❺
?>
                <li>
                    <span><?=$rank?></span>
                    <span><?=$name?></span>
                    <span><?=$id?></span>
                    <span><?=$point?></span>
                </li>
<?php
                $rank++;
            }
        }

        mysqli_close($con);
?>
        </ul>
    </div>
</div>
```

❶ **DB에서 최근 게시글 가져오기** 게시판 DB 테이블인 board에 저장되어 있는 최근 게시글 5개를 num 필드에 내림차순으로 정렬해서 가져와 $result에 저장한다.

❷ **board 테이블에서 필드의 각 항목 가져오기** while문 반복 루프에서 mysqli_fetch_ array() 함수를 이용하여 각각의 레코드를 $row에 저장한 뒤 게시글의 제목, 작성자 이름, 작성 일시를 출력한다.

❸ **포인트가 상위인 회원의 정보 가져오기** 회원 DB 테이블인 members에서 포인트가 상위인 5명의 레코드 정보를 가져와 $result에 저장한다.

❹ **members 테이블에서 필드의 각 항목 가져오기** members 테이블에서 가져온 name, id, point 필드의 값은 각각 $row["name"], $row["id"], $row["point"]이다. [그림 15-1]의 가운데 오른쪽 부분과 같이 포인트가 상위인 5명의 이름, 아이디, 포인트를 출력한다.

❺ **한글 문자열 추출** mb_substr($name, 0, 1). " * ".mb_substr($name, 2, 1)은 포인트가 상위인 회원의 이름을 × * × 형태로 표시한다. 이때 사용한 mb_substr() 함수는 바이트 단위로 한글 문자열을 추출한다. mb_substr() 함수의 사용 형식은 다음과 같다.

mb_substr() 함수	
형식	mb_substr(string, start, length, encoding)
기능	문자열에서 특정 문자셋을 기준으로 문자열을 추출한다. 예를 들어 mb_substr("우리나라 좋은 나라!", 3, 5, "utf-8")은 세 번째 문자열부터 5개의 문자열(공백 포함)을 반환하라는 의미이므로 '나라 좋은'을 추출하여 반환한다.
인자	string: 대상 문자열 start: 시작 문자열의 위치 length: 추출할 문자열의 길이 encoding: 적용 문자셋
반환 값	추출된 문자열

02 관리자 모드

웹 사이트를 제작할 때는 회원과 게시판을 관리할 수 있는 관리자 모드를 관리자에게 제공하는 경우가 많다. 실습 사이트에서 구현할 관리자 기능은 다음과 같다.

- 회원의 레벨과 포인트 변경
- 탈퇴 회원 삭제
- 게시판 게시글 삭제

회원 가입을 통해 관리자 계정을 만들고 phpMyAdmin에서 관리자 계정의 회원 레벨을 1로 변경해보자. 회원 가입 페이지에서 다음과 같이 회원 가입을 하여 관리자 계정을 생성한다.

- 아이디: admin
- 이름: 관리자
- 나머지 항목: 임의로 설정

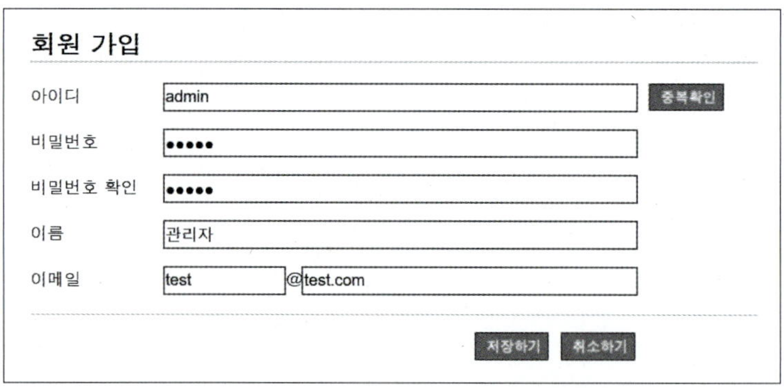

그림 15-2 회원 가입 페이지(member_form.php)에서 관리자 계정 정보 입력

관리자 계정 정보를 입력하고 하단의 〈저장하기〉를 클릭하면 관리자 계정이 생성된다. phpMyAdmin에 접속하여 관리자 계정이 생성되었는지 확인해보자. 그리고 관리자 계정의 체크박스를 선택한 다음 하단의 〈수정〉을 클릭한다.

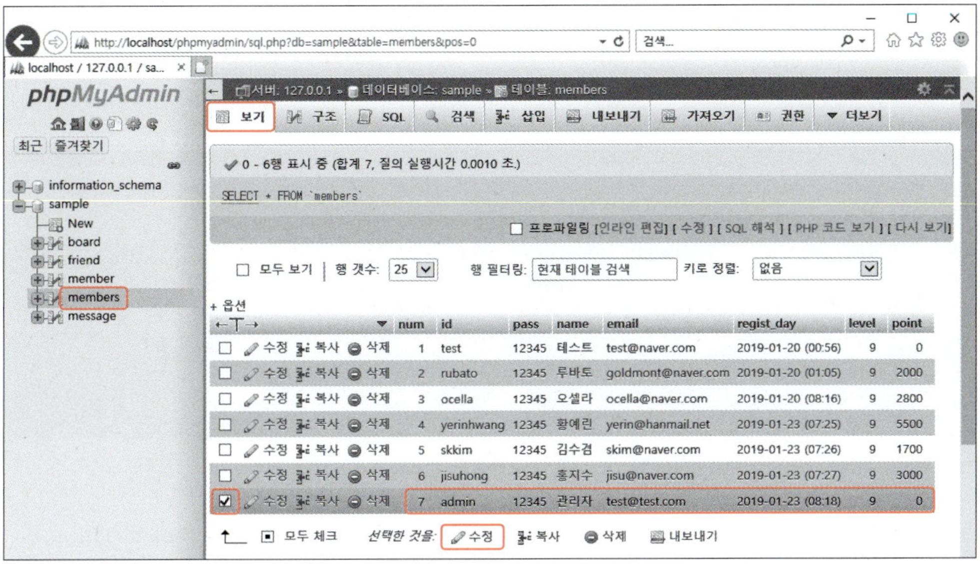

그림 15-3 관리자 계정 확인

관리자 계정의 회원 레벨을 9에서 1로 수정한 뒤 <실행>을 클릭하면 관리자 계정의 회원 레벨이 1로 변경될 것이다.

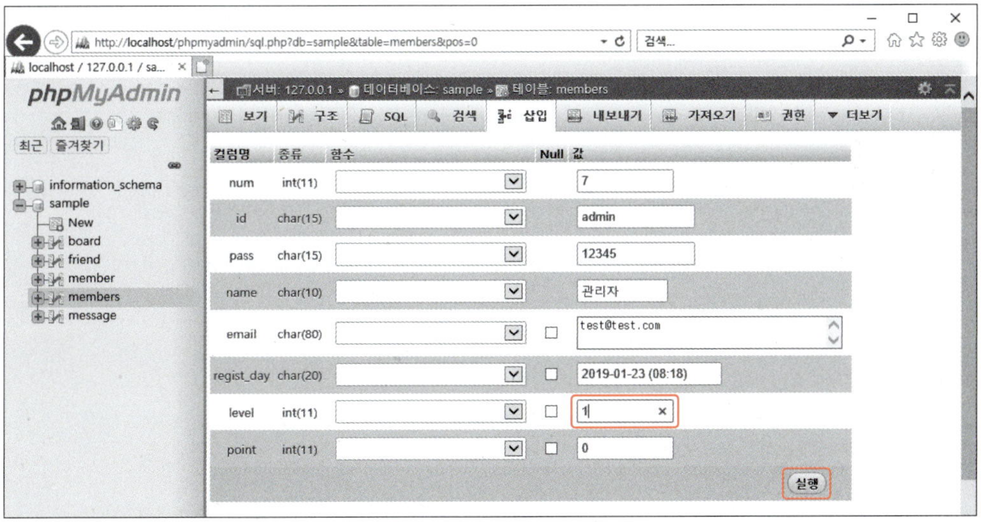

그림 15-4 관리자 계정의 회원 레벨 변경

관리자 계정의 회원 레벨이 변경되었는지 확인하기 위해 실습 사이트에서 관리자 계정으로 로그인한다. 관리자 계정의 회원 레벨이 1이고 오른쪽 상단에 [관리자 모드(15장)] 메뉴가 있다.

그림 15-5 관리자 계정으로 로그인했을 때 나타나는 회원 레벨과 [관리자 모드(15장)] 메뉴

관리자 계정으로 접속하면 [관리자 모드(15장)] 메뉴가 생기는데 이는 상단 헤더 파일(header.php)의 관리자 모드 부분에 의한 것이다. 이 부분에 해당하는 소스코드를 살펴보자.

예제 15-2 **상단 헤더의 관리자 모드 부분** part3/header.php

```
<?php
    session_start();
    if (isset($_SESSION["userid"])) $userid = $_SESSION["userid"];
    else $userid = "";
    if (isset($_SESSION["username"])) $username = $_SESSION["username"];
    else $username = "";
    if (isset($_SESSION["userlevel"])) $userlevel = $_SESSION["userlevel"]; ❶
    else $userlevel = "";
    if (isset($_SESSION["userpoint"])) $userpoint = $_SESSION["userpoint"];
    else $userpoint = "";
?>
<!-- 생략-->
<?php
    if ($userlevel == 1) {
?>
        <li> | </li>                                                        ❷
        <li><a href="admin.php">관리자 모드(15장)</a></li>
<?php
    }
```

```
?>
    </ul>
</div>
<div id="menu_bar">
    <ul>
    <li><a href="index.php">HOME</a></li>
    <li><a href="message_form.php">쪽지 만들기(13장)</a></li>
    <li><a href="board_form.php">게시판 만들기(14장)</a></li>
    <li><a href="index.php">사이트 완성하기(15장)</a></li>
    </ul>
</div>
```

❶ **회원 레벨의 세션 변수 가져오기** 로그인한 사용자의 회원 레벨을 의미하는 세션 변수인 $_SESSION["userlevel"]을 가져와 $userlevel에 저장한다.

❷ **회원 레벨이 1인지 확인** 회원 레벨을 나타내는 $userlevel이 1이면 [관리자 모드(15장)] 메뉴를 삽입한다. 이 메뉴에는 관리자 페이지인 admin.php 파일이 링크되어 있다.

03 관리자 페이지

[관리자 모드(15장)] 메뉴를 클릭하면 다음과 같은 관리자 페이지가 나타난다.

번호	아이디	이름	레벨	포인트	가입일	수정	삭제
6	admin	관리자	1	0	2019-04-11 (05:04)	수정	삭제
5	jisuhong	홍지수	9	100	2019-04-11 (04:56)	수정	삭제
4	yerinhwang	황예린	9	200	2019-04-11 (04:55)	수정	삭제
3	skkim	김수겸	9	100	2019-04-11 (04:54)	수정	삭제
2	ocella	오셀라	9	100	2019-04-10 (10:21)	수정	삭제
1	rubato	루바토	9	300	2019-04-10 (09:33)	수정	삭제

선택	번호	이름	제목	첨부파일명	작성일
☐	7	김수겸	학습자료 요청		2019-04-11
☐	6	오셀라	저도 출석해요~		2019-04-11
☐	5	홍지수	출석합니다.		2019-04-11
☐	4	황예린	PHP 학습 문의사항		2019-04-11
☐	3	황예린	변산반도 여행 사진		2019-04-11
☐	2	루바토	파일 첨부합니다.	사진파일.zip	2019-04-11
☐	1	루바토	안녕하세요.		2019-04-11

그림 15-6 관리자 페이지(admin.php)

관리자 페이지는 크게 회원 관리와 게시판 관리로 이루어져 있다.

- **회원 관리:** 회원의 레벨과 포인트 입력 창에 있는 데이터를 수정한 뒤 오른쪽의 〈수정〉을 클릭하여 회원의 레벨과 포인트를 수정할 수 있다. 〈삭제〉를 클릭하면 해당 회원을 DB에서 삭제할 수 있다.
- **게시판 관리:** 게시글 목록 왼쪽의 체크박스를 선택한 뒤 〈선택된 글 삭제〉를 클릭하면 게시글을 삭제할 수 있다.

관리자 페이지(admin.php)의 소스코드를 살펴보자.

예제 15-3 관리자 페이지 part3/admin.php

```
<!-- 생략-->
<section>
<div id="admin_box">
    <h3 id="member_title">
        관리자 모드 > 회원 관리
    </h3>
    <ul id="member_list">
    <li>
        <span class="col1">번호</span>
        <span class="col2">아이디</span>
        <span class="col3">이름</span>
        <span class="col4">레벨</span>
        <span class="col5">포인트</span>
        <span class="col6">가입일</span>
        <span class="col7">수정</span>
        <span class="col8">삭제</span>
    </li>
<?php
    $con = mysqli_connect("localhost", "user1", "12345", "sample");
    $sql = "select * from members order by num desc";                          ❶
    $result = mysqli_query($con, $sql);
    $total_record = mysqli_num_rows($result);  // 전체 회원 수

    $number = $total_record;

    while ($row = mysqli_fetch_array($result))
    {
        $num = $row["num"];
        $id = $row["id"];
        $name = $row["name"];                                                   ❷
        $level = $row["level"];
        $point = $row["point"];
        $regist_day = $row["regist_day"];
?>
        <li>
```

```
        <form method="post" action="admin_member_update.php?num=
                <?=$num?>">                                             ❸
            <span class="col1"><?=$number?></span>
            <span class="col2"><?=$id?></a></span>
            <span class="col3"><?=$name?></span>
            <span class="col4"><input type="text" name="level"
                    value="<?=$level?>"></span>
            <span class="col5"><input type="text" name="point"
                    value="<?=$point?>"></span>
            <span class="col6"><?=$regist_day?></span>
            <span class="col7"><button type="submit">수정
            </button></span>                                            ❹
            <span class="col8"><button type="button"
                    onclick= "location.href='admin_member_delete.php?    ❺
                    num=<?=$num?>'">삭제</button></span>
        </form>
        </li>

<?php
        $number--;
    }
?>
    </ul>
    <h3 id="member_title">
        관리자 모드 > 게시판 관리
    </h3>
    <ul id="board_list">
    <li class="title">
        <span class="col1">선택</span>
        <span class="col2">번호</span>
        <span class="col3">이름</span>
        <span class="col4">제목</span>
        <span class="col5">첨부파일명</span>
        <span class="col6">작성일</span>
    </li>
    <form method="post" action="admin_board_delete.php">               ❻
<?php
```

```
    $sql = "select * from board order by num desc";
    $result = mysqli_query($con, $sql);
    $total_record = mysqli_num_rows($result);  // 전체 글 수

    $number = $total_record;

    while ($row = mysqli_fetch_array($result))
    {
      $num = $row["num"];
      $name = $row["name"];
      $subject = $row["subject"];
      $file_name = $row["file_name"];
      $regist_day = $row["regist_day"];
      $regist_day = substr($regist_day, 0, 10)
?>
        <li>
            <span class="col1"><input type="checkbox" name="item[]"
                     value="<?=$num?>"></span>
            <span class="col2"><?=$number?></span>
            <span class="col3"><?=$name?></span>
            <span class="col4"><?=$subject?></span>
            <span class="col5"><?=$file_name?></span>
            <span class="col6"><?=$regist_day?></span>
        </li>
<?php
        $number--;
    }
    mysqli_close($con);
?>
    <button type="submit">선택된 글 삭제</button>
    </form>
    </ul>
</div> <!-- admin_box -->
</section>
<!-- 생략-->
```

(7): lines 1–3, (8): while ~ substr, (9): span class="col1" lines, (10): button line

❶ **DB에서 전체 회원 가져오기** members 테이블의 회원 레코드를 가져와 $result에 저장한

뒤 전체 레코드 수를 계산하여 $total_record에 저장한다.

❷ **while 반복 루프에서 DB 필드 값 가져오기** while 반복 루프에서 회원 레코드 일련번호, 회원 아이디, 이름, 레벨, 포인트, 등록 일시에 해당하는 필드 값을 가져와 각각 $num, $id, $name, $level, $point, $regist_day에 저장한다.

❸ **〈form〉 문** 회원 목록을 나타내는 각각의 행은 하나의 폼 문을 형성한다. 〈form〉 태그의 action 속성이 admin_member_update.php로 설정되어 있기 때문에 ❹의 〈수정〉 버튼을 클릭하면 이 파일에서 사용자가 수정한 레벨과 포인트를 전달받아 DB를 업데이트한다.

❹ **〈수정〉 버튼** 〈input〉 태그의 type 속성이 submit로 설정되어 있기 때문에 〈수정〉 버튼을 클릭하면 ❸에서 〈form〉 태그의 action 속성에 설정한 admin_member_update.php 파일로 이동한다.

❺ **〈삭제〉 버튼** 〈삭제〉 버튼을 클릭하면 버튼에 링크되어 있는 admin_member_delete.php에서 해당 회원의 레코드를 삭제한다.

❻ **〈form〉 문** 체크박스를 비롯해 모든 게시글 목록을 포함하는 〈form〉 문이다. action 속성이 admin_board_delete.php로 설정되어 있기 때문에 ❿에서 〈선택된 글 삭제〉 버튼을 클릭하면 체크박스에 선택된 게시글의 레코드가 삭제된다.

❼ **게시판의 모든 게시글 가져오기** board 테이블에서 모든 레코드를 가져와 $result에 저장한 뒤 전체 레코드 수를 계산하여 $total_record에 저장한다.

❽ **while 반복 루프에서 DB 필드 값 가져오기** while 반복 루프를 통해 board 테이블에서 게시글의 레코드 일련번호, 작성자 이름, 글 제목, 첨부 파일명, 작성 일시를 가져와 각각 $num, $name, $subject, $file_name, $regist_day에 저장한다.

❾ **게시글 앞 체크박스** 게시글 목록 앞에 있는 체크박스의 name 속성을 item[]으로 설정한다. 체크박스가 다수이기 때문에 배열 형태로 설정했다. ❻의 action에 설정된 admin_board_delete.php 파일에서 어떤 체크박스(item[])를 선택했는지 검사하여 해당 레코드를 삭제한다.

❿ **〈선택된 글 삭제〉 버튼** 〈button〉 태그의 type 속성이 submit로 설정되어 있기 때문에 〈선택된 글 삭제〉 버튼을 클릭하면 ❻에서 action 속성에 설정한 admin_board_delete.php 파일로 이동한다.

04 회원 정보 변경과 회원 삭제

1 회원 정보 변경

회원의 레벨과 포인트를 변경한 뒤 〈수정〉을 클릭하면 [예제 15-3]의 ❸에서 action 속성에 설정한 admin_member_update.php 파일에서 변경된 레벨과 포인트로 DB를 업데이트할 수 있다.

예제 15-4 회원 정보 변경 페이지 part3/admin_member_update.php

```
<?php
    session_start();
    if (isset($_SESSION["userlevel"])) $userlevel = $_SESSION["userlevel"];   ❶
    else $userlevel = "";

    if ($userlevel != 1)
    {
       echo("
           <script>
               alert('관리자가 아닙니다! 회원 정보 수정은 관리자만 가능합니다!');   ❷
               history.go(-1)
           </script>
       ");
       exit;
    }

    $num = $_GET["num"];
    $level = $_POST["level"];   ❸
    $point = $_POST["point"];

    $con = mysqli_connect("localhost", "user1", "12345", "sample");
    $sql = "update members set level=$level, point=$point where num=$num";   ❹
    mysqli_query($con, $sql);
```

```
    mysqli_close($con);

    echo "
        <script>
            location.href = 'admin.php';   ⑤
        </script>
    ";
?>
```

❶ **회원 레벨 가져오기** 세션 변수인 $_SESSION["userlevel"]이 설정되어 있는지 확인하고 로그인한 사용자의 회원 레벨을 가져와 $userlevel에 저장한다.

❷ **관리자가 아닌 경우 경고 창 띄우기** $userlevel이 1이 아니면 관리자가 아니므로 '관리자가 아닙니다! 회원 정보 수정은 관리자만 가능합니다!'라는 메시지의 경고 창을 띄운다.

❸ **관리자 입력 데이터 가져오기** 수정하고자 하는 레코드 번호는 [예제 15-3]의 ❸에서 admin_member_update.php?num=<?=$num?>에 의해 GET 방식으로 전달받아 $num에 저장한다. 관리자가 입력한 데이터인 레벨($_POST["level"])과 포인트($_POST["point"]는 각각 $level과 $point에 저장한다.

❹ **회원 정보 업데이트** 레코드 번호 $num을 가진 레코드의 level, point 필드를 각각 $level, $point 값으로 업데이트한다.

❺ **페이지 이동** DB 업데이트 작업을 종료하면 관리자 페이지인 admin.php로 이동한다.

2 회원 삭제

관리자 페이지의 '회원 관리'에서 오른쪽에 있는 〈삭제〉를 클릭하면 [예제 15-3]의 ❺에서 이 버튼에 링크되어 있는 admin_member_delete.php 파일에 의해 해당 회원의 정보가 DB에서 삭제된다.

예제 15-5 회원 삭제 페이지 part3/admin_member_delete.php

```
<?php
    session_start();
    if (isset($_SESSION["userlevel"])) $userlevel = $_SESSION["userlevel"];
    else $userlevel = "";

    if ($userlevel != 1)
    {
       echo("
           <script>
               alert('관리자가 아닙니다! 회원 삭제는 관리자만 가능합니다!');
               history.go(-1)
           </script>
       ");
       exit;
    }

    $num = $_GET["num"];

    $con = mysqli_connect("localhost", "user1", "12345", "sample");
    $sql = "delete from members where num = $num"; ........ ❶
    mysqli_query($con, $sql);

    mysqli_close($con);

    echo "
       <script>
           location.href = 'admin.php';
       </script>
    ";
?>
```

❶ SQL 명령에 의해 members 테이블에서 레코드 번호 $num의 값을 가진 레코드를 삭제한다.

회원 삭제 페이지의 그 외 기능은 회원 정보 변경 페이지와 거의 동일하므로 [예제 15-4]의 설명을 참고하기 바란다.

05 게시글 삭제

관리자 페이지의 '게시판 관리'에서 게시글 앞의 체크박스를 선택한 뒤 하단의 〈선택된 글 삭제〉를 클릭하면 [예제 15-3]의 ❻에서 action 속성에 설정한 admin_board_delete.php 파일에 의해 해당 게시글이 DB에서 삭제된다.

예제 15-6 게시글 삭제 페이지 part3/admin_board_delete.php

```
<?php
    session_start();
    if (isset($_SESSION["userlevel"])) $userlevel = $_SESSION["userlevel"];
    else $userlevel = "";

    if ($userlevel != 1)
    {
      echo("
          <script>
              alert('관리자가 아닙니다! 회원 삭제는 관리자만 가능합니다!');
              history.go(-1)
          </script>
      ");
      exit;
    }

    if (isset($_POST["item"]))
      $num_item = count($_POST["item"]);
    else
      echo("
          <script>
              alert('삭제할 게시글을 선택해주세요!');                    ❶
              history.go(-1)
          </script>
      ");
```

```
    $con = mysqli_connect("localhost", "user1", "12345", "sample");

    for ($i = 0; $i < count($_POST["item"]); $i++){
      $num = $_POST["item"][$i]; ········································ ❷

      $sql = "select * from board where num = $num"; ···┐
      $result = mysqli_query($con, $sql);               │
      $row = mysqli_fetch_array($result); ···············┼··················· ❸
                                                        │
      $copied_name = $row["file_copied"]; ···············┘

      if ($copied_name) ··································┐
      {                                                  │
          $file_path = "./data/".$copied_name; ···········┼·················· ❹
          unlink($file_path);                            │
      } ··················································┘

      $sql = "delete from board where num = $num"; ······················· ❺
      mysqli_query($con, $sql);
    }

    mysqli_close($con);

    echo "
      <script>
          location.href = 'admin.php';
      </script>
    ";
?>
```

❶ **체크박스 선택 여부 판단** 관리자 페이지의 '게시판 관리'에서 게시글 앞의 체크박스를 선택했는지 판단하기 위해 $_POST["item"] 값을 확인한다. [예제 15-3]의 ❾에서 체크박스의 name 속성을 item[]으로 설정했기 때문에 $_POST["item"] 값을 확인하면 체크박스 선택 여부를 알 수 있다. $_POST["item"]에 값이 설정되어 있으면 count($_POST["item"])에 의해 체크박스가 선택된 항목의 수를 구하여 $num_item에 저장한다. $_POST["item"]에 값이 설정되어 있지 않으면(null) '삭제할 게시글을 선택해주세요!'라

는 메시지의 경고 창을 띄운다.

❷ **선택된 체크박스의 레코드 번호 구하기** 선택된 체크박스의 레코드 번호는 $_POST["item"][0], $_POST["item"][1], …로 전달된다. 선택된 체크박스의 수만큼 for 루프를 반복하여 삭제할 게시글의 레코드 번호인 $num을 구한다.

❸ **업로드된 첨부 파일명 가져오기** 레코드 번호가 $num인 레코드에 업로드된 첨부 파일명을 board 테이블에서 가져와 $copied_name에 저장한다.

❹ **첨부 파일 삭제** $copied_name에 값이 있으면 첨부 파일이 존재하는 것이므로 unlink() 함수로 해당 파일을 삭제한다.

❺ **DB에서 게시글 삭제** 레코드 번호 $num을 가진 게시글을 board 테이블에서 삭제한다.

요약

01 메인 페이지의 최근 게시글 목록

게시판의 DB 테이블에 저장되어 있는 게시글의 일련번호를 나타내는 필드를 내림차순으로 정렬하여 상위의 게시글을 가져옴으로써 실습 사이트의 메인 페이지에 최근 게시글 목록을 표시할 수 있다.

02 실습 사이트의 관리자 기능

- 회원의 레벨과 포인트 변경
- 탈퇴 회원 삭제
- 게시판 게시글 삭제

03 관리자의 회원 관리

회원의 레벨과 포인트를 변경한 뒤 수정 버튼을 클릭하면 회원의 레벨과 포인트를 수정할 수 있다. 그리고 삭제 버튼을 클릭하면 해당 회원이 DB에서 삭제된다.

04 관리자의 게시판 관리

게시글의 체크박스를 선택한 뒤 삭제 버튼을 클릭하면 해당 글이 삭제된다.

05 mb_substr() 함수

mb_substr() 함수는 문자열에서 특정 문자셋을 기준으로 문자열을 추출한다. 예를 들어 mb_substr("우리나라 좋은 나라!", 3, 5, "utf-8")은 '나라 좋은'을 추출하여 반환한다.

연습문제

01 다음은 실습 사이트의 메인 페이지에 게시판의 최근 게시글 목록을 불러오는 프로그램의 일부이다. 빈칸을 채워 프로그램을 완성하시오.

```
<?php
    $con = _______________("localhost", "user1", "12345", "sample");
    $sql = "select * from board order by num desc __________ 5";
    $result = mysqli_query($con, $sql);

    if (!$result)
        echo "게시판 DB 테이블(board)이 생성 전이거나 아직 게시글이 없습니다!";
    else
    {
        while( $row = _______________($result) )
        {
            $regist_day = _______________($row["regist_day"], 0, 10);
?>
                <li>
                    <span><?=$row["subject"]?></span>
                    <span><?=$row["name"]?></span>
                    <span><?=$regist_day?></span>
                </li>
<?php
        }
    }
?>
```

02 다음은 관리자 모드에서 회원을 삭제하는 프로그램의 일부이다. 빈칸을 채워 프로그램을 완성하시오.

```
<?php
    ____________ ;
    if (isset($_SESSION["userlevel"])) $userlevel = $_SESSION["userlevel"];
    else $userlevel = "";

    if ( _____________ != 1 ) {
        echo("
                <script>
                alert('관리자가 아닙니다! 회원 삭제는 관리자만 가능합니다!');
                history.go(-1)
                </script>
        ");
        exit;
    }

    $num   = $_GET["num"];

    $con = ___________________("localhost", "user1", "12345", "sample");
    $sql = "_______________ members where num = $num";
    ______________($con, $sql);

    mysqli_close($con);

/* 생략 */
?>
```

03 문자열에서 특정 문자셋을 기준으로 문자열을 추출하는 데 사용하는 함수는 무엇인가?

APPENDIX

알아두면 유용한 함수와 HTML 태그

01 함수

explode( )

- 형식　explode(separator, string)
- 기능　문자열을 분리하여 배열에 저장한다.
- 인자　separator: 분리의 기준이 되는 문자열
　　　string: 분리 대상 문자열
- 반환 값　문자열의 배열

fclose( )

- 형식　fclose(fp)
- 기능　파일 포인터가 지시하는 파일을 닫는다.
- 인자　fp: 파일 포인터
- 반환 값　성공: true
　　　실패: false

file_exists( )

- 형식　file_exists(filename)
- 기능　해당 파일이 존재하는지 검사한다.
- 인자　filename: 경로를 포함한 파일명
- 반환 값　해당 파일 존재: true
　　　해당 파일 부재: false

floor( )

- 형식　floor(number)
- 기능　소수점 이하를 내림한 정수를 반환한다. 예를 들어 floor(3.3)은 3, floor(10.8)은 10이다. 참고로 소수점 이하 올림에는 ceil() 함수를, 소수점 이하 반올림에는 round() 함수를 사용한다.
- 인자　number: 대상 숫자
- 반환 값　소수점 이하를 내림한 정수

fopen( )

- 형식　fopen(filename, mode)

• 기능　파일을 열어서 그 파일이 지시하는 파일 포인터를 얻는다. mode에 따라 파일 모드가 결정된다.

• 인자　filename: 경로를 포함한 파일명

mode: r(읽기 모드), w(쓰기 모드), b(이진 모드)

• 반환 값　성공: 열린 파일의 파일 포인터 반환

실패: false

fpassthru()

• 형식　fpassthru(fp)

• 기능　현재 파일 포인터가 지시하는 위치부터 끝까지 파일을 읽어 출력 버퍼에 저장한다. 이렇게 함으로써 사용자의 컴퓨터로 파일이 전송된다.

• 인자　fp: 파일 포인터

• 반환 값　성공: 전송된 문자의 개수 반환

실패: false

Header()

• 형식　Header(string)

• 기능　HTTP 헤더를 클라이언트의 브라우저에 보낸다. 예를 들어 Header('Content-type: application/pdf')는 전송하려는 파일의 형식이 pdf라는 것을 알려준다. Header('Content-Disposition:attachment; filename= "downloaded.pdf"')는 전송하려는 파일명이 downloaded.pdf라는 것을 클라이언트의 브라우저에 알려준다.

• 인자　string: HTTP의 헤더 정보 문자열

• 반환 값　없음

htmlspecialchars()

• 형식　htmlspecialchars(string, flags)

• 기능　문자열에 포함된 특수 문자를 HTML 특수 기호로 변환한다.

• 인자　string: 대상 문자열

flags　ENT_COMPAT: 큰따옴표만 변환

ENT_QUOTES: 큰따옴표와 작은따옴표를 모두 변환

ENT_NOQUOTES: 큰따옴표와 작은따옴표를 변환하지 않음

• 반환 값　변환된 문자열

iconv()

• 형식　iconv(in_charset, out_charset, string)

• 기능　문자열의 문자셋을 변경한다.

• 인자　in_charset: 기존 문자셋

out_charset: 변경할 문자셋

string: 대상 문자열

- 반환 값 성공: 문자셋이 변경된 문자열 반환

  실패: false

isset( )

- 형식 isset(var)
- 기능 변수에 값이 설정되어 있는지 검사한다.
- 인자 var: 변수명
- 반환 값 변수 값 설정 시: true

  변수 값 미설정 시: false

mb_substr( )

- 형식 mb_substr(string, start, length, encoding)
- 기능 문자열에서 특정 문자셋을 기준으로 문자열을 추출한다. 예를 들어 mb_substr("우리나라 좋은 나라!", 3, 5, "utf-8")은 세 번째 문자열부터 5개의 문자열(공백 포함)을 반환하라는 의미이므로 '나라 좋은'을 추출하여 반환한다.
- 인자 string: 대상 문자열

  start: 시작 문자열의 위치

  length: 추출할 문자열의 길이

  encoding: 적용 문자셋
- 반환 값 추출된 문자열

move_uploaded_file( )

- 형식 move_uploaded_file(file, newloc)
- 기능 업로드된 파일을 새로운 위치의 파일(경로 포함)로 이동한다.
- 인자 file: 업로드된 파일의 임시 파일

  newloc: 경로를 포함한 파일명.확장자
- 반환 값 성공: true

  실패: false

mysqli_close( )

- 형식 mysqli_close(connection)
- 기능 MySQL 서버와의 연결을 해제한다.
- 인자 connection: 연결 식별자
- 반환 값 성공: true

  실패: false

mysqli_connect( )

- 형식 mysqli_connect(host, username, password, dbname)
- 기능 MySQL 서버와의 연결을 시도한다.
- 인자 host: 서버의 호스트명 또는 '호스트명 : 포트 번호'
  username: 사용자 계정
  password: 사용자 계정의 비밀번호
  dbname: 사용할 데이터베이스
- 반환 값 성공: 식별자 번호
  실패: false

mysqli_data_seek( )

- 형식 mysqli_data_seek(result, offset)
- 기능 레코드 집합 내로 포인터를 이동한다. 함수를 수행한 후 mysqli_fetch_array() 함수가 호출되면 포인터가 지시하는 레코드를 가져온다.
- 인자 result: mysqli_query()와 같은 함수의 반환 값인 레코드 집합
  offset: result에 설정되는 포인터로 0부터 '전체 레코드 수 – 1'의 값
- 반환 값 성공: true
  실패: false

mysqli_num_rows( )

- 형식 mysqli_num_rows(result)
- 기능 result의 행 수, 즉 레코드 개수를 반환한다.
- 인자 result: mysqli_query() 함수를 실행한 반환 값
- 반환 값 result의 행 수, 즉 레코드 개수

mysqli_query( )

- 형식 mysqli_query(connection, query)
- 기능 설정된 MySQL 연결에서 해당 MySQL 명령을 실행한다.
- 인자 connection: mysqli_connect()에 의해 설정된 연결 식별자
  query: 실행할 MySQL 쿼리 명령
- 반환 값 성공: SELECT, SHOW, DESCRIBE, EXPLAIN 명령 성공 시 mysqli_result 객체 반환, 그 외 명령 성공 시 true 반환
  실패: false

preg_match( )

- 형식 pre_match(pattern, string)
- 기능 문자열에서 해당 패턴이 존재하는지 검사한다.

- 인자 pattern: 찾는 패턴
  string: 검사 대상 문자열
- 반환 값 해당 패턴이 문자열에 존재하는 경우: true
  해당 패턴이 문자열에 존재하지 않는 경우: false

session_start()

- 형식 bool session_start()
- 반환 값 항상 true

setcookie()

- 형식 bool setcookie(string name, string value, int expire, string path)
- 인자 name: 쿠키 이름이며 대문자와 소문자를 구분한다.
  value: 쿠키 값이며 사용자의 컴퓨터에 저장된다.
  expire: 쿠키 유효 시간이며 초 단위로 표시된다[예: time() + 60 * 60 * 24 * 30 → 30일 동안 쿠키 값 유지].
  path: 쿠키를 이용할 수 있는 경로를 의미한다.
    기본 값: 현재 디렉터리
    /: 전체 도메인에서 쿠키 사용 가능
    /home/: [home] 디렉터리와 하위 디렉터리에서 쿠키 사용 가능
- 반환 값 성공: true
  실패: false

str_replace()

- 형식 str_replace(find, replace, string)
- 기능 문자열에 포함된 특정 문자열을 다른 문자열로 변경한다. 예를 들어 str_replace('apple', 'orange', $a)는 문자열 $a의 내용 중에서 apple을 orange로 변경한다.
- 인자 find: 변경할 문자열
  replace: 변경 후 문자열
  string: 대상 문자열
- 반환 값 변경된 문자열

time()

- 형식 int time()
- 반환 값 성공: 현재 시간

unset()

- 형식 unset(mixed $var, …)

02 HTML 태그

〈br〉

- 기능　줄 바꿈 생성
- 설명　하나의 〈br〉 태그는 한 번 줄 바꿈을 하고, 줄 바꿈을 여러 줄 하려면 〈br〉 태그를 중복해서 사용한다.

〈h1〉~〈h6〉

- 기능　글 제목 생성
- 설명　웹 페이지에 글 제목을 나타내는 것으로, 〈h1〉 태그는 가장 큰 크기의 글 제목을, 〈h6〉 태그는 가장 작은 크기의 글 제목을 나타내는 데 사용된다.

〈img〉

- 기능　이미지 삽입
- 옵션　src: 파일명을 포함한 이미지 파일의 경로

〈input type="radio"〉

- 기능　라디오 버튼 생성
- 옵션　name: 라디오 버튼의 이름
  checked: 라디오 버튼 화면의 초기 선택 값
  value: 라디오 버튼에 표시되는 값

〈input type="password"〉

- 기능　비밀번호 입력 창 생성
- 옵션　size: 입력 창의 가로 길이
  maxlength: 입력받을 수 있는 최대 글자 수
  name: 입력 창의 이름
  value: 입력 창의 초깃값

〈input type="image"〉

- 기능　이미지 버튼 생성
- 옵션　src: 파일명을 포함한 이미지 파일의 경로

<input type="checkbox">

- 기능　체크박스 생성
- 옵션　name: 체크박스의 이름
  checked: 체크박스 화면의 초기 선택 값
  value: 체크박스에 표시되는 값

<input type="text">

- 기능　텍스트 입력 창 생성
- 옵션　size: 텍스트 입력 창의 가로 길이
  maxlength: 입력받을 수 있는 최대 글자 수
  name: 텍스트 입력 창의 이름
  value: 텍스트 박스의 초깃값

<p>

- 기능　단락 생성
- 설명　단락 뒤에 자동 줄 바꿈이 일어난다.

<select><option>

- 기능　콤보 박스 생성
- 옵션　name: 콤보 박스의 이름(select에서 사용)
  value: 콤보 박스에 표시되는 값

<table>

- 기능　표 생성
- 옵션　border: 표의 테두리 설정

<tr>

- 기능　표의 행 생성
- 설명　<table> 태그 내에 사용한다.
- 옵션　text-align: 해당 행의 셀 내에 있는 텍스트의 정렬 방식 설정

<td>

- 기능　표의 열 생성
- 설명　<tr> 태그 내에 사용한다.

<th>

- 기능　표의 제목 생성
- 설명　<tr> 태그 내에 사용한다. 표의 제목을 표시하기 위해 보통 표의 첫 번째 행에 사용한다.

• 옵션　　width: 셀의 너비 설정

〈textarea〉

• 기능　　여러 행의 텍스트를 입력할 수 있는 텍스트 입력 창 생성

• 옵션　　name: 텍스트 입력 창의 이름

rows: 창에 입력할 수 있는 행의 개수(즉 창의 세로 길이)

cols: 한 행에 입력할 수 있는 글자의 개수(즉 창의 가로 길이)

〈ul〉〈li〉

• 기능　　글 목록 생성

• 설명　　〈ul〉 태그는 글 목록 전체를 의미한다. 〈li〉 태그는 〈ul〉 태그 내에 사용하며 글 목록의 각 항목을 의미한다.

ㅊ ㅎ

기 타